Hans-Joachim Dörr, Hans Hahn, Helmut Müller, Dirk Overbeck, Dirk Thomas

BWL mit Rechnungswesen und Controlling für Berufliche Gymnasien

Abiturvorbereitung NRW 2013

6. Auflage

Bestellnummer 02008

Bildungsverlag EINS

Haben Sie Anregungen oder Kritikpunkte zu diesem Produkt?
Dann senden Sie eine E-Mail an 02008_006@bv-1.de.
Autoren und Verlag freuen sich auf Ihre Rückmeldung.

www.bildungsverlag1.de

Bildungsverlag EINS GmbH
Hansestraße 115, 51149 Köln

ISBN 978-3-427-**02008**-0

Vorwort

Liebe Schülerinnen und Schüler,

mit diesem Aufgabenbuch möchten wir Sie bei Ihrer Abiturvorbereitung für das Zentralabitur 2013 im Fach **Betriebswirtschaftslehre mit Rechnungswesen und Controlling** unterstützen.

Dieses Buch bereitet Sie auf die schriftliche Abiturprüfung im Fach Betriebswirtschaftslehre mit Rechnungswesen und Controlling vor. Es beschränkt sich auf die vorgegebenen Schwerpunktthemen. **Somit sind Sie nicht von der Pflicht entbunden, Inhalte auch unabhängig von diesem Buch zu lernen.**

Wir haben daher gemäß den thematischen Schwerpunkten für das Zentralabitur 2013 Aufgaben mit den entsprechenden Lösungen erstellt, welche die vorgegebenen Merkmale der Prozess-, Entscheidungs- und Handlungsorientierung sowie der Mehrperspektivität und Zukunftsorientierung erfüllen. Darüber hinaus werden von uns stets aktuelle fachwissenschaftliche Entwicklungen und Gesetzesänderungen (z. B. BilMoG) berücksichtigt.

Abituraufgaben müssen so gestellt sein, dass sie alle drei Anforderungsbereiche – Wiedergabe von Wissen, Anwendung von Kenntnissen sowie Problemlösung und Bewertung – erfüllen. Von der Art der Fragestellung hängt somit Ihr Bearbeitungsaufwand bzw. die Ausführlichkeit Ihrer Antworten ab. Daher haben wir unser erstes Kapitel der richtigen Klausurtechnik gewidmet.

Der weitere Aufbau des Buches ergibt sich aus der Reihenfolge, in der die Schwerpunktthemen Ihres Abiturs in Ihrem Unterricht vermittelt werden. Vor allen Aufgaben finden Sie Glossare und kurze thematische Zusammenfassungen, die Ihnen noch einmal eine Wiederholung der einzelnen Inhalte ermöglichen. Die Aufgaben zu den jeweiligen Themenschwerpunkten beginnen mit einer Ausgangssituation. Diese Ausgangssituationen enthalten Informationen, die zur Beantwortung der Aufgaben wichtig sind. Ein Fallbezug bei der Beantwortung der Fragen ist somit erforderlich. Zu den jeweiligen Ausgangssituationen haben wir Aufgaben im Hinblick auf das jeweilige Anforderungs-niveau formuliert. Es ist somit möglich, dass sich Aufgabenstellungen ähneln, sich jedoch in Bezug auf Ausführlichkeit und Umfang ihrer Beantwortung unterscheiden. Zum Abschluss der jeweiligen Aufgaben eines Kurshalbjahres haben wir eine themenübergreifende Klausur mit Musterlösungen erstellt. Unser Aufgabenbuch endet mit einer Abiturprüfung.

Damit Sie einen möglichst großen Lernerfolg durch die Bearbeitung der Aufgaben erzielen, sollten Sie die Aufgaben schriftlich lösen, ohne einen Blick in die Lösungen.
Dazu können Sie auch Ihre Aufzeichnungen aus dem Unterricht und/oder Ihr Lehrbuch verwenden. Erst wenn Sie mit der Beantwortung eines Aufgabenbereiches fertig sind, sollten Sie in die Musterlösung schauen und Ihr Ergebnis überprüfen.

Wir wünschen Ihnen viel Erfolg bei der Bearbeitung der Aufgaben und für Ihre Abiturprüfung 2013.

Das Autorenteam

Inhaltsverzeichnis

Jahrgang 13.2

Lösungen

Jahrgang 12.1

Jahrgang 12.2

Jahrgang 13.1

Die richtige Klausurtechnik - Fragestellung

Jeder Profi-Sportler bereitet sich langfristig auf einen sportlichen Höhepunkt wie z. B. die Olympischen Spiele vor. Zu seiner optimalen Vorbereitung gehört eine langfristige Planung von intensiven oder weniger intensiven Trainingseinheiten, um im Wettkampf die entsprechende Ausdauer und Muskelkraft zu besitzen. Das alleine reicht jedoch nicht aus, um im entscheidenden Moment auf dem Siegertreppchen zu stehen.

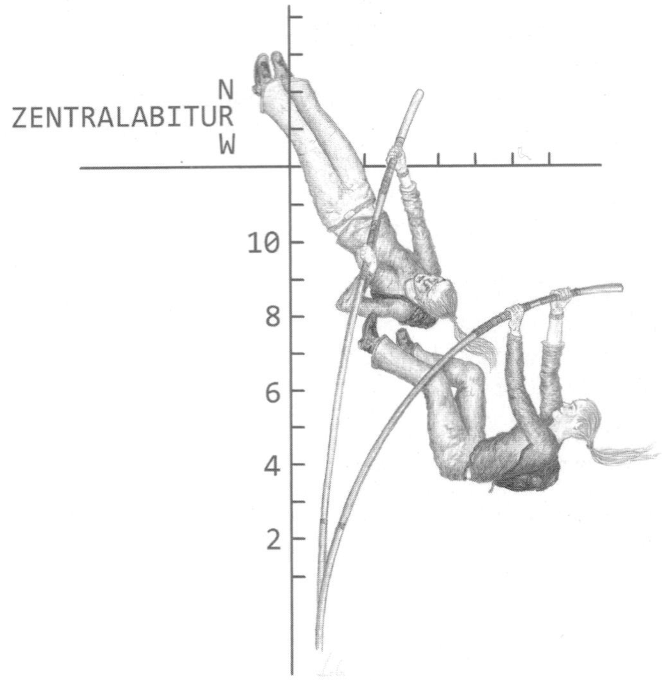

Was wäre das jahrelange Training ohne die entsprechende Wettkampftechnik?

Oder, um es auf Ihre Situation zu übertragen: Was nutzt Ihnen Ihre monatelange Abi-Vorbereitung und der damit verbundene Lernaufwand, wenn Sie die in der Abiturklausur gestellten Fragen nicht in dem Umfang und der Ausführlichkeit beantworten, wie es von Ihnen verlangt wird?

Damit Sie gezielt die gestellten Fragen beantworten und Aufgaben richtig bearbeiten können, möchten wir Sie mit den verschiedenen Arten der Fragestellung in einer Klausur vertraut machen.

Dazu muss man wissen, dass die Aufgaben, die im Rahmen einer Abiturklausur gestellt werden, drei Anforderungsbereiche abdecken müssen (Anforderungsbereich I = Wiedergabe von Wissen; Anforderungsbereich II = Anwenden von Kenntnissen; Anforderungsbereich III = Problemlösung und Wertung).

Anforderungsbereich I (Wiedergabe von Kenntnissen, Beschreibungen, Berechnungen von Daten etc.)	
exemplarische Arbeitsaufträge	**Bearbeitungshinweise**
Nennen Sie drei Darlehensformen.	Nur stichwortartiges Aufzählen von Begriffen, Daten etc. Nähere Erklärungen oder Beschreibungen sind nicht notwendig.
Fassen Sie die Aussagen des Vorstandes auf der Hauptversammlung **zusammen**.	Kurze, richtige und vollständige Wiedergabe eines Sachverhaltes in wenigen Sätzen. Erklärungen oder Meinungsäußerungen sind nicht gefordert.
Ermitteln Sie den Bezugsrechtswert. **Berechnen Sie** den Marktanteil des Produktes B.	Rechnerische Ermittlung von Daten. In den meisten Fällen ist dabei der Rechenweg anzugeben. Ein ausformulierter Antwortsatz gehört ebenfalls dazu.
Beschreiben Sie den Ablauf der Kapitalerhöhung der Müller AG.	Fallbezogene und schriftlich ausformulierte Darstellung eines Sachverhaltes. Nähere Erklärungen oder Begründungen sowie die eigene Meinungsäußerung gehören hier nicht dazu. Diese Darstellung kann auch in zeichnerischer Form erfolgen **(Skizzieren Sie ..., Stellen Sie ... dar).**

Anforderungsbereich II (Anwendung von Kenntnissen)	
exemplarische Arbeitsaufträge	**Bearbeitungshinweise**
Erläutern Sie (Erklären Sie ...) die bilanziellen Auswirkungen einer Kreditaufnahme.	Genaue und ausführliche schriftliche Darstellung von Inhalten sowie deren Zusammenhänge und Funktionsweisen. Dabei ist auf den notwendigen Fallbezug zu achten.
Analysieren Sie das Produktionsprogramm mithilfe der Portfolioanalyse.	Schriftlich ausformulierte Beschreibung und Erklärung eines Sachverhaltes unter Anwendung bestimmter Verfahrenweisen (hier: Portfolioanalyse).
Wenden Sie zur Aufteilung des Werbeetats die ABC-Analyse aus der Materialbeschaffung **an**.	Einsatz von Modellen oder Verfahrensweisen zur Bearbeitung unbekannter Sachverhalte. Der Bezug zur jeweiligen Prüfungssituation ist dabei wesentlich.
Vergleichen Sie die Verkaufszahlen des Produktes X der letzten 4 Jahre.	Schriftlich ausformulierte Gegenüberstellung von Daten, Zahlen oder Fakten und Herausstellen von Gemeinsamkeiten und Unterschieden.
Werten Sie das Produktionsprogramm mithilfe der Portfolioanalyse **aus**.	Mithilfe von Zahlen/Daten zu einer begründeten Bewertung eines bestimmten Sachverhaltes gelangen.
Buchen Sie den folgenden Geschäftsfall.	Erstellen eines Buchungssatzes.

Anforderungsbereich III (Problemlösen und Werten)	
exemplarische Arbeitsaufträge	**Bearbeitungshinweise**
Beurteilen Sie (Bewerten Sie ...) das Angebot zum Bezug neuer Aktien der Müller AG aus Sicht des Aktionärs M.	Durch die Anwendung Ihres theoretischen Wissens sollen Sie zu einem sachlich fundierten Urteil bezüglich eines bestimmten Sachverhaltes gelangen. Urteile, die auf persönlichen Einschätzungen oder Meinungen beruhen, gehören nicht dazu.
Nehmen Sie Stellung zu der Aussage des Vorstands, dass Personalentlassungen unausweichlich seien, um eine weitere Gewinnsteigerung von 20 % im kommenden Jahr zu erzielen.	Wie werten Sie die Aussage des Vorstands? Im Rahmen einer ausführlich begründeten und nachvollziehbaren Darstellung sollen Sie, abhängig von Ihren persönlichen Wertvorstellungen, ein eigenes Urteil zu der Aussage des Vorstands abgeben. Achten Sie darauf, dass Sie Ihre Stellungnahme auch fachlich und sachlich begründen können. Eine reine persönliche Meinungsäußerung ist zu wenig.
Entwickeln Sie eine Marketingstrategie für das Produkt X, welches sich in der Endphase seines Produktlebenszyklus befindet.	Hier sollen Sie selbstständig und fallbezogen einen begründeten Lösungsvorschlag für das Ausgangsproblem entwickeln. Damit stellen Sie unter Beweis, dass Sie Ihre gelernten Inhalte zur sinnvollen und auch praktikablen Lösung des Problems anwenden können. Achten Sie bei Ihrer schriftlichen Ausformulierung darauf, dass Ihr Text auch einen gewissen roten Faden besitzt. Es ist daher sinnvoll, dem Text eine Gliederung voranzustellen.
Diskutieren Sie den Vorschlag des Vorstands, die Produktion ins Ausland zu verlagern.	Die Beantwortung einer so gestellten Frage erfolgt ausformuliert und in einem zusammenhängenden Text. Dabei sollte Ihr Text folgenden Aufbau haben: 1. Kurze Beschreibung des Sachverhaltes (hier z. B.: Wie kommt der Vorstand zu dieser Entscheidung? Wie begründet er diese?) 2. Sachliche Darlegung von Pro- und Kontra-Argumenten für die Entscheidung des Vorstandes. 3. Ihre Meinung ist gefragt: Bewerten Sie die Entscheidung des Vorstandes aus Ihrer persönlichen Sicht und begründen Sie Ihre Sichtweise mit einigen der von Ihnen genannten Pro- und Kontra-Argumenten.

Auf die Anforderungsbereiche weisen sogenannte Operatoren hin, die in den unten stehenden Übersichten über die Anforderungsbereiche im Bereich der exemplarischen Arbeitsaufträge fett gedruckt sind.

Eine Klausuraufgabe besteht in der Regel aus mehreren Teilaufgaben. Diese wiederum können über den Ansatz verschiedener Operatoren weitere Unteraufgaben beinhalten. Und genau hier liegt der Teufel im Detail. Was im Prinzip als Hilfestellung für Sie gedacht ist, um eine Teilaufgabe möglichst umfassend zu beantworten – und dabei die unterschiedlichen Anforderungsbereiche abzudecken –, führt häufig dazu, dass nur der erste Operator beachtet wird oder dass Lösungen unstrukturiert dargestellt werden.

Unser Tipp: Markieren Sie die Operatoren in der Aufgabenstellung, gliedern Sie Ihren Lösungsvorschlag entsprechend. Erst, wenn Sie alle Operatoren beachtet haben, sind Sie vollständig auf die Aufgabenstellung eingegangen. Ein kleines Beispiel soll dies verdeutlichen:

Aufgabe 1.1
Ermitteln Sie mithilfe des anliegenden Formulars das Betriebs- und Umsatzergebnis sowie die Kostenabweichungen pro Kostenstelle. **Beschreiben Sie** das Zustandekommen des Betriebs- und Umsatzergebnisses und **erklären Sie**, wie es zu den Kostenabweichungen kommen kann. **Erläutern** Sie grundsätzlich den Unterschied zwischen einer Ist- und Normalkostenrechnung.

Lösungsvorgehen

Über das Markieren mit anschließender Gliederung stellen Sie sicher, dass die Aufgabe vollständig bearbeitet wird, z. B. folgendermaßen:

1.1.1 **Ermittlung** (Berechnung) des Betriebs- und Umsatzergebnisses inklusive Kostenabweichungen (situationsbezogen)
1.1.2 **Beschreibung** des Zustandekommens der Ergebnisse (situationsbezogen)
1.1.3 **Erklärung**, wie es zu den hier vorliegenden Kostenabweichungen gekommen sein kann (situationsbezogen, auf Basis grundsätzlicher Überlegungen)
1.1.4 Grundsätzliche **Erläuterung** des Unterschieds zwischen Ist- und Normalkostenrechnung (grundsätzliche, d. h. von der Situation losgelöste Überlegungen)

Sie sehen, das Strukturieren der Aufgabenstellung verschafft Ihnen Klarheit und Vollständigkeit.

Denken Sie auch daran, dass zehn Prozent der Punkte für Ihre Darstellungsleistung vergeben werden. Dabei geht es darum, ob Sie schlüssig und klar argumentieren, fundiert begründen, Ihre Antworten klar strukturieren, die Fachsprache korrekt verwenden und Ihre Ausführungen formal ansprechend gestalten.

Ein letzter **Hinweis**: Bei der Gesamtbewertung Ihrer Klausur werden natürlich auch Grammatik, Rechtschreibung und Stilsicherheit berücksichtigt.

Jahrgang 12.1

1 Themenübersicht Kosten- und Leistungsrechnung als Voll- und Teilkostenrechnung

Finanzbuchführung und Kosten- und Leistungsrechnung

Externes und internes Rechnungswesen

externes Rechnungswesen = Rechnungskreis I	internes Rechnungswesen = Rechnungskreis II
Finanzbuchführung	**Betriebsbuchführung = Kosten- und Leistungsrechnung**

Aufgaben (Finanzbuchführung)

- Erfassung aller Ströme finanzieller Art zwischen Industrieunternehmung und Außenwelt
  - aller Vermögens- und Kapitalveränderungen
  - aller Aufwendungen und Erträge
- Verdichtung der im Rechnungsjahr erfassten Informationen im Jahresabschluss zur Dokumentation der Vermögens-, Finanz- und Ertragslage
  - Bilanz
  - Gewinn- und Verlustrechnung (Gesamtergebnis der Unternehmung)
  - Anhang
- Grundlage der Steuerermittlung
- Information für alle am Jahresabschluss Interessierten:
  - Eigentümer/Geschäftsführung
  - Gläubiger/Geldgeber/Investoren
  - Arbeitnehmer/Öffentlichkeit

unterliegt zahlreichen handels- und steuerrechtlichen Vorschriften

Aufgaben (Betriebsbuchführung)

- Abbildung der innerbetrieblichen Prozesse
  - der in Geldwerten ausgedrückte Verzehr an Produktionsfaktoren eines Geschäftsjahres im Industriebetrieb (Werkstoff-, Arbeits- und Betriebsmitteleinsatz) = Kosten
  - die in Geldwerten ausgedrückten Leistungen des Industriebetriebes im Geschäftsjahr (Umsatzerlöse für Erzeugnisse und Dienstleistungen)
- Gegenüberstellung der Kosten und Leistungen zur Ermittlung des Betriebsergebnisses
- Kontrolle der Wirtschaftlichkeit
- Grundlage für betriebliche Planungen und Entscheidungen
- Grundlagen für die Bewertung der unfertigen und fertigen Erzeugnisse
- Kalkulation der Produkte und Leistungen
  - Herstellungskosten
  - Selbstkosten
  - Verkaufspreise/Listenpreise

unterliegt keinen handels- und steuerrechtlichen Vorschriften

Informationsmängel der Gewinn- und Verlustrechnung

Die Gewinn- und Verlustrechnung liefert keine Informationen über

- die Wirtschaftlichkeit des Gesamtbetriebes, weil ein Teil der Aufwendungen der Finanzbuchhaltung **nicht durch das Sachziel** der Unternehmung (z. B. Verkauf von Erzeugnissen des Bürobedarfs) verursacht worden ist. Das Ergebnis enthält z. B. „Mieterträge", die nichts mit dem Sachziel der Unternehmung zu tun haben.
- die Produktivität einzelner Teilbereiche (Abteilungen, Arbeitsplätze), weil die Aufwendungen der gesamten Unternehmung in einer Summe ausgewiesen werden.
- die Wirtschaftlichkeit einzelner Produktgruppen oder einzelner Produkte, weil die Zurechnung der entsprechenden Aufwendungen zu den Produktgruppen oder Produkten in der Finanzbuchhaltung fehlt, z. B. die Wirtschaftlichkeit der Produktgruppe „Organisation/Verbrauch".

Um Schlüsse dieser Art ziehen zu können, ist es notwendig, zusätzlich zur Finanzbuchhaltung in der Unternehmung eine Kosten- und Leistungsrechnung (Betriebsbuchhaltung) einzurichten.

Stromgrößen des internen Rechnungswesens

Kosten
= bewerteter Verzehr von Gütern und Dienstleistungen des Betriebes innerhalb einer Rechnungsperiode, der durch die Erstellung und Verwertung der betrieblichen Leistung verursacht wurde.

Leistungen
= betriebliche Erträge aufgrund der Sachzielverfolgung des Betriebes innerhalb einer Rechnungsperiode durch Verwertung der betrieblichen Leistungen.

betrieblicher Produktionsprozess

- Werkstoffe
- Arbeitsleistungen
- Betriebsmittel

- Umsatzerlöse (Arbeitsleistungen)
- Lagerleistungen (Bestandsmehrungen)
- innerbetriebliche Leistungen (selbst erstellte Anlagen)

Betriebsergebnis

Kosten	Leistungen

Rechnungswesen der Unternehmung

Finanzbuchhaltung	**Kosten- und Leistungsrechnung (Betriebsbuchhaltung)**		
	Kostenarten-rechnung	**Kostenstellen-rechnung**	**Kostenträger-rechnung**
Erfassung aller Aufwendungen und Erträge zur Ermittlung des *Unternehmungsergebnisses* in der GuV-Rechnung	Erfassung und Gliederung der Kosten	Verteilung der Kosten auf die Betriebsbereiche (Kostenstellen), in denen sie angefallen sind	Verteilung der Kosten auf die Leistungen (Produkte)
	Welche Kosten sind entstanden?	**Wo** sind die Kosten entstanden?	**Welcher** Kostenanteil entfällt auf die einzelnen Produkte?

Kostenartenrechnung

Grundkosten und neutraler Aufwand, Leistungen und neutrale Erträge

Aufwendungen und Erträge in der Finanzbuchhaltung

betriebsfremde

- Sie entstehen bei der Verfolgung von Nebenzielen.

betriebliche

- Sie entstehen bei der Verfolgung des Sachzieles oder des Betriebszweckes.

außerordentliche

- Sie sind völlig untypisch und unerwartet.

ordentliche

- Grundkosten (Zweckaufwendungen = aufwandsgleiche Kosten) und Leistungen des Betriebes
- Die Kosten sind der bewertete Verzehr von Gütern und Dienstleistungen innerhalb einer Rechnungsperiode zur Erstellung und Verwertung betrieblicher Leistungen.
- Die Leistungen sind das Ergebnis der Kostenverursachung (Umsatz und Lagerleistung).

neutrale

- Sie werden nicht in das Betriebsergebnis und in die Kostenrechnung einbezogen, d. h., sie werden neutralisiert.
- Sie werden von den ordentlichen Aufwendungen und Erträgen der Finanzbuchhaltung abgegrenzt.

Kosten- und Leistungsrechnung

- In den Grundkosten sind sogenannte externe Kosten nicht enthalten.
- Sie werden von der Allgemeinheit (Gesellschaft) und nicht vom Verursacher getragen und daher nicht in die Produktpreise einkalkuliert.

kalkulatorische Kosten (Zusatzkosten)

Anderskosten

Für bestimmte betrieblich außerordentliche Aufwendungen, die unregelmäßig und in unterschiedlicher Höhe anfallen, werden in der KLR Kosten in anderer Höhe verrechnet, damit Wirtschaftlichkeits- und Preisvergleiche nicht gestört werden.

- kalkulatorische Abschreibungen
- kalkulatorische Zinsen
- kalkulatorische Wagnisse[1]
- kalkulatorische Miete[1]

echte Zusatzkosten

Für ihre Arbeitsleistung erhalten Einzelunternehmer und Gesellschafter von Personengesellschaften kein Entgelt in Form eines Gehaltes wie die gesetzlichen Vertreter – Vorstandsmitglieder der AG und Geschäftsführer der GmbH – der Kapitalgesellschaften. In der Finanzbuchführung der Einzelunternehmen und Personengesellschaften wird somit auch kein Aufwand für die Arbeitsleistung der Einzelunternehmer und Gesellschafter von Personengesellschaften gebucht.

Damit im Gewinn die Arbeitsleistung entgolten wird, muss sie als Kostenbestandteil einkalkuliert werden:

- kalkulatorischer Unternehmerlohn[1]
  Es handelt sich um echte Zusatzkosten in der KLR, denen **keine** Aufwendungen in der Finanzbuchführung gegenüberstehen

→ Erfassung des tatsächlichen Werteverzehrs
→ Glätten von zufälligen außerordentlichen Aufwendungen mit großen Schwankungen

[1] nicht prüfungsrelevant

Bilanzmäßige und kalkulatorische Abschreibungen

Abschreibungen: Erfassen und Verteilen des Werteverzehrs während der Nutzungsdauer oder Leistungsdauer

Bilanzmäßige Abschreibung auf Anlagen der Unternehmung

Ziele
- Steuerersparnis
- Verhinderung von Ausschüttungen
- Erhaltung der Liquidität

- vom **Anschaffungswert**
- durchschnittliche (betriebsgewöhnliche) Nutzungsdauer
- abhängig von handels- und steuerrechtlichen Vorschriften
- abhängig von bilanzpolitischen Überlegungen

linear oder nach Maßgabe der Leistung

Berechnung der linearen Abschreibungsrate:

$$\frac{\text{Anschaffungswert} \cdot \text{AfA-Satz}}{100}$$

Berechnung der geom. degr. Abschr.[1]:

$$\frac{\text{Buchwert} \cdot \text{AfA-Satz}}{100}$$

Berechnung der Abschreibungsrate nach Leistungseinheiten:

$$\frac{\text{Anschaffungswert} \cdot \text{jährliche Ist-Leistung}}{\text{geschätzte Gesamtleistung}}$$

kalkulatorische Abschreibung auf Betriebsmittel

Ziele
- Erfassen des tatsächlichen Werteverzehrs
- Substanzerhaltung
- Wettbewerbsfähigkeit

- vom **Wiederbeschaffungswert**
- von individueller Nutzungsdauer
- abhängig von Marketingstrategien, Wettbewerb und Marktsituation (z. B. Einführung)

meist linear
bei gleichbleibender Auslastung
oder
Leistungsabschreibung
bei schwankender Auslastung
- gleichmäßig
- vergleichbar

Berechnung der linearen Abschreibungsrate:

$$\frac{\text{Wiederbeschaffungswert} \cdot \text{AfA-Satz}}{100}$$

Berechnung der Abschreibungsrate nach Leistungseinheiten:

$$\frac{\text{Wiederbeschaffungswert} \cdot \text{jährliche Ist-Leistung}}{\text{geschätzte Gesamtleistung}}$$

Finanzierung durch Abschreibung

Wiederbeschaffungswert → kalkulatorische Abschreibung → Kosten der KLR → Preise der Produkte → Umsatzerlöse

Anschaffungswert → bilanzmäßige Abschreibung → Aufwand der Fibu → GuV (S): Abschreibungen

Umsatzerlöse → Erträge der Fibu → GuV (H): Umsatzerlöse

Umsatzerlöse → liquide Mittel → Finanzierung der Ersatzbeschaffung → Anschaffungswert

S	GuV	H
Abschreibungen		Umsatzerlöse

[1] Ist erlaubt nur für bewegliche Wirtschaftsgüter des Anlagevermögens, die vor dem 01.01.2011 angeschafft wurden.

kalkulatorische Zinsen

↓

Berechnung

	betriebsnotwendiges Anlagevermögen
+	betriebsnotwendiges Umlaufvermögen
=	betriebsnotwendiges Vermögen
–	Abzugskapital → zinsloses Fremdkapital (Kundenanzahlungen, zinslose Darlehen) → Kapitalien, für die Zinsen in anderen Kostengrößen berücksichtigt sind (Verbindlichkeiten a. LL)
=	**betriebsnotwendiges Kapital**

↓

davon ein bestimmter Zinssatz

↓

- Höchstsatz aufgenommenen Fremdkapitals
- Opportunitätskosten

Bewertung des betriebsnotwendigen Vermögens

Durchschnittswertverzinsung	Restbuchwertverzinsung	Resterlös- oder Liquidationswertverzinsung
– Zinsen von der Hälfte der Anschaffungskosten	– Zinsen von den Restbuchwerten der Anlagen	– repräsentiert das tatsächlich gebundene Kapital besser – für Entscheidungen über Stilllegung oder Weiternutzung geeignet

Übergang von der Finanzbuchhaltung zur Kosten- und Leistungsrechnung

Finanzbuchhaltung → **Abgrenzungsrechnung** → **KLR**

Finanzbuchhaltung	Abgrenzungsrechnung			KLR	
Gesamtaufwand der Kontenklassen 6 und 7	betriebsfremder Aufwand		neutraler Aufwand		
		außerordentlicher Aufwand	neutraler Aufwand		
	betrieblicher Aufwand	Zweckaufwand (mengen- und wertmäßig zugleich Kosten) als Kosten nicht verrechenbarer Aufwand	→	Grundkosten (mengen- und wertmäßig zugleich Aufwand)	
				Anderskosten (aufwandsungleiche Kosten)	Zusatzkosten
				echte Zusatzkosten (aufwandslose Kosten)	Zusatzkosten

Abgrenzungsrechnung

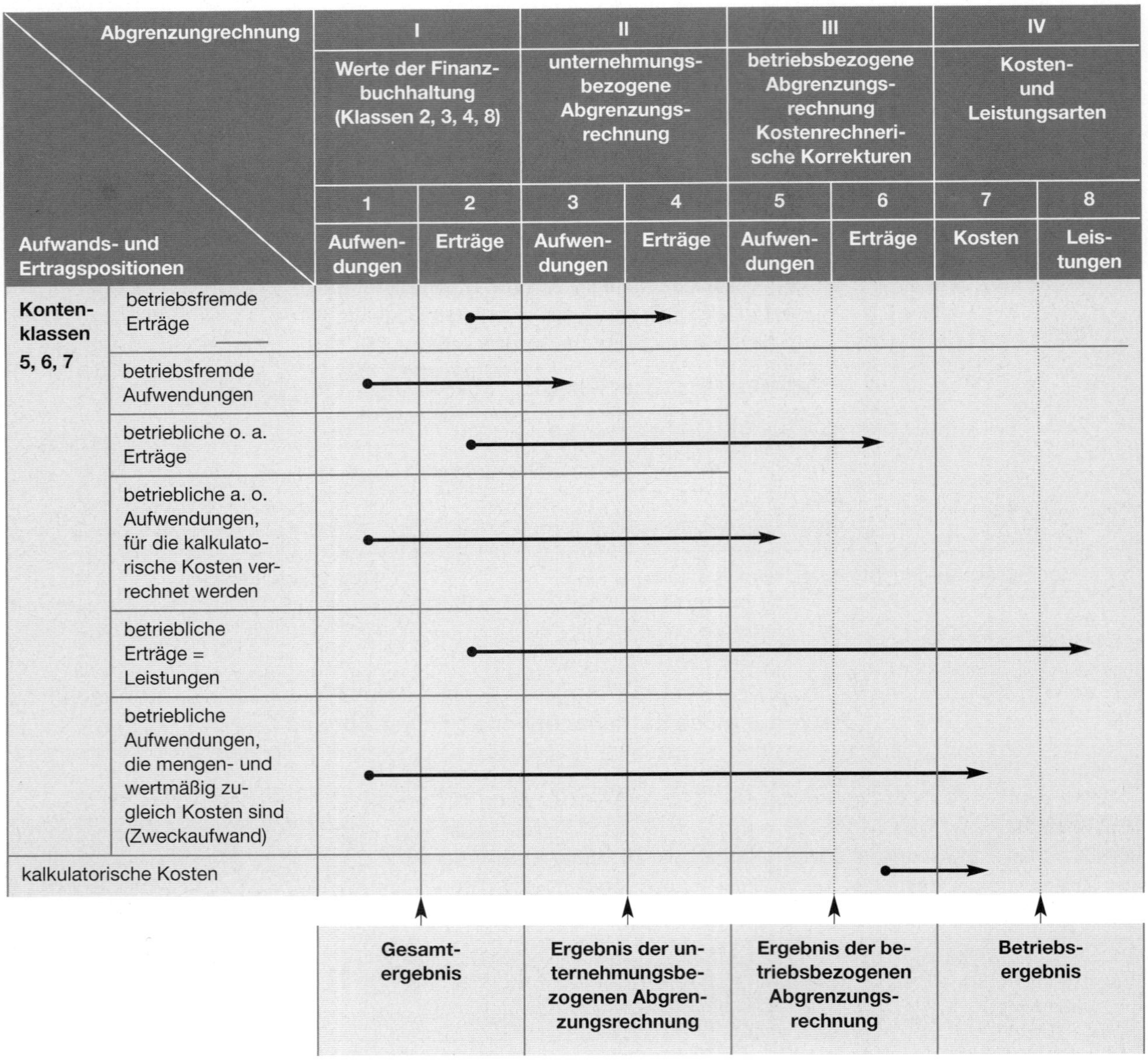

Einzel- und Gemeinkosten

Soll die Wirtschaftlichkeit einzelner Produkte betrachtet werden, müssen den Umsatzerlösen des jeweiligen Produktes die entsprechenden Kosten gegenübergestellt werden.

Gemeinkosten	Einzelkosten	Sondereinzelkosten
Kosten, die durch **mehrere Produkte** oder **alle Leistungen** verursacht werden. **Sie können den einzelnen Produkten oder Aufträgen nur auf dem Weg besonderer Umlageverfahren zugerechnet werden.**	Kostenarten, die **einzelnen Produkten direkt** zugeordnet werden können.	**Einzelkosten**, die aufgrund besonderer Produktions- und Lieferbedingungen **nur für einen bestimmten Auftrag** anfallen. Diese werden in Sondereinzelkosten der **Fertigung** und des **Vertriebs** gegliedert. – **Sondereinzelkosten der Fertigung** entstehen im Rahmen der Fertigung, insbesondere bei Sonderanfertigungen. – **Sondereinzelkosten des Vertriebs** entstehen im Rahmen des Vertriebs.

Gemeinkosten	Einzelkosten	Sondereinzelkosten
Beispiele	***Beispiele***	***Beispiele***
– *Verbrauch von Hilfsstoffen, wie Nägel, Schrauben, Unterlegscheiben, Leime, Lacke, Farben* – *Verbrauch von Verbrauchswerkzeugen und Betriebsstoffen, wie Schmierstoffe, Schleifmaterial, Poliermittel* – *Kosten der Entsorgung (Verpackung, Lösungsmittel, Farbreste, Verschnitt)* – *Brennstoffe und Energie* – *Hilfslöhne, Gehälter und entsprechende soziale Abgaben* – *Aufwendungen für Fremdleistungen (z. B. Fremdinstandsetzungen, Frachten)* – *Lagermiete, Lagerreinigung* – *Aufwendungen für Kommunikation* – *Aufwendungen für Versicherungen* – *kalkulatorische Kosten* – *Steuern, Gebühren*	– ***Verbrauch von Rohstoffen und bezogenen Fertigteilen** (Holz- und Metallsockel, Scharniere, Schlösser lt. Stücklisten oder Materialentnahmescheinen für den Schreibtisch „Chef 2000“)* – ***Fertigungslöhne** lt. Akkordzettel, Lohnlisten, Arbeitspläne (356 Elemente à 4,45 EUR Stückgeld = 1 628,70 EUR)* – *Soweit die Ermittlung des **Hilfsstoffverbrauchs** für das einzelne Produkt oder den einzelnen Kundenauftrag keine Schwierigkeiten bereitet und wirtschaftlich vertretbar ist, kann auch dieser zu den Einzelkosten gezählt werden (z. B. Nägel- und Schraubenverbrauch)*	**Sondereinzelkosten der Fertigung:** – *besondere Konstruktionspläne, Baupläne, Modelle, Vorrichtungen (z. B. für eine Empfangstheke für einen Zahnarzt)* – *Spezialwerkzeuge oder Sonderteile für einen bestimmten Auftrag lt. Eingangsrechnungen (z. B. Einbau-Thermoplatte)* – *besondere Modelle und Formen für einen bestimmten Auftrag* – *stückabhängige Lizenzgebühr (besonderes Design)* **Sondereinzelkosten des Vertriebs:** – *Vertreterprovision* – *Ausgangsfracht (der Kunde wünscht den Direkttransport zu einem Abnehmer nach Buxtehude)* – *Spezialverpackung für einen bestimmten Auftrag* – *Kundenskonto*

Zusammenhänge zwischen Kostenarten-, Kostenstellen-, Kostenträgerrechnung und deren Auswertung

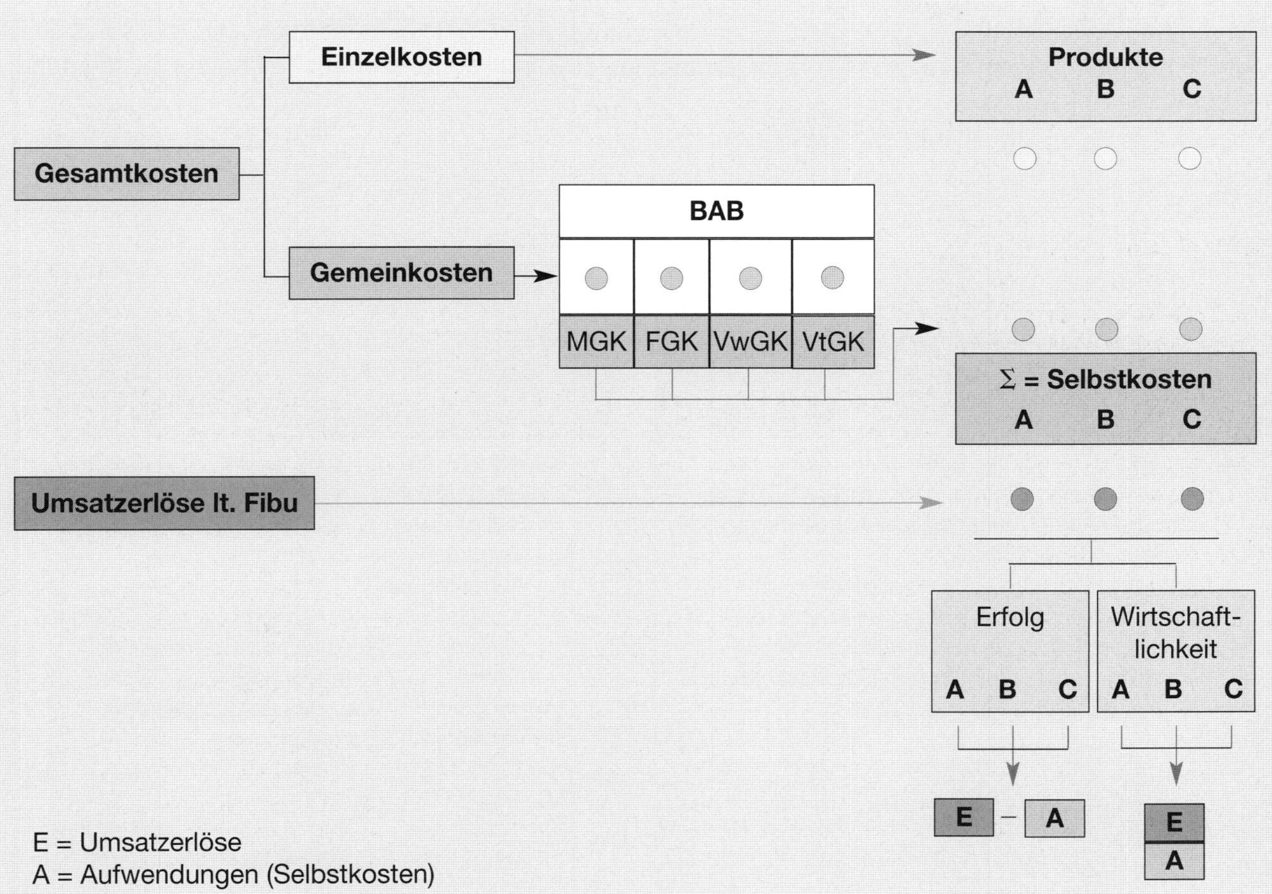

E = Umsatzerlöse
A = Aufwendungen (Selbstkosten)

Kostenträgerrechnung

Kostenträger und ihre Gliederung

Kostenträger sind die **Leistungen** des Betriebes, deren Erstellung die Kosten verursacht hat.

Sie sind zu unterteilen in **Absatzleistungen** und **innerbetriebliche Leistungen**. Bei **Absatzleistungen** sind die Kosten entstanden, um einen **Kundenauftrag** zu erledigen oder um die Verkaufsbereitschaft zu erhalten **(Lagerauftrag)**. **Innerbetriebliche Leistungen** sind selbst erstellte Anlagen und Maschinen.

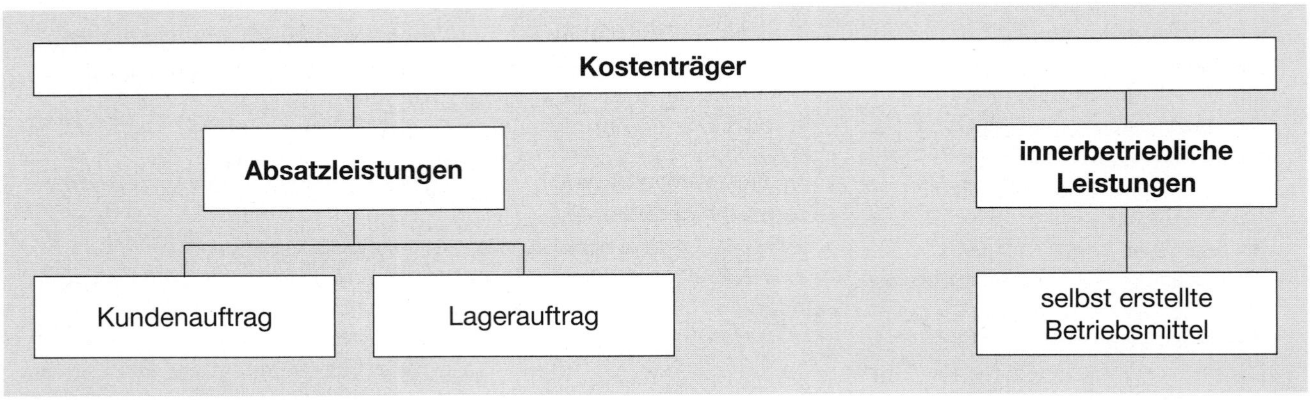

Es ist Aufgabe der Kostenträgerrechnung, die entstandenen Kosten auf die Kostenträger umzulegen. Nach der Zielsetzung sind **Kostenträgerstückrechnung** und **Kostenträgerzeitrechnung** zu unterscheiden.

Kostenträgerrechnung - Kostenträgerzeitrechnung und Kostenträgerstückrechnung

- **Kostenträger** sind die betrieblichen Leistungen (Güter, Dienstleistungen), die den **Verzehr von Produktionsfaktoren** ausgelöst haben und die demzufolge auch die Kosten tragen sollen.
- Die Kostenträgerrechnung kann als **stückbezogene** oder **zeitraumbezogene** Rechnung durchgeführt werden.

Kostenträgerrechnung

zeitraumbezogen	stückbezogen
= Kostenträgerzeitrechnung	= Kostenträgerstückrechnung
– Ermittlung der Kosten eines Abrechnungszeitraumes (Monat, Quartal, Jahr), differenziert nach einzelnen Kostenträgern (Produkte oder Produktgruppen oder Aufträge) – Gegenüberstellung von Selbstkosten und Umsatzerlösen zur Ermittlung des Betriebsergebnisses und des Ergebnisses einzelner Produktgruppen in einem Abrechnungszeitraum (Monat, Quartal, Jahr)	– Kalkulation von ▭ Herstellkosten ▭ Selbstkosten ▭ Verkaufspreisen einzelner Produkte, Aufträge, Serien – Als Kalkulationsmethoden sind zu unterscheiden: ▭ die Zuschlagskalkulation in Betrieben mit Einzel- und Serienfertigung ▭ die Divisionskalkulation in Betrieben mit Massen- und Sortenfertigung

Kostenträgerzeitrechnung mit Ist- und Normalkosten

Kostenträgerzeitrechnung

mit Istkosten

- Die tatsächlich angefallenen Kosten (Istkosten) einer abgelaufenen Rechnungsperiode werden in die Kostenstellen- und Kostenträgerrechnung einbezogen.
- Sie ermöglicht Rückschlüsse auf die Entwicklung in der Vergangenheit, wie z. B. auf
  - das Betriebsergebnis und die Wirtschaftlichkeit des Gesamtbetriebes,
  - den Anteil einzelner Kostenträgergruppen am Betriebsergebnis.
- Sie bildet die Grundlage
  - für die Bewertung nicht abgesetzter Erzeugnisse zu Herstellungskosten im Inventar,
  - für den Vergleich mit den Ergebnissen der Vorkalkulation (Soll-Ist-Vergleich),
  - für künftige Vorkalkulationen,
  - für produktionsprogrammbezogene Entscheidungen.

Die vergangenheitsbezogenen Ergebnisse sind nicht als Vorgabewerte für die Zukunft geeignet.

mit Normalkosten

- Für zahlreiche Entscheidungen in der Zukunft, z. B. die Festlegung von Angebotspreisen, benötigt der Betrieb Vorgaben der Kosten.
- Da die Istkosten erst am Ende eines Abrechnungszeitraumes bekannt sind, bezieht man Normalkosten ein.
- Normalkosten sind
  - Durchschnittskosten mehrerer abgelaufener Rechnungsperioden bei durchschnittlicher Beschäftigung,
  - Sollkosten, in die Kostenerhöhungen aufgrund von Lohn- und Preissteigerungen oder Kostensenkungen aufgrund von Änderungen in der Beschaffung und in der Fertigung einkalkuliert werden.
- In der Kostenträgerzeitrechnung werden den Umsatzerlösen die Normal-Selbstkosten gegenübergestellt. Die Differenz wird als „Umsatzergebnis“ bezeichnet.

Die Normalkostenrechnung arbeitet mit zukunftsbezogenen Schätzwerten. Ihre Ergebnisse bedürfen daher einer regelmäßigen Kontrolle durch Vergleich mit den Ergebnissen der Istkostenrechnung.

Gegenüberstellung im BAB und im Kostenträgerblatt

Istkostenrechnung

Gegenüberstellung der Istselbstkosten und der Umsatzerlöse auf dem Wege der Zuschlagskalkulation zur Ermittlung des **Betriebsergebnisses**.

Normalkostenrechnung

Gegenüberstellung der Normal- und Sollselbstkosten und der Umsatzerlöse auf dem Wege der Zuschlagskalkulation zur Ermittlung des **Umsatzergebnisses**.

Der Vergleich der Ergebnisse zeigt die Bereiche und Höhe der **Kostenabweichungen** an.

Kostenunterdeckung

- Es wurden weniger Kosten verrechnet, als tatsächlich angefallen sind.
- Istkosten > Normalkosten

Kostenüberdeckung

- Es wurden mehr Kosten verrechnet, als tatsächlich angefallen sind.
- Istkosten < Normalkosten

Kostenträgerzeit- und Kostenträgerstückrechnung als Zuschlagskalkulation

- In Betrieben mit **Einzel- und Serienfertigung** wird wegen der Verschiedenheit der Leistungen ein Kalkulationsverfahren benötigt, das der Kostenerfassung für die einzelnen Kostenträger mit unterschiedlichem Fertigungsablauf Rechnung trägt. Dies leistet die **Zuschlagskalkulation**.

- **Voraussetzungen der Zuschlagskalkulation:**
  - die Erfassung der Einzelkosten aufgrund von Belegen: Fertigungsmaterial, Fertigungslöhne, Sondereinzelkosten der Fertigung und des Vertriebs
  - eine Kostenstellen- und eine Kostenträgerzeitrechnung zur **verursachungsgerechten Umlage der Gemeinkosten** mithilfe der Gemeinkostenzuschlagssätze

- Ihr Aufbau entspricht der Kostenträgerzeitrechnung. Jedoch können Bestandsveränderungen nicht auftreten, weil diese Rechnung sich auf eine Einheit (Auftrag, Stück, kg, Serie, Marge, Partie) bezieht und nicht auf eine Rechnungsperiode.

- Wie dort die Gemeinkosten des Gesamtbetriebes über Zuschlagssätze allen Erzeugnissen einer Erzeugnisart zugerechnet werden konnten, so können in der Kostenträgerstückrechnung die anteiligen Gemeinkosten einer Erzeugnisart der einzelnen Einheit dieser Erzeugnisart mit denselben Zuschlagssätzen zugerechnet werden.

Beispiel: *Auswertung der Kostenträgerzeitrechnung für die Kostenträgerstückrechnung der Bürodesign GmbH*

Einzelkosten je Stück einer Erzeugniseinheit in EUR	Regalsystem Wikinger	Bürotisch Xama 2000
Fertigungsmaterial	60,00 EUR	104,00 EUR
Fertigungslöhne	50,00 EUR	160,00 EUR

Kostenträgerzeitrechnung zur Ermittlung der Gemeinkostenzuschlagssätze			Kostenträgerstückrechnung zur Ermittlung der Selbstkosten je Einheit der Erzeugnisarten		
	EUR	%		Regal-system Wikinger	Bürotisch Xama 2000
Fertigungsmaterial	11 859 656,00		FM lt. Stückliste	60,00	104,00
MGK lt. BAB	1 482 457,00	12,5	➤ MGK	7,50	13,00
Materialkosten	13 342 113,00		Materialkosten	67,50	117,00
Fertigungslöhne	12 143 000,00		FL lt. Lohnbelege	50,00	160,00
FGK lt. BAB	9 714 400,00	80,0	➤ FGK	40,00	128,00
Sondereinzelkosten der Fertigung	–		–	–	–
Fertigungskosten	21 857 400,00		Fertigungskosten	90,00	288,00
Herstellkosten der RP	35 199 513,00		Herstellkosten	157,50	405,00
– BVÄ der unfertigen Erzeugnisse	20 000,00		–	–	–
Herstellkosten der Fertigung	35 179 513,00		Herstellkosten	157,50	405,00
+ BVÄ an fertigen Erzeugnissen	139 600,00		–	–	–
Herstellkosten des Umsatzes	35 319 113,00			157,50	405,00
VwGK lt. BAB	5 297 867,00	15,0	➤ VwGK	23,63	60,75
VtGK lt. BAB	2 469 535,00	7,0	➤ VtGK	11,03	28,35
Sondereinzelkosten des Vertriebs	–		–	–	–
Selbstkosten des Umsatzes	43 086 515,00		Selbstkosten	192,16	494,10

Deckungsbeitragsrechnung

Gegenüberstellung von Vollkosten-Kalkulation und Deckungsbeitragsrechnung

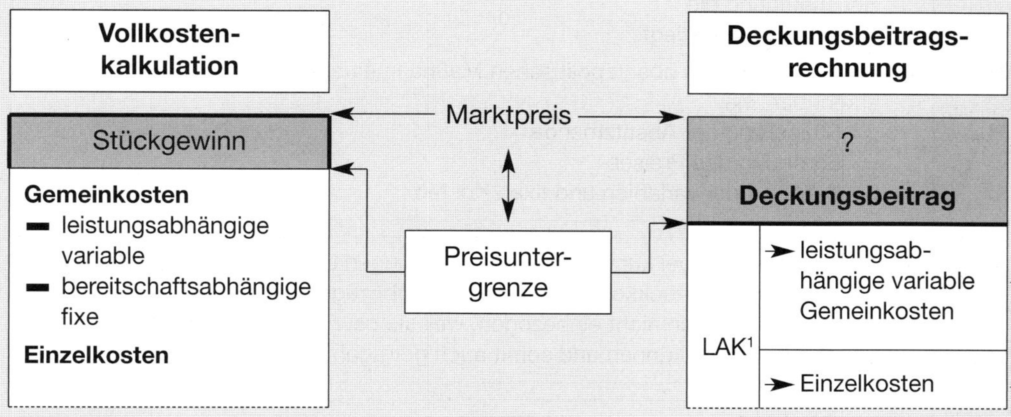

[1] Leistungsabhängige Kosten

Vollkosten- und Teilkostenrechnung als sich ergänzende Kostenrechnungssysteme

System der Teilkostenrechnung (TKR)

- Dem einzelnen Kostenträger werden nur die variablen Kosten zugerechnet. Die Zurechnung der fixen Kosten auf die Kostenträger entfällt.
- Vom Umsatzerlös je Einheit werden die variablen Kosten abgezogen. Differenz ist der **Deckungsbeitrag**.
- **Kostenträgerstückrechnung**

	Verkaufspreis (e)
–	variable Stückkosten (k_v)
=	Deckungsbeitrag (d_B)

- Von den Deckungsbeiträgen aller Erzeugnisse zusammen werden die Fixkosten des Abrechnungszeitraumes zur Ermittlung des Betriebserfolges abgezogen.
- **Kostenträgerzeitrechnung**

	Verkaufserlöse der Rechnungsperiode (E)
–	variable Kosten der Rechnungsperiode (K_v)
=	Gesamtdeckungsbeitrag (D_B)
–	fixe Kosten der Rechnungsperiode (K_f)
=	Erfolg der Rechnungsperiode

- Für **absatzpolitische Entscheidungen** kann dadurch auf einfachem Wege ermittelt werden, welchen Kostenanteil ein Produkt bei gegebenen Konkurrenzpreisen tragen kann.

Teilkostenrechnung als Entscheidungsinstrument bei der Produktions- und Absatzplanung

Teilkostenrechnung

Break-even-Analyse	▬ Sie zeigt, bei welcher Beschäftigung die **Gewinnschwelle** liegt: $x = \frac{K_f}{d_B}$ ▬ Auswirkungen von absatzpolitischen Maßnahmen auf den Erfolg werden sofort erkennbar, wie ▭ Steigerung der Absatzmenge ▭ Erhöhung des Preises ▭ Senkung der variablen und fixen Kosten
Eigenfertigung oder Fremdbezug	▬ Diese Frage wird bei kurzfristigen Entscheidungen beantwortet durch Gegenüberstellung der Stückkosten und des Fremdbezugspreises. ▬ Fixe Kosten werden nicht einbezogen, weil sie bei Fremdbezug kurzfristig nicht abgebaut werden können und somit auch getragen werden müssen.
Bestimmung von Preisuntergrenzen	▬ Kurzfristige Preisuntergrenze bilden die variablen Kosten. ▬ Mit Preisen oberhalb der Preisuntergrenze wird ein Deckungsbeitrag zur Abdeckung der fixen Kosten bzw. zur Gewinnerzielung erwirtschaftet.
Entscheidungen über Zusatzaufträge	▬ Zusatzaufträge tragen zu einer besseren Kapazitätsauslastung bei. ▬ Sie können die bisherige Produktion um Teile der K_f entlasten. ▬ Voraussetzung hierzu ist jedoch, dass ein Verkaufspreis über den variablen Stückkosten liegt.
Produktionsprogrammplanung	▬ Bei Engpässen von Kapazitäten wird den Produkten der Vorzug gegeben, die den höchsten d_B erzielen. ▬ Wenn die Produkte je Einheit die Anlage unterschiedlich in Anspruch nehmen, ist der spezifische (relative) Deckungsbeitrag, der d_B je Maschinenlaufstunde, zu ermitteln.

Vollkosten- und Teilkostenrechnung im Vergleich

Vollkostenrechnung (VKR)

Im Rahmen der VKR werden **alle** Kosten – ohne Aufteilung in fixe und variable Kosten – auf die Kostenträger eines Betriebes verteilt.
Die Kosten werden in **Einzel-** und **Gemeinkosten** aufgeteilt.
Um den Kostenträgern die Gemeinkosten zurechnen zu können, werden Zuschlagssätze ermittelt, mit deren Hilfe

- die anteiligen Materialgemeinkosten dem Fertigungsmaterial,
- die anteiligen Fertigungsgemeinkosten dem Fertigungslohn,
- die anteiligen Verwaltungs- und Vertriebsgemeinkosten den Herstellkosten

jedes Erzeugnisses zugerechnet werden.

Damit unterstellt die VKR ein proportionales Verhältnis zwischen den Zuschlagsgrundlagen und den Gemeinkosten.

Kritik:

- Die in den Gemeinkosten enthaltenen zeitabhängigen Fixkosten werden wie leistungs- oder produktabhängige Kosten behandelt.
- Damit wird eine Kostenverursachung unterstellt, die überhaupt nicht besteht.

Beispiel:
Würden sich die Fertigungslöhne um 5 % erhöhen, so würden auch die Fertigungsgemeinkosten um 5 % steigen. Das ist unrealistisch, da die fixen Kosten innerhalb der Fertigungsgemeinkosten – bis zu einem bestimmten Grad – konstant sind und die Erhöhung der Fertigungsgemeinkosten damit geringer ausfällt.

- Dies führt bei schwankender Beschäftigung und Beibehaltung der Zuschlagssätze zu Fehleinschätzungen. Das heißt,
  - bei rückläufiger Beschäftigung steigen die Fixkosten pro Stück. Es tritt eine Unterdeckung ein. Der kalkulierte Gewinn wird nicht erreicht. Unter Umständen führt dies zur verfrühten Produktionseinstellung einzelner Produkte. (Würde der Betrieb die Zuschlagssätze anpassen und das Gewinnziel beibehalten, müsste er höhere Preise verlangen.)
  - bei zunehmender Beschäftigung sinken die Fixkosten pro Stück. Es tritt eine Überdeckung ein. Der kalkulierte Gewinn wird überschritten. (Möglichkeiten zur Preissenkung werden nicht genutzt.)

Teilkostenrechnung (TKR)

Im Rahmen der TKR werden **nur die variablen Kosten** den Kostenträgern zugerechnet.
Die Kosten werden in beschäftigungsabhängige **variable Kosten** und zeitabhängige **fixe Kosten** gegliedert.
Bei der Kalkulation ist darauf zu achten, dass grundsätzlich ein positiver Deckungsbeitrag erzielt wird und die Summe der Deckungsbeiträge in einer Rechnungsperiode die fixen Kosten eines Betriebes deckt und einen Gewinn garantiert.

Vorteile:
- Verrechnungsprobleme der Gemeinkosten auf Kostenstellen entfallen.
- Es werden nur die durch das Produkt verursachten Kosten zugerechnet.
- Es können sehr schnell Aussagen zur Bedeutung des Produktes für die Gewinnerzielung abgeleitet werden.
- Die TKR ist eine geeignete Grundlage für kurzfristige produktions- und absatzpolitische Entscheidungen

Nachteile:
- Die Kosten müssen in fixe und variable aufgeteilt werden.
- Der Fixkostenanteil eines Produktes ist nicht erkennbar (ein hoher Deckungsbeitrag eines Produktes mit hohem Fixkostenanteil kann schlechter sein als ein niedrigerer Deckungsbeitrag bei einem Produkt, das nur geringe Fixkosten verursacht).
- Für Entscheidungen im Rahmen des Produktionsprogramms ist eine Aufteilung der fixen Kosten auf Erzeugnisse oder Kostenstellen notwendig.
- Bei der Bewertung der Lagerbestände (fertige und unfertige Erzeugnisse) sind laut Steuerrecht die Einzelkosten und die notwendigen Teile der Gemeinkosten zu berücksichtigen.
- Langfristig muss das Produktionsprogramm einen Gewinn erzielen, sodass langfristig immer die VKR beachtet werden muss.

Fazit

VKR und TKR sind zwei sich ergänzende Kostenrechnungssysteme.

Auf die VKR kann nicht verzichtet werden für
- **Zwecke der Bewertung,**
- **langfristige Produktionsentscheidungen.**

Die TKR ist geeignet für
- **kurzfristige marktorientierte Entscheidungen,**
- **kurzfristige produktionsorientierte Entscheidungen.**

1.1 Ausgangssituation Vollkostenrechnung

Die R. Droste GmbH stellt Fahrräder her und hat sich in den letzten Jahren auf den Bau exklusiver Kinder-Mountainbikes spezialisiert. Zurzeit werden die Modelle ‚Safari', ‚Peak' und ‚Trail' produziert. Ein weiteres Modell ist in der Planung. Die Finanzbuchhaltung weist für den vergangenen Monat das folgende Ergebnis aus:

S	GuV		H
6000 Rohstoffaufwendungen	60 000,00	5000 Umsatzerlöse	157 500,00
6020 Hilfsstoffaufwendungen	15 000,00	5710 Mieterträge	2 250,00
6160 Fremdinstandsetzung	37 500,00	3000 Eigenkapital	41 250,00
6200 Löhne	30 000,00		
6300 Gehälter	18 000,00		
6500 Abschreibungen	15 000,00		
6770 Rechts- u. Beratungsk.	8 400,00		
6880 Spenden	3 000,00		
6960 Aufw. aus Vermögensabg.	12 000,00		
7510 Zinsaufwendungen	2 100,00		
	201 000,00		201 000,00

Konto	Anmerkungen	EUR
5710	Mietertrag für die vermietete Lagerhalle	2 250,00
6000	Durch eine Überschwemmung verrostete Stahlrohre (kein Versicherungsschutz)	22 500,00
6160	Dachreparatur an einer vermieteten Lagerhalle	37 500,00
6770	Kosten für Rechtsanwalt im Zusammenhang mit o. a. Überschwemmung	8 400,00
6880	Spende an „Brot für die Welt"	3 000,00
6960	Verlust aus dem Verkauf eines gebrauchten Pkws unter Buchwert	12 000,00
7510	Darlehenszinsen für die Finanzierung der zurzeit vermieteten Lagerhalle	300,00
	Zinsaufwendungen für betriebl. notwendiges Fremdkapital	1 800,00

Es werden kalkulatorische Abschreibungen angesetzt in Höhe von 17 250,00 EUR und kalkulatorische Zinsen in Höhe von 4 800,00 EUR.

Angaben zur Verteilung der Gemeinkosten auf die Kostenstellen im BAB:	Material	Fertigung	Verwaltung	Vertrieb
6020 laut MES	1 500,00	12 000,00	300,00	1 200,00
6300 laut Gehaltslisten	300,00	1 800,00	15 300,00	600,00
kalk. Abschreibung lt. Anlagenkartei	1 350,00	7 500,00	1 950,00	6 450,00
kalk. Zinsen 5 : 3 : 2 : 2				

1.1.1 Aufgaben Anforderungsbereich I

1. **Beschreiben Sie** den Unterschied zwischen Finanzbuchhaltung und KLR.
2. **Beschreiben Sie** die Aufgabe der Kostenartenrechnung.
3. **Unterscheiden Sie** Aufwendungen, betriebsfremde Aufwendungen, betriebliche außerordentliche Aufwendungen, Zweckaufwendungen, Grundkosten und Zusatzkosten.
4. **Beschreiben Sie** Anderskosten an einem Beispiel.
5. **Unterscheiden Sie** bilanzmäßige und kalkulatorische Abschreibungen.
6. **Beschreiben Sie** kalkulatorische Zinsen und die Berechnung des betriebsnotwendigen Kapitals.
7. **Beschreiben Sie** die Begriffe Einzelkosten und Gemeinkosten.
8. **Nennen Sie** Gesichtspunkte für die Kostenstellenbildung.
9. **Beschreiben Sie** die Aufgabe des BAB.
10. **Definieren Sie**, was man unter Gemeinkostenzuschlagssätzen versteht.
11. **Beschreiben Sie**, wie
    a) der Materialgemeinkostenzuschlagssatz,
    b) der Verwaltungsgemeinkostenzuschlagssatz berechnet wird.
12. **Beschreiben Sie** die Aufgabe der Kostenträgerstückrechnung.
13. **Unterscheiden Sie** Kostenträgerzeitrechnung und Kostenträgerstückrechnung.
14. **Beschreiben Sie** den Aufbau der Zuschlagskalkulation.

1.1.2 Aufgaben Anforderungsbereich II

1. **Führen Sie** die Abgrenzungsrechnung für die R. Droste GmbH durch und stimmen Sie die Ergebnisse miteinander ab.
2. **Stellen Sie** den BAB **auf** und **berechnen Sie** die Gemeinkostenzuschlagssätze.
3. **Stellen Sie** die Kostenträgerzeitrechnung der R. Droste GmbH für den vergangenen Monat **auf**. Es liegen die folgenden Angaben vor:

	Produktions- und Absatzmenge	Verkaufspreis in EUR	Rohstoffaufwand pro Mountainbike in EUR	Lohnkosten pro Mountainbike in EUR
Mountainbike ‚Safari‘	150	400,00	100,00	47,00
Mountainbike ‚Peak‘	90	700,00	158,00	140,00
Mountainbike ‚Trail‘	69	500,00	120,00	150,00

4. Die R. Droste GmbH möchte ein weiteres Mountainbike auf den Markt bringen. Sie rechnet dabei pro Fahrrad mit einem Fertigungsmaterial von 110,00 EUR und Fertigungslöhnen von 85,00 EUR bei einem Gewinnzuschlag von 18 %. Kalkulieren Sie den Verkaufspreis.

1.1.3 Aufgaben Anforderungsbereich III

1. **Interpretieren Sie** die Ergebnisse der Abgrenzungsrechnung der R. Droste GmbH.
2. **Beurteilen Sie** die Ergebnisse der Kostenträgerzeitrechnung und stellen Sie mögliche Konsequenzen für die R. Droste GmbH dar.

1.2 Ausgangssituation Teilkostenrechnung

Der Sportartikelhersteller BRAUSE GmbH hat sich in den letzten Jahren vor dem Hintergrund der Fitnesswelle neben Skischuhen vor allem auf hochwertige Laufschuhe sowie Trainingsanzüge und Jogginghosen spezialisiert. Einerseits sind die Marktprognosen in diesem Bereich recht günstig aufgrund der zunehmenden Bereitschaft der Bevölkerung zu sportlicher Betätigung. Jüngstes Beispiel dafür ist die steigende Zahl der „Walker“. Andererseits ist der Wettbewerb immer härter geworden, da seit Jahren viele ausländische Anbieter auf den deutschen Markt drängen und sich Sportgeschäfte zunehmend zusammenschließen (z. B. BigPoint, Intersport), um mehr Marktmacht ausüben zu können. Daher ist es für BRAUSE heutzutage besonders wichtig, sich bei der Produkt- und Preisgestaltung am Markt zu orientieren. Eine hohe Flexibilität ermöglicht es BRAUSE dabei, auf Marktentwicklungen kurzfristig zu reagieren.

Joggingschuh ‚Atlas‘
Die BRAUSE GmbH hat im Sommer den neuen Joggingschuh ‚Atlas‘ eingeführt, von dem monatlich maximal 2 600 Paar hergestellt werden können. Bisher liegen die folgenden Angaben vor:

	Juli	August
Absatz- und Produktionsmenge in Paar	2 215	2 120
Gesamtkosten in EUR	241 400,00	235 700,00
Gesamterlöse in EUR	270 230,00	258 640,00

Die variablen Gesamtkosten verlaufen proportional.

Herren-Trainingsanzug ‚Jörn‘
Im Bereich Bekleidung ist der Trainingsanzug ‚Jörn‘ das neuste Modell. Für seine Herstellung gelten folgende Daten:

monatliche Kapazität:	120 000 Stück	variable Kosten/Stück:	29,00 EUR
derzeitige Kapazitätsauslastung:	68 %	Fixkosten pro Monat:	3 000 000,00 EUR
Verkaufspreis/Stück:	76,00 EUR		

Jogginghose ‚Sprint'
Derzeit werden monatlich 1 600 Hosen des Modells ‚Sprint' hergestellt. Das entspricht einer Auslastung der Produktionskapazität von 80 %. Die dabei monatlich anfallenden Fixkosten belaufen sich auf 40 000,00 EUR. Außerdem entstehen variable Kosten in Höhe von 25,00 EUR je Stück. Die Hose wird zu einem Stückpreis von 60,00 EUR an den Facheinzelhandel verkauft.

Skischuhe
Vor zwei Jahren begann BRAUSE mit der Produktion von Skischuhen. Zurzeit werden vier verschiedene Modelle von Skischuhen hergestellt. Für das nächste Quartal liegen folgende Daten vor:

Produkt	Auftragsmenge	Verkaufspreis	variable Stückkosten
Modell 1	800	150,00 EUR	125,00 EUR
Modell 2	500	270,00 EUR	225,00 EUR
Modell 3	1 000	175,00 EUR	155,00 EUR
Modell 4	600	200,00 EUR	150,00 EUR

Die Fixkosten betragen 40 000,00 EUR.

Durch den Ausfall einer Maschine kommt es zu unvorhergesehenen Fertigungsengpässen.

Für die Herstellung der Skischuhe stehen auf einem der Fertigungsautomaten im kommenden Quartal lediglich 45 000 Fertigungsminuten zur Verfügung.

Die einzelnen Skischuhe benötigen folgende Maschinenfertigungszeiten auf diesem Automaten:

Produkt	Maschinenfertigungszeiten je Stück in Minuten
Modell 1	20
Modell 2	30
Modell 3	10
Modell 4	35

Jogginganzug ‚AIR'
Im kommenden Frühjahr soll der Anzug ‚AIR' auf dem Markt eingeführt werden. Er ist aus einem sehr leichten, atmungsaktiven Material und vor allem für warme Tage im Frühjahr, Sommer und Herbst gedacht. Aufgrund einer Vorkalkulation pro Stück liegen die folgenden Angaben vor:

Fertigungsmaterial	12,00 EUR
Fertigungslöhne	18,00 EUR
Normalkostenzuschlagssätze	MGK 15 %, FGK 120 %, VwGK 5 %, VtGK 25 %
variable Gemeinkosten	8,50 EUR

Nach eingehenden Marktanalysen darf der Einführungspreis 49,90 EUR nicht überschreiten.

1.2.1 Aufgaben Anforderungsbereich I

1. **Unterscheiden Sie** fixe und variable Kosten.
2. **Definieren Sie** den Begriff Deckungsbeitrag.
3. **Unterscheiden Sie** kurzfristige und langfristige Preisuntergrenze.
4. **Definieren Sie** den Begriff Break-even-Point.
5. **Definieren Sie** den relativen Deckungsbeitrag.
6. **Nennen Sie** die Vorteile der TKR gegenüber der VKR.
7. **Berechnen Sie** mithilfe der Deckungsbeitragsrechnung für den Trainingsanzug ‚Jörn'
   a) das derzeitige monatliche Betriebsergebnis,
   b) die Preisuntergrenzen.

8. **Ermitteln Sie** für die Jogginghose ‚Sprint'
   a) die Selbstkosten pro Hose,
   b) den Gewinn
   bei der derzeitigen Kapazitätsauslastung.
9. **Berechnen Sie** für die Skischuhe den geplanten Gewinn für das kommende Quartal.

1.2.2 Aufgaben Anforderungsbereich II

1. **Führen Sie** eine Break-even-Analyse für den Joggingschuh ‚Atlas' durch.
2. Ein Versandhaus bietet an, monatlich 400 Hosen des Modells ‚Sprint' abzunehmen, wenn der Preis nicht mehr als 42,50 EUR beträgt. **Treffen Sie** eine begründete Entscheidung, ob der Zusatzauftrag angenommen werden soll.
3. **Stellen Sie** für die Skischuhe das optimale Produktionsprogramm angesichts des Fertigungsengpasses **auf**.

1.2.3 Aufgaben Anforderungsbereich III

1. **Beurteilen Sie** die Realisierbarkeit der ermittelten Preisuntergrenzen für den Trainingsanzug ‚Jörn'.
2. **Nehmen Sie** am Beispiel des Jogginganzugs ‚AIR' kritisch Stellung zu den Verfahren der VKR und TKR.

2 Übungsklausuren 12.1

Übungsklausur I

Ausgangssituation

Die Magnus KG, 77649 Offenburg, stellt Rasenmäher her, die sich durch besondere Leistungsfähigkeit und Langlebigkeit auszeichnen. Im Produktionsprogramm der Magnus KG finden sich sowohl elektrisch betriebene Mäher als auch solche mit Benzinmotor wieder. Die benzinbetriebenen Rasenmäher werden darüber hinaus auch in einer Variante als Sitzmäher angeboten.

Im Bereich der Mittelklasse-Mäher bietet die Magnus KG zwei Modelle mit Benzinmotor an, den MB 2000 und den MB 2001. Im vergangenen Quartal wurden vom MB 2000 12 500 Stück und vom MB 2001 27 500 Stück produziert. Für diesen Zeitraum liegt folgende Kostenträgerzeitrechnung vor:

Kostenträgerzeitrechnung	Istkosten			
	insgesamt	GKZS	MB 2000	MB 2001
	EUR	%	EUR	EUR
Fertigungsmaterial	2 400 000,00		500 000,00	1 900 000,00
Materialgemeinkosten	1 620 000,00	67,5	337 500,00	1 282 500,00
Materialkosten	4 020 000,00		837 500,00	3 182 500,00
Fertigungslöhne	1 375 000,00		925 000,00	450 000,00
Fertigungsgemeinkosten	1 677 500,00	122,0	1 128 500,00	549 000,00
Sondereinzelkosten der Fertigung	0,00		0,00	0,00
Fertigungskosten	3 052 500,00		2 055 300,00	999 000,00
Herstellkosten der Rechnungsperiode	7 072 500,00		2 891 000,00	4 181 500,00
AB Unfertige Erzeugnisse	225 000,00		65 000,00	160 000,00
EB Unfertige Erzeugnisse	215 000,00		81 000,00	134 000,00
Herstellkosten der Produktion	7 082 500,00		2 875 000,00	4 207 500,00
AB Fertige Erzeugnisse	1 100 030,00		460 000,00	640 030,00
EB Fertige Erzeugnisse	1 250 000,00		649 750,00	600 250,00
Herstellkosten des Umsatzes	6 932 530,00		2 685 250,00	4 247 280,00
Verwaltungsgemeinkosten	554 602,40	8,0	214 820,00	339 782,40
Vertriebsgemeinkosten	831 903,60	12,0	322 230,00	509 673,60
Sondereinzelkosten des Vertriebs	0,00		0,00	0,00
Selbstkosten des Umsatzes	8 319 036,00		3 222 300,00	5 096 736,00
Umsatzerlöse	10 287 500,00		2 450 000,00	7 837 500,00
Betriebsergebnis	1 968 464,00		– 772 300,00	2 740 764,00

Die Kostenauflösung in fixe und variable Kosten hat für das vergangene Quartal folgendes Bild ergeben:

		MB 2000	MB 2001
Gemeinkosten (ohne Bestandsveränderungen fertige und unfertige Erz.) in EUR	variabel	600 915,00	804 286,80
	fix	3 278 804,20	
Kosten Bestandsveränderungen (für fertige und unfertige Erzeugnisse zusammen) in EUR	variabel	72 012,50	23 023,00
	fix	133 737,50	42 757,00

Aufgaben

1. **Beurteilen Sie** die Situation der beiden MB-Modelle anhand der Kostenträgerzeitrechnung.
2. **Stellen Sie dar**, durch welche Maßnahmen das Betriebsergebnis für den MB 2000 verbessert werden könnte.
3. **Führen Sie** eine einfache Deckungsbeitragsrechnung für die beiden Modelle **durch** und **nehmen Sie** am Beispiel der beiden MB-Modelle kritisch **Stellung** zu den Verfahren der Vollkosten- und Teilkostenrechnung.

Übungsklausur II
Ausgangssituation

Die Regener Rennrad GmbH ist ein mittelständischer Fahrradhersteller aus Bremen, der sich auf die Herstellung hochwertiger Renn- und Touring-Räder spezialisiert hat.

Für den Monat November 2011 werden aus der Controlling-Abteilung folgende Zahlen (IST-Kosten) gemeldet:

Kosten und Leistungen	insgesamt	Anteile der Produktgruppen	
		Produktgruppe A (Rennrad)	Produktgruppe B (Touring-Rad)
	EUR	EUR	EUR
Fertigungsmaterial	85 000,00	52 000,00	33 000,00
Fertigungslöhne	46 000,00	34 000,00	12 000,00
Materialgemeinkosten	9 640,00		
Fertigungsgemeinkosten	88 450,00		
Verwaltungsgemeinkosten	21 340,00		
Vertriebsgemeinkosten	8 480,00		
Unfertige Erzeugnisse:			
Anfangsbestand	10 000,00	6 000,00	4 000,00
Endbestand	14 000,00	9 000,00	5 000,00
Fertige Erzeugnisse:			
Anfangsbestand	16 000,00	10 000,00	6 000,00
Endbestand	22 000,00	15 000,00	7 000,00
Netto-Umsatzerlöse	289 600,00	188 400,00	101 200,00

Darüber hinaus erfahren Sie aus dem Controlling, dass im Monat November im Rahmen der Vorkalkulation (bei identischen Einzelkosten) mit folgenden NORMAL-Gemeinkostenzuschlagssätzen kalkuliert wurde:

Materialgemeinkosten	11 %	Verwaltungsgemeinkosten	10 %
Fertigungsgemeinkosten	200 %	Vertriebsgemeinkosten	6 %

Aufgaben

1. **Erstellen Sie** das Kostenträgerzeitblatt, indem Sie die IST-Gemeinkostenzuschlagssätze berechnen und dann sowohl im Rahmen der IST-Kostenrechnung als auch im Rahmen der NORMAL-Kostenrechnung die Selbstkosten des Umsatzes ermitteln.
2. **Ermitteln Sie** die entstandenen Kostenüber- bzw. Kostenunterdeckungen in den Kostenstellen Material, Fertigung, Verwaltung und Vertrieb sowohl für die Produktgruppen „Rennrad“ und „Touring-Rad“ als auch insgesamt.
3. **Ermitteln Sie** das Betriebsergebnis und das Umsatzergebnis der beiden Produktgruppen.
4. **Diskutieren Sie** mögliche Ursachen für die in den einzelnen Kostenstellen entstandenen Kostenabweichungen (vgl. Aufgabe 2).
5. **Vergleichen Sie** Betriebs- und Umsatzergebnis (vgl. Aufgabe 3) und erläutern Sie, aus welchem Grund diese unterschiedlich hoch ausfallen.

Jahrgang 12.2

1 Themenübersicht Preispolitik

Grundsatz: Bei der aktiven unternehmerischen Preispolitik ist auf folgende Rahmenbedingungen zu achten: Zahl der Marktteilnehmer, Kosten, Nachfragesituation, Konkurrenz, gesetzliche Bedingungen, betriebliche Ziele.

Preisbildung

kostenorientierte Preisbildung	nachfrageorientierte Preisbildung	konkurrenzorientierte Preisbildung	Target Costing
↓	↓	↓	↓
Kostenunterteilung: ▬ **fixe Kosten** ▬ **variable Kosten** wesentlich zur Ermittlung von Deckungsbeiträgen und zur Ermittlung der (kurzfristigen) Preisuntergrenze ▬ **Einzelkosten** ▬ **Gemeinkosten** wesentlich zur Zurechnung von Kosten zu einem bestimmten Produkt **Break-even-Point-Analyse:** Ab welcher Absatzmenge ergibt sich eine Kostendeckung (fixe und variable Kosten)?	Neben Kosten- und Gewinnrechnungen sind die Preisvorstellungen der Abnehmer zu berücksichtigen. Über die Betonung des individuellen Zusatznutzens sind auch Preise begründbar.	**Orientierung am Branchenpreis** Voraussetzungen: ▬ Es handelt sich im Vergleich zur Branche um ein weitgehend gleichartiges Produkt. ▬ Es gibt mehrere oder viele Konkurrenten.	Ausgangspunkt: Erzielbarer Verkaufspreis am Markt. Hiervon wird der geplante Gewinn abgezogen. Es verbleiben die zulässigen Kosten des Produkts. Eine Gegenüberstellung der zulässigen Kosten mit den tatsächlich entstehenden Kosten führt häufig zu Differenzen. Durch geeignete Maßnahmen der Produktentwicklung (kostengünstigere Materialien, geänderte Produktionsverfahren) kann man sich den zulässigen Kosten annähern.

Preisstrategien

Preisdifferenzierung	Mischkalkulation	psychologische Preisfestsetzung	Hochpreispolitik	Niedrigpreispolitik	Marktabschöpfungspolitik	Marktdurchdringungspolitik
↓	↓	↓	↓	↓	↓	↓
▬ zeitlich ▬ persönlich ▬ räumlich ▬ mengenmäßig ▬ sachlich	Produkte mit hohem Gewinn gleichen Verluste anderer Produkte aus.	Preise suggerieren eine knappe Kalkulation, z. B. 9,99 EUR.	Produktpreis zielt auf Abnehmer mit gehobenen Ansprüchen.	Produktpreis zielt auf preissensible Abnehmer.	hoher Preis bei Markteinführung	niedriger Preis bei Markteinführung

1.1 Ausgangssituation Preispolitik

Die Leon AG stellt seit 2011 auch LCD-Fernsehgeräte mit HDTV-ready-Technologie her. Dabei handelt es sich um eine Weiterentwicklung einer hohen digitalen Bildauflösung. Hierzu soll für den im nächsten Quartal geplanten Verkaufsstart dieser Fernsehgeneration ein Einstiegspreis gefunden werden. Es wird mit einer Produktionsmenge von 15 000 Stück gerechnet.

Es liegen Ihnen aus den verschiedenen Abteilungen der Leon AG nachstehende Informationen vor:

Abteilung Rechnungswesen/Controlling:

Selbstkosten pro Stück:	958,60 EUR
fixe Kosten pro Stück:	410,00 EUR
Gewinnzuschlagssatz:	40 %
Skonto:	2 %
Sofortrabatt (Einführungsrabatt):	10 %

Abteilung Marktforschung:

Derzeitige Marktanteile LCD-Fernseher 2011 in Prozent in Deutschland

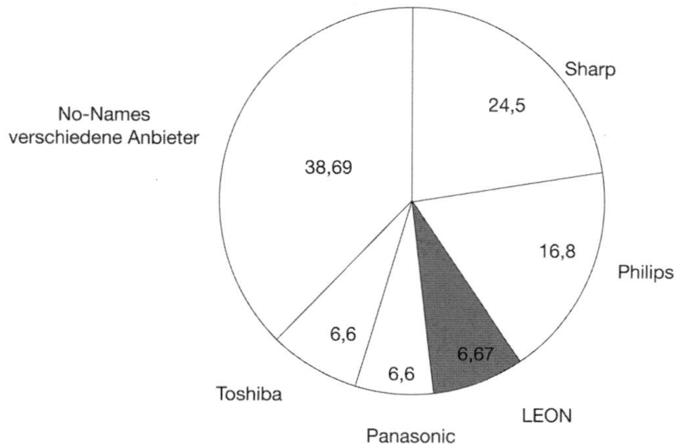

Eine Primärerhebung über Monatsverdienste kam zu folgendem Ergebnis:

Löhne und Gehälter

Durchschnittliche Bruttomonatsverdienste nach Arbeitnehmergruppen[1]

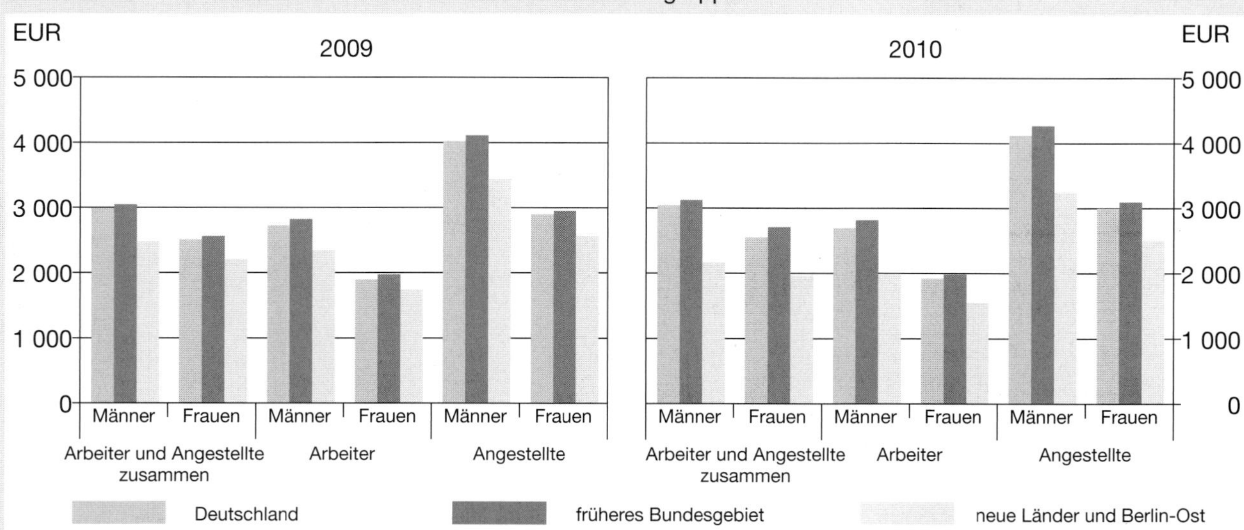

[1] Produzierendes Gewerbe

Eine weitere Analyse der grundsätzlichen Kaufgewohnheiten ergab, dass Arbeiter auch Güter des Luxusbedarfs bei sogenannten Discountern erwerben, während Angestellte einen besonderen Wert auf Beratung legen.
Zusätzlich ergab eine Analyse der Konkurrenzprodukte, dass diese zu einem durchschnittlichen Preis von 1 410,00 EUR angeboten werden.

1.1.1 Aufgaben Anforderungsbereich I

1. **Grenzen Sie** die Begriffe Marktpotenzial, Marktvolumen und Marktanteil voneinander **ab**.
2. **Nennen Sie** unterschiedliche Formen der Preisbildung.
3. **Nennen Sie** fünf Strategien der Preispolitik.
4. **Berechnen Sie** unter Berücksichtigung der Daten des Rechnungswesens den Listenverkaufspreis.
5. **Beschreiben Sie**, von welchen Faktoren die Preisbildung eines Produktes grundsätzlich abhängig ist.
6. **Nennen Sie** zwei Formen einer Markenstrategie.

1.1.2 Aufgaben Anforderungsbereich II

1. **Stellen Sie dar**, was unter dem Begriff der Kontrahierungspolitik verstanden wird.
2. **Erläutern Sie** den Aussagegehalt der Break-even-Analyse und ermitteln Sie den Break-even-Point unter Angabe des Rechenweges. Falls Sie in Aufgabe 1 zu keinem Ergebnis gekommen sind, rechnen Sie mit einem Listenverkaufspreis in Höhe von 1 520,00 EUR.
3. **Prüfen Sie**, inwieweit eine konkurrenzorientierte Preisbildung für die Leon AG sinnvoll ist.
4. **Erläutern Sie** grundsätzlich mögliche Preisdifferenzierungsstrategien der Leon AG.
5. **Erklären Sie** den Unterschied zwischen einer konkurrenzorientierten Preisbildung und dem Target Costing.

1.1.3 Aufgaben Anforderungsbereich III

1. **Prüfen Sie**, mit welcher Preisstrategie das Unternehmen seine Marktanteile ausbauen kann. Belegen Sie Ihre Überlegungen rechnerisch.
2. **Beurteilen Sie** folgenden Vorschlag der Unternehmensleitung hinsichtlich eines Konkurrenzangebotes: kurzzeitige Promotionsaktion für die LCD-Fernsehgeräte mit HDTV-ready-Technologie zu einem Preis von 1 350,00 EUR.
3. **Begründen Sie**, ob das Fernsehgerät gleichzeitig im Hoch- und Niedrigpreissektor platziert werden kann. Welche Voraussetzungen müssen bei einer bestehenden Möglichkeit beachtet werden?
4. Es stellt sich heraus, dass der Durchschnitt der Kundenzielgruppe lediglich einen Listenverkaufspreis in Höhe von 1 200,00 EUR akzeptiert. **Stellen Sie** rechnerisch **dar**, wie hoch bei den gegebenen Rabattsätzen der Gewinn ausfällt, und entwickeln Sie einen Vorschlag, wie der anfangs kalkulierte Gewinn auch bei diesem Listenverkaufspreis zu erzielen ist.

2 Themenübersicht Kommunikationspolitik

Grundsatz: Die Kommunikationspolitik umfasst jede bewusste und geplante Gestaltung der auf den Markt gerichteten Informationen eines Unternehmens. Damit sollen Meinungen, Einstellungen, Erwartungen und Verhaltensweisen der (potenziellen) Kunden hinsichtlich des Unternehmens und seiner Produkte beeinflusst werden.

Instrumente der Kommunikationspolitik

Absatzwerbung	Verkaufsförderung (Salespromotion)	Öffentlichkeitsarbeit (Public Relations)	neuere Instrumente
Begriff: Alle Maßnahmen, um Botschaften über menschliche Sinnesorgane an Personen heranzutragen, damit diese hinsichtlich ihrer Kaufentscheidungen beeinflusst werden. **Aufgaben:** A = **Attention** Aufmerksamkeit erregen I = **Interest** Interesse wecken D = **Desire** Wünsche nach Produkten schaffen A = **Action** Kauf der Produkte **Ziele:** – **Bekanntmachung und Information** – **Sicherung der Wettbewerbsfähigkeit** (Ausschöpfung des Marktpotenzials z. B. durch Erinnerungs- und Expansionswerbung) – **Wecken neuer Bedürfnisse** (z. B. durch Einführungswerbung)	**Begriff:** Analyse, Planung, Durchführung und Kontrolle zeitlich begrenzter Aktionen zur Umsatzsteigerung und zur Profilierung des Unternehmens im Markt. **Aufgaben:** – Motivation – Information – Unterstützung aller Beteiligten in **nachgelagerten Vertriebsstufen** (z. B. Verkäufer im Innen- und Außendienst, Groß- und Außenhandel) sowie Unterstützung der an den Endverbraucher gerichteten Werbung. **Ziele:** – **Umsatzsteigerung der Produkte durch Erhöhung des wahrgenommenen Preis-/Leistungs-Verhältnisses** – **Profilierung des Unternehmens im Markt**	**Begriff:** Planmäßige, systematische und wirtschaftlich begründete Gestaltung der Beziehungen des Unternehmens zu den Interessenten des Unternehmens (Kunden, Lieferanten, Aktionäre, Arbeitnehmer, Gläubiger, Staat, Presse). **Aufgaben:** Unterrichtung der interessierten Öffentlichkeit über das Unternehmen. **Ziele:** **Bildung bzw. Verbesserung des Images in der Öffentlichkeit; hierdurch Absatzförderung und Erhöhung der Wettbewerbsfähigkeit.**	**Sponsoring:** Förderung von Personen, Organisationen und Veranstaltungen durch die Bereitstellung von finanziellen Mitteln, Sachmitteln oder Dienstleistungen, um damit u. a. die Kommunikationsziele zu erreichen. **Product-Placement:** Einbindung eines Produkts oder einer Dienstleistung durch visuelle und/oder verbale Platzierung in einem Spielfilm oder jeder anderen Programmform. Das Produkt oder die Dienstleistung wird als notwendige Requisite in den Handlungsablauf integriert. **Direktmarketing:** Umfasst alle Maßnahmen, um mit den (potenziellen) Kunden einen direkten Kontakt herzustellen.

Grundsätze der Werbung

Wahrheit	Klarheit	Wirksamkeit	Einprägsamkeit	Wirtschaftlichkeit	soziale Verantwortung
Sachliche Information sollte im Vordergrund stehen, bestimmte Assoziationen können jedoch beim Kunden ebenfalls geweckt werden. Die Werbung darf allerdings keine Unwahrheiten enthalten.	Werbung muss für den Kunden verständlich und eindeutig sein. Missverständnisse führen zu Umsatzeinbußen.	Über die exakte Bestimmung der Zielgruppe müssen Kaufwünsche verstärkt werden und die potenziellen Kunden letztlich zum Kauf geführt werden.	Die Gestaltung der Werbung soll bei den Kunden zu Wiedererkennungseffekten führen. Wiederholungen der Werbung verstärken zusätzlich die Einprägsamkeit.	Der durch die Werbung erwirtschaftete zusätzliche Ertrag muss höher sein als der Werbeaufwand. Kennziffern helfen bei der Erfolgskontrolle.	Werbung darf z. B. nicht gegen die guten Sitten oder religiöse Empfindungen verstoßen.

Werbemittel

optisch	akustisch	geschmacklich	geruchlich	gemischt
z. B. Plakate, Prospekte, Zeitungsanzeigen	z. B. Rundfunkspots	Kostproben	Geruchsproben (z. B. Parfum)	z. B. Werbefilme, Kostproben

Werbeplan

Streukreis	Werbebotschaft	Werbemittel und Werbeträger	Streuzeit	Streugebiet	Werbeintensität	Werbebudget
Welche Zielgruppen sollen erreicht werden?	Was soll der Zielgruppe durch die Werbung mitgeteilt werden? Wie kann der Grund- und Zusatznutzen des Produktes herausgestellt werden? Wie kann die Werbebotschaft übermittelt werden (z. B. geeignete Sprache, rationale oder emotionale Werbung)?	Welche Werbemittel transportieren die Werbebotschaft an die Kunden? Zu beachten sind z. B. die Reichweite der Werbemittel und die Kontaktfrequenz der Zielgruppe. Welche Werbeträger sind geeignet?	Wann beginnt die Werbeaktion und wie lange dauert sie? Wann beginnen die entsprechenden Planungsarbeiten?	Wo soll die Werbung stattfinden?	Wie häufig soll die Werbemaßnahme unter Berücksichtigung der Zielgruppe und des Streugebiets stattfinden?	Welche Geldmenge steht für die Werbemaßnahme zur Verfügung? Entscheidungskriterien: Größe des Unternehmens, Umsatz, Erfolg des Unternehmens, geplante Werbeträger, Konkurrenzverhalten.

Arten der Werbung

nach der Zahl der Umworbenen		nach der Zahl der Werbenden	
Einzelumwerbung Ein Unternehmen richtet sich an einen Umworbenen; z. B. persönliche Werbebriefe, die jeden Kunden direkt ansprechen.	**Massenwerbung** Ein Unternehmen richtet sich an viele Umworbene; z. B. Rundfunkspots.	**Einzel- oder Alleinwerbung** Ein Unternehmen wirbt für sich allein.	**Sammel-, Verbundwerbung** Mehrere Unternehmen unterschiedlicher Branchen werben mit Angabe ihrer Firmen; z. B. Anzeige in Tageszeitung zur Eröffnung eines Einkaufzentrums. **Gemeinschaftswerbung** Mehrere Unternehmen derselben Branche werben ohne Angabe der Firmen; z. B. Werbeplakat mit dem Slogan: „Ihre deutschen Lebensversicherer“.

2.1 Ausgangssituation Kommunikationspolitik

Die Leon AG ist ein alteingesessenes Unternehmen auf dem Elektroniksektor. Neben der Sparte Fernsehapparate ist sie auch ein Hersteller und Anbieter von MP3-Playern. Die Hauptkonkurrenten in einem oligopolistischen Markt (Angebotsoligopol) sind Samsung und Apple. Der MP3-Player der Leon AG lässt sich grundsätzlich als an der Schwelle zwischen Wachstums- und Reifephase befindlich charakterisieren. Als Zielgruppe werden zurzeit Jugendliche und junge Erwachsene angesprochen, die bereit sind, bis zu 80,00 EUR für einen MP3-Player auszugeben.

Eine Marktforschungsanalyse ergibt u. a. nachstehende Ergebnisse:

	Leon	Samsung	Apple
Bekanntheitsgrad des Anbieters	35 %	55 %	90 %
Sympathie für Anbieter	19 %	28 %	51 %
Produkt im Besitz	16 %	21 %	45 %

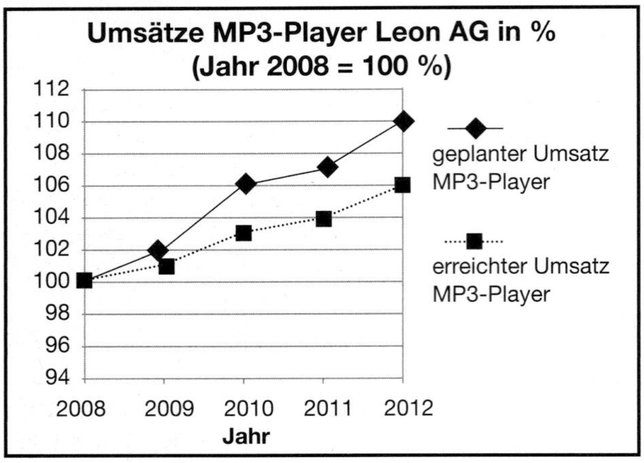

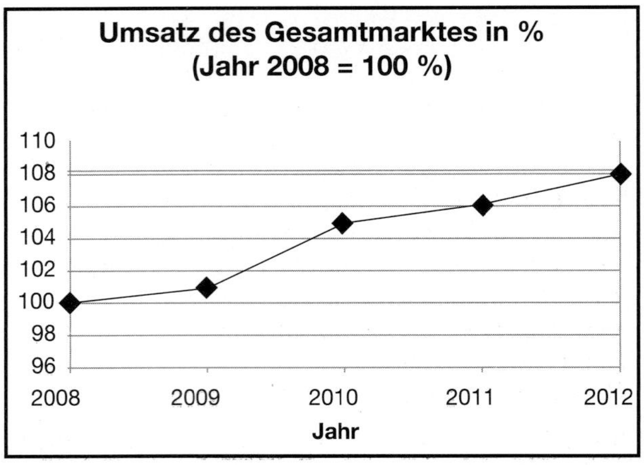

2.1.1 Aufgaben Anforderungsbereich I

1. **Beschreiben Sie** die Umsatzentwicklung des MP3-Players der Leon AG mithilfe der beiden Schaubilder.
2. **Nennen und beschreiben Sie** die Instrumente der Kommunikationspolitik.
3. **Stellen Sie** drei Grundsätze der Werbung **dar**.
4. **Beschreiben Sie** zwei unterschiedliche Werbemittel mithilfe geeigneter Beispiele.
5. **Zählen Sie** die Bestandteile eines Werbeplans **auf**.
6. **Nennen Sie** mögliche Ziele der Kommunikationspolitik.

2.1.2 Aufgaben Anforderungsbereich II

1. **Erläutern Sie** vor dem Hintergrund der Marktforschungsanalyse mögliche Zielsetzungen kommunikationspolitischer Maßnahmen.
2. **Erklären Sie** vor dem Hintergrund Ihrer in Aufgabe 1 gemachten Aussagen zwei geeignete kommunikationspolitische Maßnahmen.
3. Die Leon AG hatte bislang die Produktwerbung in den Vordergrund gestellt.
   a) **Überprüfen Sie**, welche Werbestrategie in der geschilderten Produktlebenszyklusphase sinnvoll ist.
   b) **Stellen Sie** den Unterschied zwischen einer Produkt- und Imagewerbung **heraus** und **unterbreiten Sie für** beide Arten je einen Vorschlag einer Werbebotschaft.

2.1.3 Aufgaben Anforderungsbereich III

1. **Entwickeln Sie** fallbezogen einen Werbeplan, der dazu geeignet ist, die angestrebten Ziele zu erreichen. **Gehen Sie** dabei auf die einzelnen Bestandteile eines Werbeplans ausführlich **ein**.
2. **Beurteilen Sie**, inwieweit der Grundsatz der Wirksamkeit mit einer Massenwerbung vereinbar ist. Gehen Sie bei Ihren Ausführungen kurz auf die Begrifflichkeiten ein.

3 Übungsklausur 12.2

Ausgangssituation

Die Communication AG ist ein fiktiver Hersteller für Handys. Das Unternehmen existiert erst seit dem Jahr 2008 und erzielte in der Vergangenheit mit seinem Handy „Connection Plus" – einem Modell der exklusiven Preisklasse – einen großen Erfolg.

Sie erhalten einen Entwurf für einen Teil des Geschäftsberichts zum Thema „Ausblick auf künftige Entwicklungen". Als Mitarbeiter/-in der Stabsstelle „Absatzmarketing" werden Sie gebeten, diesen Auszug auf seine Richtigkeit hin zu prüfen. Hierzu wurden Ihnen von Ihrem Vorgesetzten unterschiedliche Informationsmaterialien zur Verfügung gestellt. Mit deren Hilfe sollen die Arbeitsaufträge des Abteilungsleiters bearbeitet werden.

Entwurf für den Abschnitt „Ausblick auf künftige Entwicklungen" (Geschäftsbericht für das Wirtschaftsjahr 2012):

Ausblick auf künftige Entwicklungen

Für das Kalenderjahr 2013 wird nach den Folgen der Finanzmarktkrise ein Wachstum des Bruttoinlandprodukts von 1,6 % erwartet. Die konjunkturelle Erholung wird ihren Beitrag zur privaten und gewerblichen Konsumgüternachfrage leisten. Allerdings werden die steigenden Energiepreise den privaten Konsum nicht ungebremst wachsen lassen.
Die Beschäftigung wird in leichtem Maße zunehmen. Insgesamt wird für 2013 ein weltweiter Gesamtabsatz an Handys von knapp einer Milliarde erwartet.

Trotz dieser insgesamt etwas unsicheren Marktprognose rechnet die Communication AG für ihr Erfolgsmodell „Connection Plus" im Geschäftsjahr 2013 mit einem weiteren Absatzzuwachs. Das Händlernetz kann und wird weiter ausgebaut werden, um so den Absatz und auch Umsatz steigern zu können.

Die oben skizzierten Konsumrisiken durch steigende Energiepreise können unseres Erachtens insbesondere durch das positive Image unseres stärksten Umsatzträgers überkompensiert werden. Eine ausgezeichnete Kundenzufriedenheit gepaart mit höchster Produktqualität versetzt uns in die Lage, auf umfangreiche Marketingaktivitäten im folgenden Geschäftsjahr noch zu verzichten.

Im ersten Quartal des kommenden Geschäftsjahres wird ein weiteres Produkt aus unserem Handyprogramm im Markt eingeführt. An dieser Stelle können hierzu noch keine weiteren Details genannt werden. Nur so viel sei verraten: Es wird aus unserer festen Überzeugung heraus mindestens genauso erfolgreich wie unser Erstprodukt sein.

Insgesamt ist es unser Ziel, unseren Kunden eine echte Alternative zu anderen deutschen Herstellern zu bieten.

Communication AG
– Vorstand –

Informationsmaterialien

Aus einer Fachzeitschrift:

Weltweiter Handy-Absatz nähert sich der Milliardengrenze

Marktforscher haben nach einem starken Anstieg des weltweiten Handyabsatzes ihre Jahresprognose aufgestockt. Sie erwarten für 2013 nunmehr einen Absatz von 960 Millionen Handys, nachdem die Branche im vergangenen Jahr 816,6 Millionen Handys verkauft hatte. Im ersten Quartal 2013 wird der Absatz nach Berechnungen des US-Instituts um 23,8 Prozent gegenüber dem Vorjahr auf weltweit 224 Millionen Handys steigen.

Umsatzentwicklung des Handys „Connection Plus" (in Mio. EUR) in ausgewählten Ländern

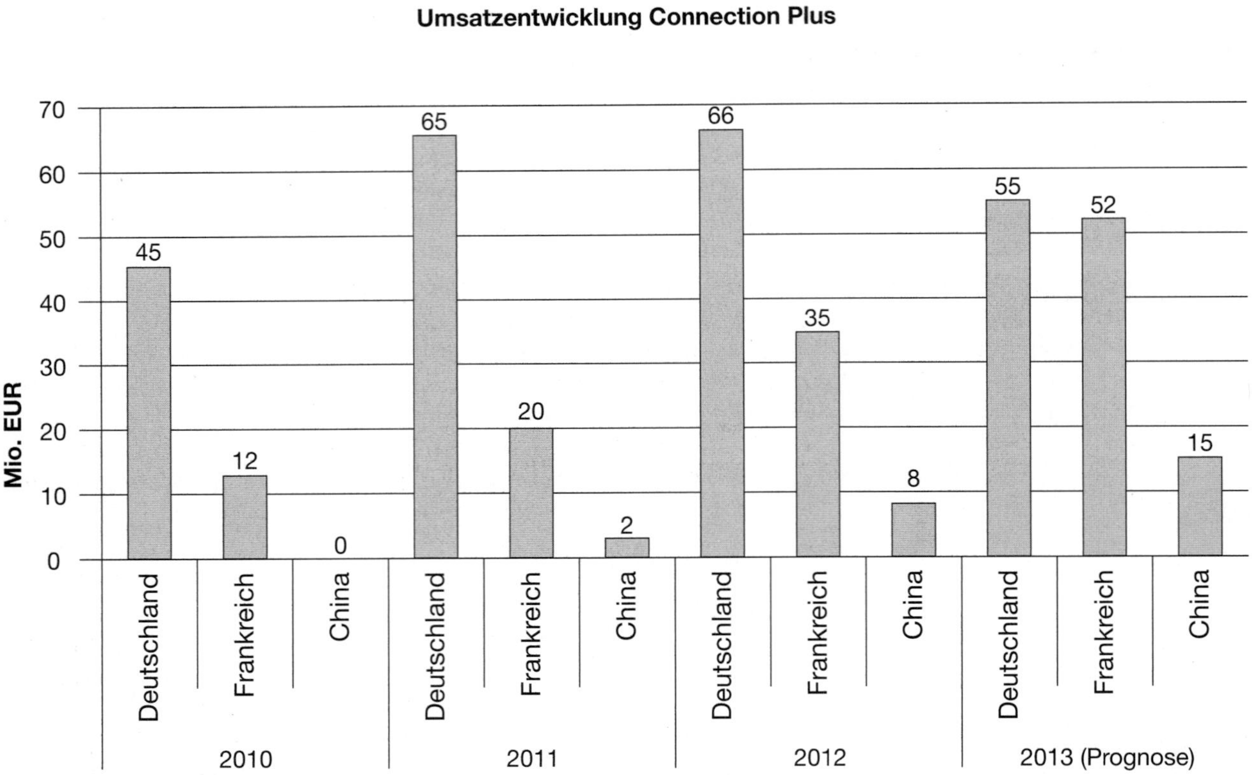

Aus der Abteilung Forschung/Entwicklung

Das geplante Handy ist ein technisch völlig neu entwickeltes Produkt. Die Forschungs- und Entwicklungskosten für dieses Produkt betragen 12,5 Mio. EUR. Mit seinen vielfältigen technischen Möglichkeiten (z. B. Sprachaufzeichnungen, Videoaufzeichnungsfunktion, Organizerbestandteil, Bluetoothschnittstelle und Internetfähigkeit) wird es unser Connection Plus zukünftig auf dem Markt der Businesshandys ergänzen. Die reinen Produktionskosten pro Stück werden nach ersten Kalkulationen ca. 80,00 EUR betragen.

Aus der Abteilung Absatzmarketing

Anlässlich der letzten Vorstandsbesprechung wurde beschlossen, zukünftig auch preisgünstigere Handys anzubieten. Ein Einstieg ins Geschäft mit Billighandys wird jedoch abgelehnt. Ein Vorschlag durch die Abteilungsleitung Absatzmarketing wird bis 31.03.2013 erwartet.

Für das neue Produkt wird eine Produktions- und Absatzmenge im Jahr 2013 in Höhe von 80 000 Stück erwartet. Eine Marktpreisanalyse vergleichbarer Konkurrenzprodukte hinsichtlich unseres neu zu positionierenden Produkts ergab folgende Ergebnisse:

Hersteller	Nokia	Siemens	Samsung	Sony Ericsson
Produkt	Business 1200	Comfort TI	Profi 400	First XL
Marktpreis	268,00 EUR	256,00 EUR	210,00 EUR	260,00 EUR

Die Marktanteile der Konkurrenz in diesem Segment verteilen sich wie folgt:

Marktanteile (Absatz) Business-Handys in Prozent

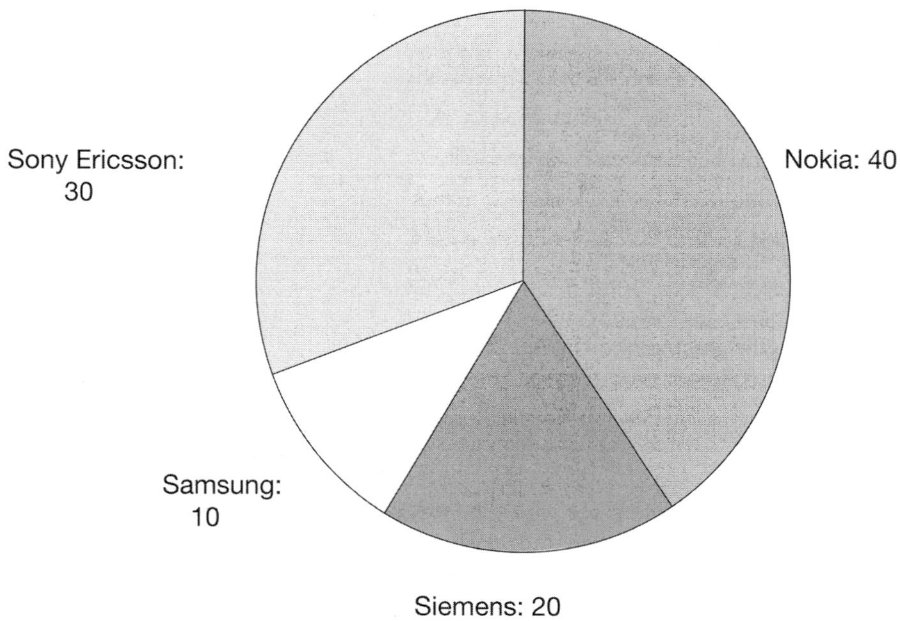

Aufgaben

1. **Beschreiben Sie** die Umsatzentwicklung des Handys Connection Plus pro Absatzland.
2. **Erläutern Sie**, welche absatzpolitischen Standardmaßnahmen der Preis- und Kommunikationspolitik grundsätzlich in den unterschiedlichen Phasen des Produktlebenszyklusses denkbar sind.
3. **Erstellen Sie** einen konkreten und begründeten (situationsbezogenen) Vorschlag, welche konkurrenzorientierten, preispolitischen Maßnahmen für das Handy Connection Plus in Deutschland eingeleitet werden sollten.
4. **Erörtern Sie**, wie der Absatz in Frankreich und China angekurbelt werden könnte. Gehen Sie dabei insbesondere auf das Instrument der (räumlichen) Preisdifferenzierung ein.
5. **Nennen und erläutern Sie** für das neu entwickelte Produkt die grundsätzlichen Formen der Preisbildung.
6. **Ermitteln Sie** die Stückkosten des neuen Handys.
7. **Machen Sie** vor dem Hintergrund der Kosten- und Konkurrenzsituation einen Vorschlag, mit welchem Verkaufspreis das neue Produkt auf den Markt gebracht werden sollte.
8. **Ermitteln Sie** auf der Basis Ihres Verkaufspreisvorschlages die Absatzmenge, ab der sich eine Kostendeckung ergeben würde.
9. **Erstellen Sie** abschließend eine Stellungnahme für den Vorstand (Abteilungsleiter), die Ihre Arbeitsergebnisse situationsbezogen zusammenfasst. Hinweis: Ihren Ausführungen ist eine Gliederung voranzustellen.
10. **Beschreiben Sie** allgemein drei Elemente Ihrer Wahl eines Werbeplans. Entwickeln Sie darauf basierend einen Werbeplan für das Handy Connection Flex.

Jahrgang 13.1

1 Themenübersicht Finanzierungsarten

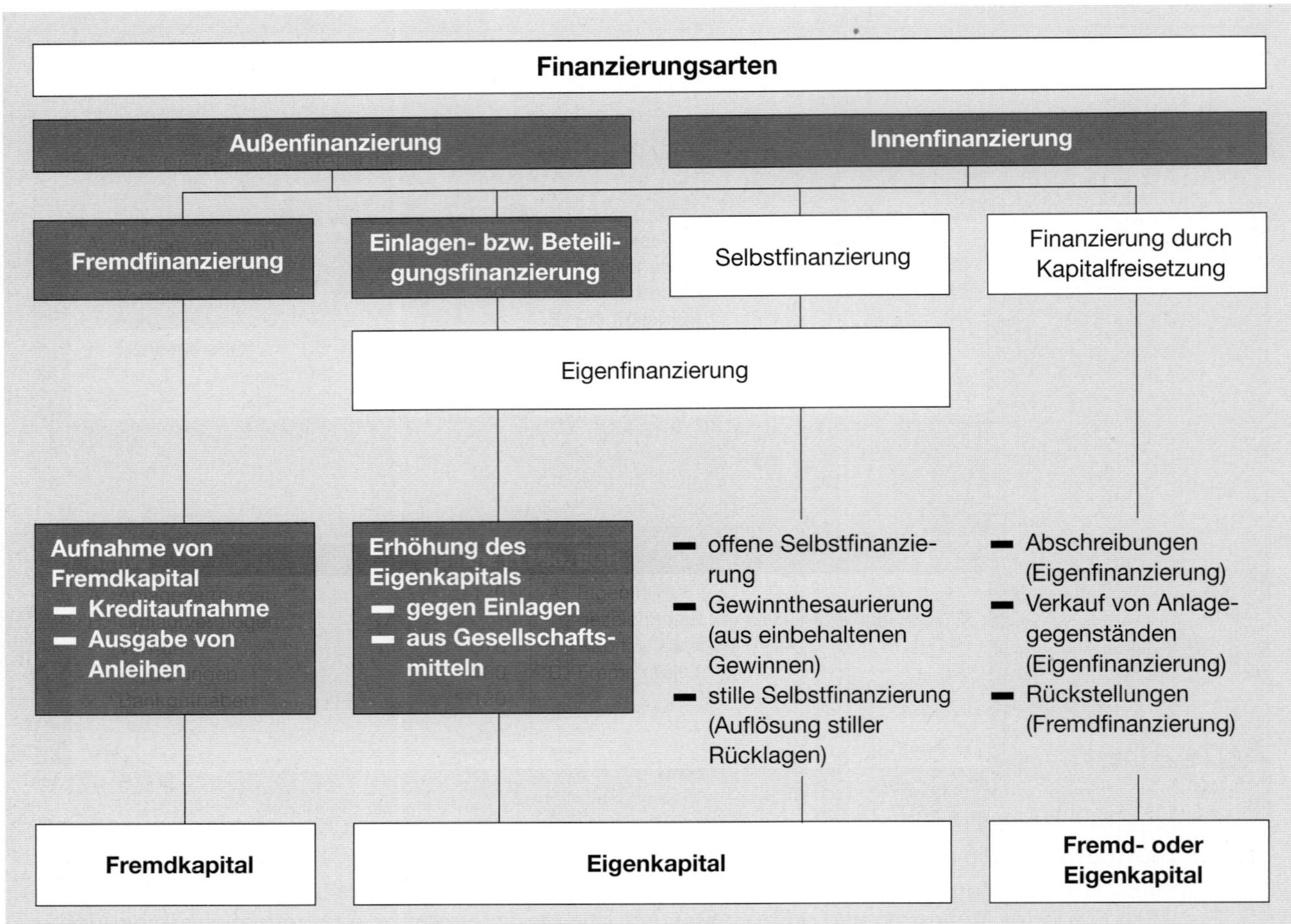

2 Themenübersicht langfristige und kurzfristige Fremdfinanzierung von Investitionen und Sicherheiten im Rahmen der Fremdfinanzierung

Kreditarten

nach der Laufzeit eines Kredites

- **kurzfristiger Kredit**: Laufzeit unter einem Jahr
- **mittelfristiger Kredit**: Laufzeit zwischen einem und vier Jahren
- **langfristiger Kredit**: Laufzeit ab vier Jahren

nach der Verwendung eines Kredites

- **Betriebsmittelkredit**: Kredite zur Finanzierung des Umlaufvermögens. Sie werden in der Regel in Form von Kreditlinien auf dem Konto des Kreditnehmers bereitgestellt.
- **Investitionskredit**: Dient zur Finanzierung von Anlagegegenständen wie z. B. Maschinen, Fuhrpark etc.

nach den Sicherheiten

Personalkredit

- **reiner Personalkredit** (ungesicherter Kredit, die Sicherheit liegt allein in der Bonität des Schuldners)
- **verstärkter Personalkredit** (wenn eine weitere Person haftet)
  - Bürgschaftskredit
  - Zessions-(Abtretungs-)Kredit

dinglich gesicherter Kredit

- **Realkredite** (die Sicherheit liegt in einer Sache = Ding, z. B. Grundstück, Maschine)
  - Sicherungsübereignungskredit
  - Grundschuld-/Hypothekarkredit

nach den Tilgungsmodalitäten

Festdarlehen

Tilgung des Darlehens am Ende der Laufzeit in einer Summe.

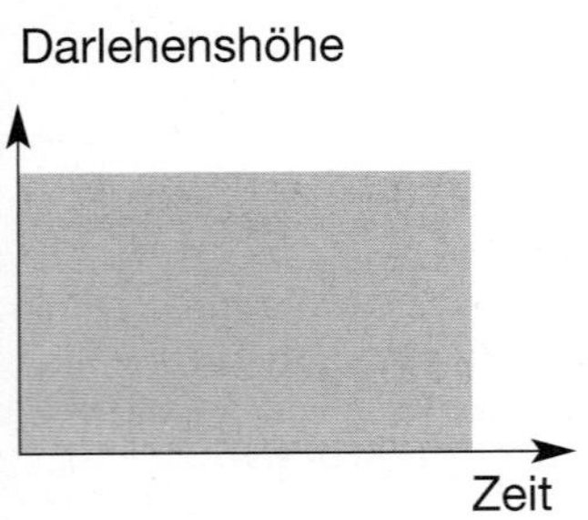

Abzahlungsdarlehen

Tilgung des Darlehens in jährlich gleichbleibenden Beträgen

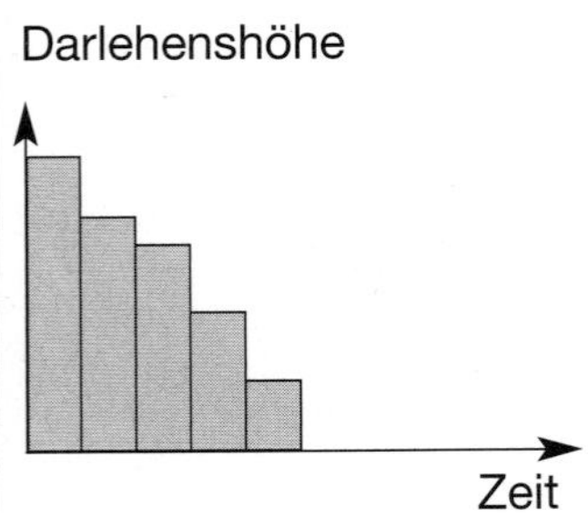

Annuitätendarlehen

Eine Annuität ist die Summe aus Zins- und Tilgungszahlungen.
Die Annuität bleibt über die Laufzeit des Darlehens gleich.
Da während der Laufzeit das Darlehen bereits getilgt wird, wird innerhalb der Annuität der Zinsanteil immer geringer, während sich der Tilgungsanteil um denselben Betrag erhöht.

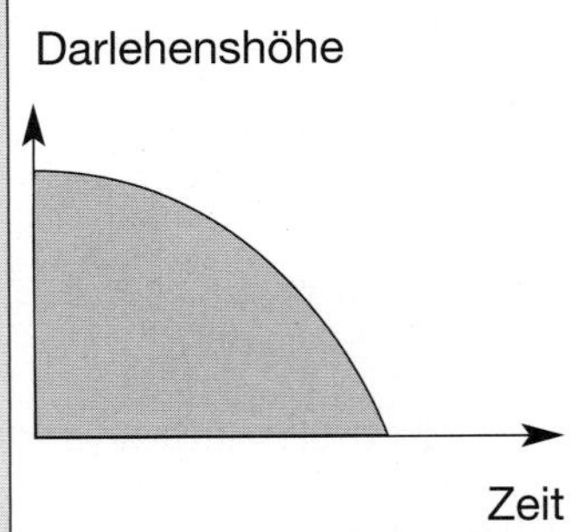

Kreditsicherheiten

Kreditsicherheiten

Sachsicherheit

Die Sicherheit für den Kreditgeber besteht in dem (dinglichen) Recht der Verwertung von beweglichen Sachen, Grundstücken oder Forderungen und anderen Rechten.

- Sicherungsübereignung (bewegliche Sachen)
- Grundschuld (Grundstücke)

Personensicherheit

Die Sicherheit für den Kreditgeber besteht in der Haftung durch eine weitere Person. Der zusätzliche Sicherungsgeber haftet dann wie der Schuldner selber.

Bürgschaft

abstrakte Sicherheit (treuhänderische Sicherheit)

Auch ohne Bestehen einer Forderung/Schuld kann diese Sicherheit vom Kreditgeber verwertet werden.

- Sicherungsübereignung (bewegliche Sachen)
- Grundschuld (Grundstücke)

akzessorische Sicherheit

Besteht eine bestimmte Forderung, so besteht auch die Sicherheit.
Die Sicherheit erlischt, wenn die Schuld/Forderung nicht mehr besteht.
Die Höhe der Sicherheit richtet sich nach der Höhe der Schuld/Forderung.

Bürgschaft

Grundpfandrechte

Pfandrecht an unbeweglichen Sachen, wie z. B. an bebauten oder unbebauten Grundstücken. Zahlt ein Schuldner seinen Kredit nicht zurück, ist der Inhaber des Pfandrechts berechtigt, seine Forderungen aus dem Verkauf des Grundstückes zu befriedigen.

Arten

Grundschuld

§ 1191 ff., BGB
Ein Grundstück kann in der Weise belastet werden, dass an denjenigen, zu dessen Gunsten die Belastung erfolgt, eine bestimmte Geldsumme aus dem Grundstück zu zahlen ist.

Hypothek

§ 1113 ff., BGB
Ein Grundstück kann in der Weise belastet werden, dass an denjenigen, zu dessen Gunsten die Belastung erfolgt, eine bestimmte Geldsumme zur Befriedigung einer ihm zustehenden Forderung aus dem Grundstück zu zahlen ist.

Unterschiede

- Die Grundschuld ist ein Pfandrecht an einem Grundstück.
- Ein Zusammenhang zwischen diesem Pfandrecht und einer Forderung muss nicht gegeben sein (Abstraktheit der Grundschuld).
- Der Kreditnehmer haftet nur dinglich (mit dem Grundstück), nicht aber persönlich.

- Eine Hypothek dient zur Absicherung einer **bestimmten** Forderung.
- Der Bestand einer Hypothek hängt ab vom Bestand einer zugrunde liegenden, persönlichen Forderung.
- Der Kreditnehmer haftet sowohl dinglich als auch persönlich (= mit seinem Einkommen und sonstigem Vermögen).

Grundschuld

Definition:

§ 1191 (1) BGB: Ein Grundstück kann in der Weise belastet werden, dass an denjenigen, zu dessen Gunsten die Belastung erfolgt, eine bestimmte Geldsumme aus dem Grundstück zu zahlen ist.

- Bei einer Grundschuld handelt es sich um ein Pfandrecht an einem Grundstück (dingliche Sicherheit = die Sicherheit liegt im Wert des Grundstücks).
- Zu einem Grundstück gehört nicht nur der Grund und Boden, sondern außerdem die darauf stehenden Gebäude und Pflanzen (wesentliche Bestandteile eines Grundstücks). Hinzu kommen die mit einem Grundstück verbundenen Rechte (z. B. Miet- oder Pachtzahlungen) und Zubehörteile (z. B. Maschinen).

Beispiel: *Auszug aus einem Grundbuch der Abteilung III*

lfd. Nr. der Eintragungen	lfd. Nr. der belasteten Grundstücke im Bestandsverzeichnis	Betrag	Hypotheken, Grundschulden, Rentenschulden
1	1	200 000,00 EUR	Zweihunderttausend Euro **Grundschuld** für die Deutsche Bank AG Bonn mit einem Jahreszins von **18 %**, vollstreckbar nach **§ 800 ZPO**. Eingetragen mit Bezug auf die Bewilligung vom 20. September 2006 – **ohne Brief** – am 4. Oktober 2006.

brieflose Grundschuld

Dinglicher Zins: (= Höhe des Zinssatzes für die Grundschuld. Dabei handelt es sich nicht um den Zinssatz, der im Kreditvertrag vereinbart wurde.) Hierdurch lassen sich höhere Kosten aus einer späteren Zinserhöhung aus dem Darlehen oder Kosten einer Zwangsvollstreckung sowie Überziehungszinsen abdecken.

Berechtigt zur **sofortigen** Zwangsvollstreckung in das Grundstück (i. d. R. durch Zwangsversteigerung).

Finanzierung eines Grundstückskaufs durch einen Realkredit

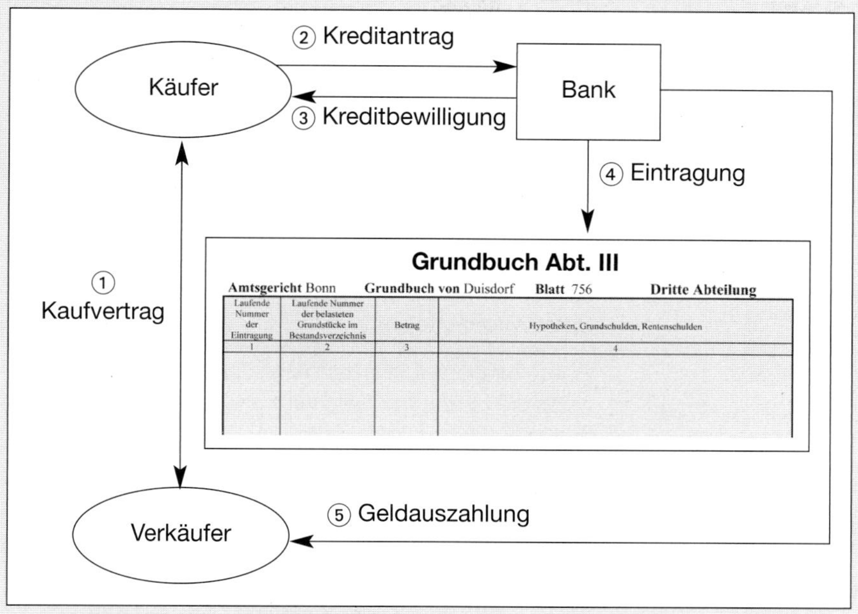

① Zwischen Käufer und Verkäufer wird ein Kaufvertrag über ein Grundstück abgeschlossen.
② Zugleich beantragt der Käufer einen Kredit bei seiner Hausbank.
③ Der Kredit wird nach einer Bonitätsprüfung von der Hausbank bewilligt. Als dingliche Sicherheit dient das zu erwerbende Grundstück.
④ Mit Zustimmung des Verkäufers wird in Abteilung III im Grundbuch die Grundschuld zugunsten der Hausbank eingetragen.
⑤ Erst nach Eintragung der Grundschuld erfolgt die Kaufpreiszahlung an den Verkäufer.

Die Sicherungsübereignung

Zur Absicherung eines Kredites wird das Eigentum an einer beweglichen Sache übertragen.

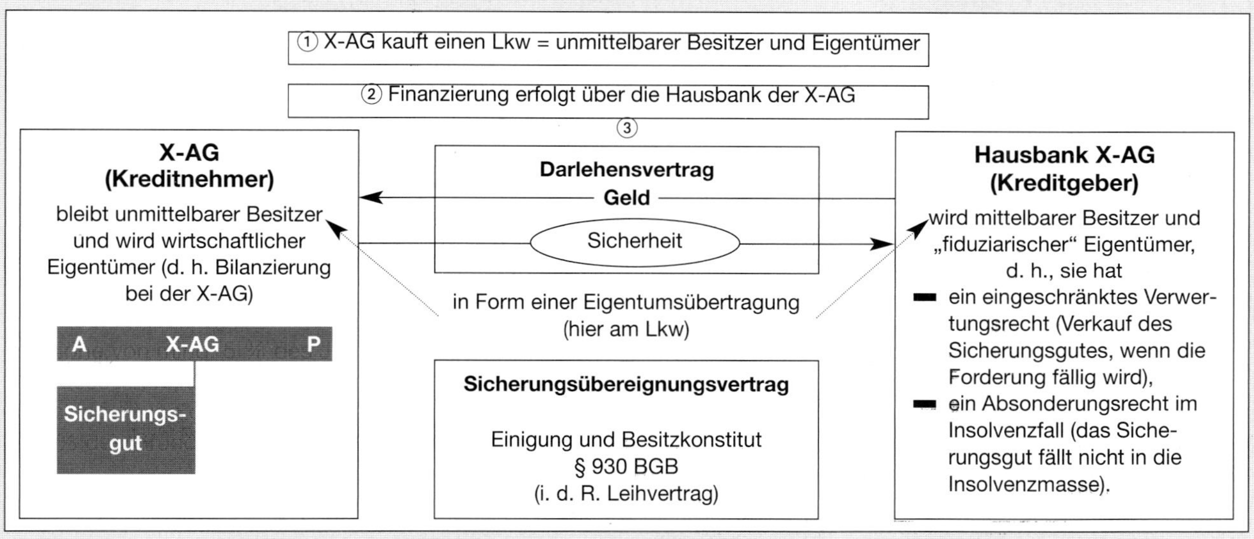

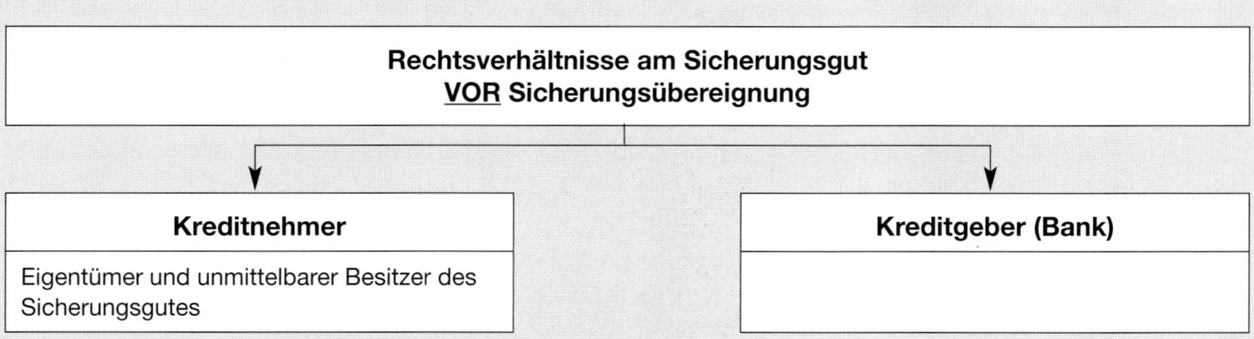

Rechtsverhältnisse am Sicherungsgut
NACH Sicherungsübereignung

Kreditnehmer

unmittelbarer Besitzer: Er besitzt die tatsächliche Herrschaft über das Sicherungsgut und darf es benutzen.
Er muss das Sicherungsgut bilanzieren.

Kreditgeber (Bank)

fiduziarischer (treuhänderischer) Eigentümer und mittelbarer Besitzer:
Er besitzt die rechtliche, indirekte Herrschaft über das Sicherungsgut. Es ist keine Bilanzierung des Gutes erforderlich.

Er ist verpflichtet, nur dann das Gut zu verwerten, wenn die Forderung fällig wird bzw. ausfällt.
Er ist verpflichtet, das Eigentum am Sicherungsgut bei Tilgung der Schuld an den Kreditnehmer zurück zu übertragen.

Exkurs: Grundbegriffe Eigentum und Besitz

Eigentum (§ 903 BGB)

Der Eigentümer einer Sache kann, soweit das Gesetz oder Rechte Dritter nicht entgegenstehen, mit der Sache nach Belieben verfahren (…).
(rechtliche Herrschaft)

Besitz (§ 854 BGB)

Der Besitz an einer Sache wird durch Erlangung der tatsächlichen Gewalt über eine Sache erworben.
(unmittelbarer Besitz)

mittelbarer Besitz (§ 868 BGB)

Ein mittelbarer Besitzer ist derjenige, der einem anderen eine Sache für den unmittelbaren Besitz überlassen hat. Dieser andere kann Entleiher, Mieter, Pächter, Verwahrer oder Pfandgläubiger der Sache sein.

Beispiel:
Die Firma A verleiht einen Lieferwagen an Firma B.
Firma B ist unmittelbare Besitzerin des Lieferwagens.
Firma A ist mittelbare Besitzerin (und Eigentümerin) des Fahrzeugs.

	Kreditnehmer	Kreditgeber
Vorteile	– Kann mit dem sicherungsübereigneten Gut arbeiten und auch abschreiben. – Übereignung ist nach außen nicht erkennbar.	– Recht auf Absonderung im Insolvenzfall – sofortiger Verkauf des Sicherungsgutes bei Zahlungsverzug
Nachteile	– sofortiger Verkauf des Sicherungsgutes, wenn die Raten nicht gezahlt werden	– Das Sicherungsgut wird an gutgläubige Dritte weiterverkauft. – Übereignete Gegenstände werden beschädigt oder zerstört. – Das Sicherungsgut wird erneut als Sicherheit verwendet.

Die Bürgschaft

Durch den Bürgschaftsvertrag verpflichtet sich der Bürge gegenüber dem Gläubiger eines Dritten, für die Erfüllung der Verbindlichkeit des Dritten einzustehen (§ 765 Abs, 1 BGB).

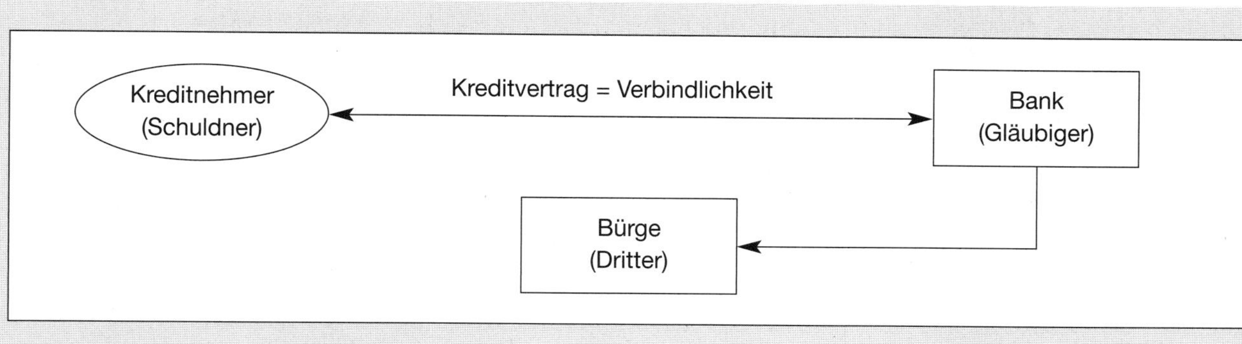

Die gewöhnliche Bürgschaft (§§ 771, 772 BGB)

(auch BGB-Bürgschaft)

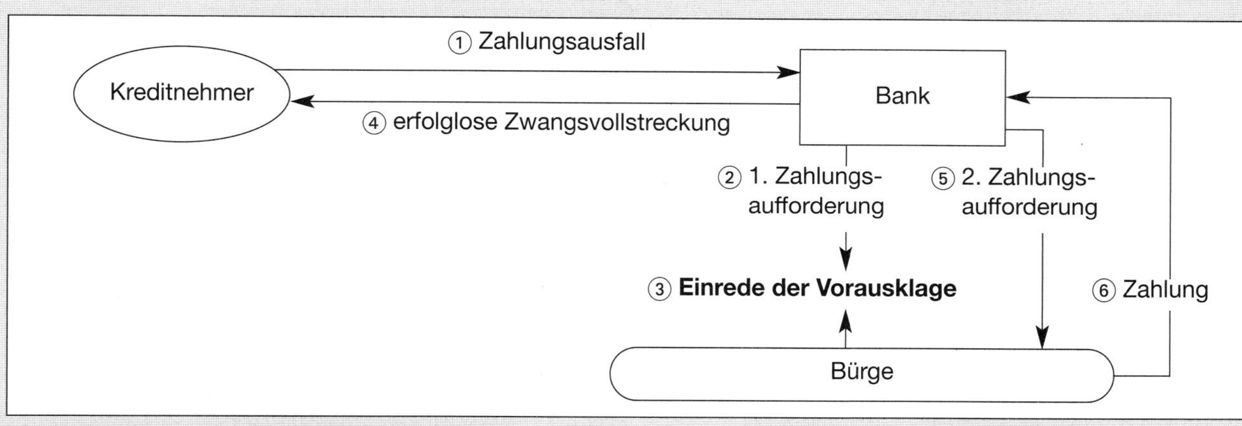

① Der Kreditnehmer kann die Zinsen und Tilgung nicht mehr bezahlen.
② Der Gläubiger möchte den Bürgen in Anspruch nehmen.
③ Der Bürge verweigert die Zahlung und macht von seinem Recht der „Einrede der Vorausklage" Gebrauch (§ 771 BGB).
④ Bevor die Bank auf den Bürgen zurückgreifen kann, muss dem Bürgen nachgewiesen werden, dass eine Zwangsvollstreckung in das Vermögen des Schuldners erfolglos gewesen ist.
⑤ Danach ist eine zweite Zahlungsaufforderung an den Bürgen möglich.
⑥ Der Bürge muss zahlen.

Die selbstschuldnerische Bürgschaft (§ 773 BGB)

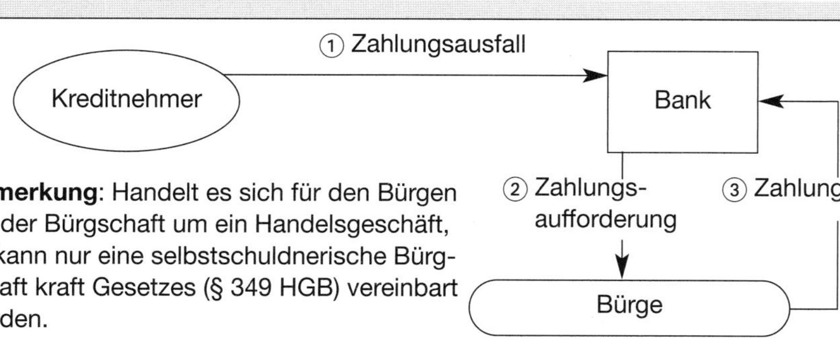

Anmerkung: Handelt es sich für den Bürgen bei der Bürgschaft um ein Handelsgeschäft, so kann nur eine selbstschuldnerische Bürgschaft kraft Gesetzes (§ 349 HGB) vereinbart werden.

① Der Kreditnehmer kann die Zinsen und Tilgung nicht mehr bezahlen.
② Der Gläubiger nimmt den Bürgen in Anspruch.
③ Der Bürge hat im Bürgschaftsvertrag auf die „Einrede der Vorausklage" verzichtet. Er haftet somit wie der Kreditnehmer selbst.

2.1 Ausgangssituation langfristige Fremdfinanzierung von Investitionen

Die Windpark AG zählt zu den weltweit führenden Anbietern von Windenergieanlagen. Unter den Markennamen Windpark und Südwind bietet das Unternehmen leistungsstarke Anlagen vor allem im Megawatt-Bereich für nahezu alle geografischen Gegebenheiten: Onshore und Offshore genauso wie Wüsten- und Dauerfrostgebiete. Die Kernkompetenz der Windpark-Gruppe liegt in der Planung und dem Engineering großer Windkraftanlagen, der Entwicklung und Fertigung von Steuerungen für Windkraftanlagen einschließlich des Netzanschlusses sowie der Fertigung von Rotorblättern für Windkraftanlagen der Megawatt-Klasse.

Die Nachfrage nach Windkraftanlagen ist in diesem Jahr weiterhin gestiegen und auch für die zukünftigen Jahre ist mit einem starken Wachstum zu rechnen. Daher hat der Vorstand der Windpark AG entschieden, Erweiterungsinvestitionen durchzuführen. An erster Stelle stehen die folgenden Vorhaben:

1. Ausbau der Produktion durch den Bau einer weiteren Fertigungshalle für Rotorblätter. Hierfür wird mit einem Betrag von 400 000,00 EUR gerechnet.
2. Anschaffung eines Spezialtransporters für 150 000,00 EUR.

Die Investitionen sollen über die Hausbank der Windpark AG abgewickelt bzw. finanziert werden.

Auszug aus dem Grundbuch

Amtsgericht Rostock | Grundbuch von Papendorf | Blatt 76 | Dritte Abteilung

lfd. Nr. der Eintragungen	lfd. Nr. der belasteten Grundstücke im Bestandsverzeichnis	Betrag in EUR	Hypotheken, Grundschulden, Rentenschulden
1	2	3	4
		250 000,00 EUR	Zweihundertfünfzigtausend Euro Grundschuld mit 15 % Jahreszinsen für die Deutsche Bank AG Rostock, vollstreckbar nach § 800 ZPO. Eingetragen mit Bezug auf die Bewilligung vom 25. April 2002 – mit Rang vor II-2 – ohne Brief am 14. Mai 2002.

2.1.1 Aufgaben Anforderungsbereich I

1. **Nennen Sie** die unterschiedlichen Möglichkeiten zur Finanzierung von Investitionen.
2. **Grenzen Sie** die Innen- und Außenfinanzierung voneinander **ab**.
3. **Nennen Sie** unterschiedliche Formen der Innenfinanzierung.
4. **Nennen Sie** Formen langfristiger Fremdfinanzierungen.
5. **Zeigen Sie** Vor- und Nachteile einer langfristigen Fremdfinanzierung auf für
   a) den Kreditgeber und
   b) den Kreditnehmer.
6. **Grenzen Sie** die Eigenfinanzierung von der Fremdfinanzierung in Form einer Übersicht **ab**.
7. **Unterscheiden Sie** Darlehensformen nach folgenden Kriterien:
   a) Laufzeit,
   b) Tilgung.

8. **Berechnen Sie** die Gesamtkosten des folgenden Festdarlehens:
   Betrag: 150 000,00 EUR; Zinssatz 6,5 %; Laufzeit 4 Jahre.

Jahr	Restdarlehen in EUR	Zinsen in EUR	Tilgung in EUR	Gesamtbetrag in EUR
1				
2				
3				
4				
Gesamtsumme				

9. Kreditsumme: 150 000,00 EUR, Laufzeit: 6 Jahre, Bearbeitungsgebühr 1,5 %. Tilgung in gleichbleibenden Jahresraten über die gesamte Laufzeit jeweils zum Jahresende, Zinssatz: 5,75 %.
   a) **Berechnen Sie** die Gesamtkosten des folgenden Darlehens.

Jahr	Restdarlehen	Zinsen	Tilgung	Gesamtbetrag
1				
2				
3				
4				
5				
6				

   b) **Berechnen Sie** den effektiven Zinssatz.
10. **Beschreiben Sie** die bilanziellen Auswirkungen einer Fremdkapitalaufnahme.
11. **Unterscheiden Sie** zwischen einer dinglichen und einer persönlichen Sicherheit und nennen Sie jeweils ein Beispiel.
12. Die Hausbank der Windpark AG ist durchaus bereit, gegen Stellung von Sicherheiten die gewünschten Summen zur Verfügung zu stellen. **Nennen und beschreiben Sie** die für die Ausgangssituation infrage kommenden Sicherheiten.
13. **Nennen Sie** die Vor- und Nachteile der Sicherungsübereignung aus Sicht der Bank bzw. des Kunden.

2.1.2 Aufgaben Anforderungsbereich II

1. In der Ausgangssituation liegt ein Grundbuchauszug (dritte Abteilung) vor. Erläutern Sie, um welche Form einer Grundschuld es sich bei der hier eingetragenen Grundschuld zugunsten der Deutschen Bank AG handelt.
2. **Erklären Sie** den Unterschied zwischen einer Einlagen- bzw. Beteiligungsfinanzierung und einer Fremdfinanzierung.
3. Der Windpark AG wurden zur Finanzierung ihrer Erweiterungsinvestitionen folgende Angebote ihrer Hausbank unterbreitet. Es handelt sich dabei um jeweils ein Abzahlungsdarlehen, das mit jährlich gleich hohen Raten getilgt wird. Dabei wird eine Bearbeitungsgebühr der Bank in Höhe von 2 % unterstellt:

	Darlehenshöhe	Zinssatz	Auszahlung	eff. Zinssatz	Laufzeit
1	150 000,00 EUR	5,50 %	100,00 %	6,30 %	5 Jahre
2	150 000,00 EUR	5,00 %	98,75 %	6,30 %	5 Jahre
3	150 000,00 EUR	6,25 %	100,00 %	6,61 %	10 Jahre

a) **Erläutern Sie**, warum bei den Angeboten 1 und 2 der effektive Zinssatz gleich ist.
b) **Erklären Sie** den Begriff des Damnums.
c) **Erläutern Sie**, was die Nordex AG dazu bewegen könnte, das Darlehen 3 in Anspruch zu nehmen, im Gegensatz zu den beiden anderen.

4. Der Kredit zur Anschaffung des Spezialtransporters soll durch eine Sicherungsübereigung des Lkw abgesichert werden.
   a) **Erläutern Sie** die Besitz- und Eigentumsverhältnisse im Rahmen der Sicherungsübereignung.
   b) **Erklären Sie**, durch welches Vertragsverhältnis die Windpark AG als Halterin im Zulassungsschein II (ehemals Kfz-Brief) steht und das Fahrzeug nutzen kann, als sei es ihr eigenes.
   c) Der Vorstand möchte Planungssicherheit haben. Daher fragt er bei der Bank an, unter welchen Voraussetzungen die Bank den Spezialtransporter verwerten kann. Klären Sie ihn auf.
5. Auf Anfrage, ob die Hausbank der Windpark AG grundsätzlich auch eine gewöhnliche Bürgschaft (= BGB-Bürgschaft) als Sicherheit akzeptiere, antwortet diese, dass für das Kreditinstitut nur selbstschuldnerische Bürgschaften infrage kämen. **Erklären Sie** die Haltung der Hausbank.
6. Ein Auszubildender der Windpark AG wundert sich, dass zur Finanzierung der Fertigungshalle ein Hypothekendarlehen aufgenommen wird, obwohl eine Grundschuld eingetragen wird. Daraus schließt er, dass eine Hypothek nichts anderes ist als eine Grundschuld.
   Arbeiten Sie die Unterschiede zwischen einer Hypothek und einer Grundschuld zur Sicherung von Immobilienkrediten heraus und **erklären Sie** dem Auszubildenden die Unterschiede.
7. Die Hausbank der Windpark AG möchte zur Absicherung des Kredites über 400 000,00 EUR zum Bau einer Fertigungshalle auf jeden Fall eine erstrangig eingetragene Grundschuld haben. **Erklären Sie**, warum die Hausbank auf einer erstrangigen eingetragenen Grundschuld besteht.

2.1.3 Aufgaben Anforderungsbereich III

1. Die Windpark AG hat zwei Darlehensangebote über 150 000,00 EUR.

Annuitätendarlehen 1		Annuitätendarlehen 2	
Zinssatz	6,5 %	Zinssatz	5,9 %
Laufzeit	10 Jahre	Laufzeit	5 Jahre
anf. Tilgung p. a. in %	1 %	anf. Tilgung p. a. in %	4 %

   Beurteilen Sie die beiden Angebote und treffen Sie eine begründete Entscheidung.
2. Das Grundstück (siehe Grundbuchauszug), auf dem die Fertigungshalle gebaut werden soll, wurde von einem Gutachter auf einen Wert von 680 000,00 EUR geschätzt. Die Hausbank der Windpark AG steht einer Kreditvergabe in Höhe der gewünschten Summe grundsätzlich positiv gegenüber, verlangt dafür aber eine erstrangig eingetragene Grundschuld. **Erläutern Sie** die Problematik und **entwickeln Sie** einen Vorschlag, wie dem Wunsch nach erstrangiger Absicherung der Hausbank Rechnung getragen werden kann.

3 Themenübersicht Leasing als Sonderform der Finanzierung

Leasing = Vermietung (engl. to lease = mieten, pachten) von Anlagegegenständen durch Leasingfirmen. Der Leasinggeber bleibt dabei Eigentümer, der Leasingnehmer wir unmittelbarer Besitzer des Leasinggegenstandes.

Leasingarten

nach dem Leasinggeber

direktes Leasing

Der Leasinggeber ist auch gleichzeitig der Hersteller des Leasinggegenstandes.

indirektes Leasing

Der Leasinggeber kauft die Leasinggegenstände vom Hersteller und stellt sie gegen Entgelt dem Leasingnehmer zur Verfügung.

nach dem Leasingobjekt

Mobilienleasing

Bei den Leasinggegenständen handelt es sich um bewegliches Anlagevermögen wie z. B. Maschinen, Pkw, Flugzeuge etc.

Immobilienleasing

Bei den Gegenständen handelt es sich um Immobilien, i. d. R. Bürohäuser, Fabrikanlagen etc.

nach der Kündbarkeit

Operate-Leasing

Der Leasingnehmer hat das Recht zur jederzeitigen, kurzfristigen Kündigung des Leasingvertrages.
Der Leasinggeber trägt somit das alleinige Investitionsrisiko wie bei einem normalen Mietvertrag.

Financial-Leasing

Langfristige Verträge (i. d. R. 40–90 % der betriebsgewöhnlichen Nutzungsdauer), die in der Grundmietzeit unkündbar sind. Danach kann der Leasingnehmer das Leasingobjekt kaufen oder einen neuen Leasingvertrag über ein neues Leasingobjekt abschließen.

Vollamortisierungsvertrag

Die Leasingraten werden so kalkuliert, dass sich das Leasingobjekt im Laufe der Grundmietzeit amortisiert.

Teilamortisierungsvertrag

Die Leasingraten haben nach der Grundmietzeit nur teilweise die Kosten des Leasingobjektes abgedeckt. Daher muss der Leasinggeber das Leasingobjekt weiter vermieten, um eine vollständige Amortisation zu erreichen.

Arten beim Pkw-Leasing

Beim Pkw-Leasing handelt es sich in der Regel um eine Form des Financial-Leasings, in der Ausgestaltung von Teilamortisierungsverträgen.

Leasing mit Restwertabsicherung	Leasing mit Kilometerabrechnung
Im Leasingvertrag wird vorab ein Restwert für das Fahrzeug nach der Mietzeit kalkuliert. Der Leasinggeber nimmt das Fahrzeug nach der Grundmietzeit zurück und veräußert es. Übersteigt der Verkaufspreis den vereinbarten Restwert, so wird der Gewinn im Verhältnis 1 : 3 zwischen dem Leasinggeber und dem Leasingnehmer aufgeteilt. Übersteigt der Restwert den Verkaufspreis, so trägt der Leasingnehmer die Mehrkosten (Restwertrisiko).	Im Leasingvertrag wird vorab eine Gesamtkilometerleistung für die Gesamtnutzungsdauer vereinbart. Wurden vom Leasingnehmer mehr Kilometer als vereinbart gefahren, dann muss nachgezahlt werden (Pauschale pro gefahrener Kilometer). Wurden vom Leasingnehmer weniger Kilometer als vereinbart gefahren, erhält er eine Rückzahlung.

Argumente für das Leasing

- Unkomplizierte Abwicklung von Leasingverträgen, weil die Bonität des Leasingnehmers nicht so stark ins Gewicht fällt wie bei einer Bankfinanzierung.
- Es sind keine Sicherheiten notwendig.
- Leasingraten sind z. T. voll steuerlich absetzbar.
- Der Leasingnehmer ist immer auf dem technologisch neuesten Stand.
- Das Kreditpotenzial kann geschont werden, weil die Eigenkapitalquote durch die Leasingfinanzierung unverändert bleibt (Basel II).
- Die geleasten Gegenstände müssen vom Leasingnehmer nicht selbstständig gewartet werden. Gegen Zahlung einer Gebühr übernehmen Wartung und Reparaturen die Leasing-Gesellschaften.

3.1 Ausgangssituation Leasing als Sonderform der Finanzierung

Die Schneider AG möchte für ihren Prokuristen, Herrn Kimmel, einen Firmenwagen beschaffen. Herr Kimmel hat sich für das unten abgebildete Fahrzeug entschieden. Der Leiter der Finanzabteilung der Schneider AG überlegt, wie er das Fahrzeug finanzieren soll. Im Internet findet er folgendes Angebot der Ford-Bank:

Leasingangebot

Ihre Konditionen:

Ihre Preisangabe	29 775,00 EUR
Ihre gewählte Laufzeit	48 Monate
Ihre Gesamtfahrleistung	60 000 km
Ihre Sonderzahlung	5 000,00 EUR
Ihre monatliche Rate	242,60 EUR
zuzüglich Überführungs- und Zulassungskosten	

Der Schneider AG liegt außerdem ein alternatives Finanzierungsangebot der Hausbank vor:

Ausschnitt aus dem Kreditangebot

zu finanzierende Summe:		26 800,00 EUR
Gebühren:		2 %
Zinssatz:		9,25 % p. a.
effektiver Jahreszinssatz:		10,23 %
Laufzeit:		48 Monate
Annuität:		663,77 EUR pro Monat
	davon sind	558,33 EUR Tilgung
	und	105,44 EUR Zinsen[1]

3.1.1 Aufgaben Anfoderungsbereich I

1. **Nennen Sie** vier unterschiedliche Leasingarten.
2. **Stellen Sie** das Operate-Leasing und das Finanzierungsleasing **gegenüber** und **grenzen Sie** die beiden Formen voneinander **ab**.
3. **Stellen Sie fest**, um welche Leasingart es sich bei dem vorliegenden Angebot handelt.
4. Beim Pkw-Leasing unterscheidet man zwischen dem Leasing mit Restwertabsicherung und dem Leasing mit Kilometerabrechnung. **Beschreiben Sie** die Unterschiede.
5. **Berechnen Sie** die jeweiligen Gesamtkosten der Leasing- bzw. der Darlehensfinanzierung.

3.1.2 Aufgaben Anforderungsbereich II

1. **Erklären Sie**, warum der Darlehensbetrag geringer als der Listenpreis des Fahrzeugs ist.
2. **Erläutern Sie** die Bedeutung des Leasings für den Leasingnehmer.
3. **Vergleichen Sie** die Finanzierung mittels Leasing und mittels Kreditaufnahme und arbeiten Sie die Vor- und Nachteile der jeweiligen Finanzierungsform heraus.
4. **Erläutern Sie** die bilanziellen Vorteile einer Leasingfinanzierung gegenüber einer Kreditfinanzierung.
5. **Vergleichen Sie** den jeweiligen Aufwand der vorliegenden Finanzierungsformen rechnerisch und **analysieren Sie** mögliche Folgen für das Unternehmen.

3.1.3 Aufgaben Anforderungsbereich III

1. **Unterbreiten Sie** dem Vorstand der Schneider AG einen **Vorschlag**, für welche Art der Finanzierung er sich entscheiden soll.
2. **Beurteilen Sie** beide Finanzierungsformen unter kostenrechnerischen Gesichtspunkten.

---

[1] Bei den ermittelten Zinsen handelt es sich um einen Durchschnittsbetrag, da in diesem Beispiel von einer monatlichen Tilgung über die Gesamtlaufzeit ausgegangen wird.

4 Themenübersicht Beteiligungsfinanzierung bei einer Aktiengesellschaft

Aktienarten

Aktien verbriefen einen Anteil am Grundkapital einer Aktiengesellschaft. Außerdem besitzen Aktionäre bestimmte Teilhaberrechte (z. B. Stimmrechte, Bezugsrechte sowie Anteilsrecht am Liquidationserlös.)

nach Nennbeträgen

Nennwertaktien:
Verbriefen einen festen Anteilswert am Grundkapital einer Aktiengesellschaft. Der Mindestnennbetrag einer Aktie ist 1,00 EUR und muss auf volle EUR lauten.

Stückaktien:
Stückaktien besitzen keinen Nennwert. Alle Aktien verbriefen den gleichen Anteil am Grundkapital (Grundkapital : Anzahl der ausgegebenen Aktien). Der anteilige Betrag, auch fiktiver Nennwert, darf jedoch nicht unter 1,00 EUR lauten.

nach den verbrieften Rechten

Stammaktien
Stammaktien verbriefen alle gesetzlich vorgeschriebenen Rechte. Als wichtigstes Aktionärsrecht gilt dabei das Stimmrecht auf der Hauptversammlung.

Vorzugsaktien
Diese Aktien gewähren dem Aktionär Sonderrechte wie z. B. eine höhere Dividendenzahlung, höhere Anteile am Liquidationserlös o. Ä. In der Regel wird bei solchen Aktien das Stimmrecht ausgeschlossen.

Exkurs: Aktionärsrechte

Aktionärsrechte
Teilnahmerecht an der Hauptversammlung
Stimmrechte in der Hauptversammlung
Beteiligung am Bilanzgewinn (Dividende)
Auskunftsrechte durch den Vorstand
Bezugsrecht zum Bezug junger Aktien aus Kapitalerhöhungen
Anteil am Liquidationserlös

nach der Übertragbarkeit

Inhaberaktien

Die Rechte aus der Aktie werden durch Einigung und Übergabe der Aktie übertragen.

Namensaktien

Die Aktien lauten auf den Namen des Aktionärs. Sie können daher nur durch Einigung, Übergabe und durch einen Übertragungsvermerk auf der Rückseite der Aktie (Indossament) übertragen werden.

vinkulierte Namensaktien

Die Aktien werden durch Einigung, Zustimmung der Aktiengesellschaft, Übergabe und Indossament sowie durch die Umschreibung im Aktienbuch der ausgebenden Aktiengesellschaft übertragen.

Arten der Kapitalerhöhung einer Aktiengesellschaft

Kapitalerhöhung gegen Einlagen

- auch: ordentliche Kapitalerhöhung
- Die Kapitalerhöhung erfolgt durch die Ausgabe neuer (junger) Aktien.
- Hierdurch wird frisches Kapital von außen dem Unternehmen zugeführt.
- Die Altaktionäre besitzen ein gesetzliches Bezugsrecht auf die neuen Aktien. Dadurch soll gewährleistet werden, dass die Altaktionäre nach der Kapitalerhöhung den gleichen prozentualen Anteil am Grundkapital halten wie vor der Kapitalerhöhung. Sofern sie von diesem Recht Gebrauch machen, ändert sich an ihrem Stimmrechtsanteil nichts.

genehmigte Kapitalerhöhung

- Der Vorstand wird von der Hauptversammlung ermächtigt, innerhalb der nächsten fünf Jahre das gezeichnete Kapital durch die Ausgabe neuer Aktien gegen Einlagen zu erhöhen.
- Das genehmigte Kapital darf 50 % des bisherigen gezeichneten Kapitals nicht übersteigen.
- Der Vorstand erhält somit die Möglichkeit, eine Kapitalerhöhung zum bestmöglichen Zeitpunkt durchführen zu können.
- Speziell wenn es um Unternehmensübernahmen geht, die mit eigenen Aktien finanziert werden sollen, ist diese Form der Kapitalerhöhung ein strategischer Vorteil, da der Zeitpunkt möglichst lange geheim gehalten werden kann.

Beispielrechnung:

Kapitalerhöhung gegen Einlagen

Beispiel: *Das Grundkapital einer AG soll um 10 Mio. EUR erhöht werden. Der Preis einer jungen Aktie beträgt 10,00 EUR. Der Nennwert einer Aktie beträgt 1,00 EUR.*

Bilanzielle Auswirkung

a) Bilanz vor der Kapitalerhöhung

Aktiva	Bilanz in Mio. EUR		Passiva
A. Anlagevermögen	120	A. Eigenkapital	
B. Umlaufvermögen		gezeichnetes Kapital (Grundkapital)	100
Vorräte	70	Kapitalrücklagen	50
Forderungen	30	B. Fremdkapital	90
Bankguthaben	20		
	240		240

b) Bilanz nach der Kapitalerhöhung

Aktiva	Bilanz in Mio. EUR		Passiva
A. Anlagevermögen	120	A. Eigenkapital	
B. Umlaufvermögen		gezeichnetes Kapital (Grundkapital)	110
Vorräte	70	Kapitalrücklagen	140
Forderungen	30	B. Fremdkapital	90
Bankguthaben	120		
	340		340

Das gezeichnete Kapital erhöht sich um 10 Mio. EUR (Anzahl der neuen Aktien · 1,00 EUR Nennwert). Die Kapitalrücklagen erhöhen sich um 90 Mio. EUR. Das Bankguthaben erhöht sich um 100 Mio. EUR (Aktiv-Passiv-Mehrung).

Das Bezugsrecht

Ein Bezugsrecht ist gem. § 186 AktG das Recht eines Aktionärs zum Bezug neuer Aktien aus einer Kapitalerhöhung, entsprechend seinem Anteil am Grundkapital. Jede Altaktie verbrieft somit auch ein Bezugsrecht.
Das Bezugsrecht kann unter bestimmten Bedingungen von einer Hauptversammlung ausgeschlossen werden.

Das Bezugsverhältnis

Wie viele Bezugsrechte man benötigt, um eine junge Aktie beziehen zu können, ist abhängig vom Bezugsverhältnis.

$$\text{Bezugsverhältnis} = \frac{\text{altes Grundkapital}}{\text{Kapitalerhöhung}}$$

Beispiel:

$$\frac{100 \text{ Mio. EUR}}{10 \text{ Mio. EUR}} = \frac{10}{1}$$

Aussage: Der Besitz von zehn Altaktien berechtigt zum Bezug von einer neuen Aktie. Anders formuliert: Um eine neue, junge Aktie beziehen zu können, benötigt der Aktionär zehn Bezugsrechte.

Der Mittelkurs

Dabei handelt es sich um den rechnerischen Durchschnittskurs aller Aktien, *nach* der durchgeführten Kapitalerhöhung.

Beispiel:
Angenommen, der Kurs der Altaktie beträgt vor der Kapitalerhöhung 13,00 EUR, der Preis einer neuen Aktie beträgt 10,00 EUR.

$$\frac{100 \text{ Mio. Stück Altaktien} \cdot 13 \text{ EUR} + 10 \text{ Mio. Stück neue Aktien} \cdot 10 \text{ EUR}}{110 \text{ Mio. Stück Aktien (alte und neue Aktien)}}$$

$$\frac{1\,300 \text{ Mio. EUR} + 100 \text{ Mio. EUR}}{110 \text{ Mio. Stück}} = \frac{1\,400 \text{ Mio. EUR}}{110 \text{ Mio. EUR}} = \mathbf{12{,}73\ EUR}$$

Alternative Berechnung des Mittelkurses

Beispiel:

10 Altaktien	· 13,00 EUR =	130,00 EUR
1 neue Aktie	· 10,00 EUR =	10,00 EUR
11 Aktien		140,00 EUR

140,00 EUR : 11 Aktien = 12,73 EUR

Der Verwässerungseffekt besteht in der Reduktion des Preises einer Altaktie von 13,00 EUR vor der Kapitalerhöhung auf 12,73 EUR nach der Kapitalerhöhung.

Der rechnerische Wert des Bezugsrechts

Das Bezugsrecht soll einen Ausgleich darstellen dafür, dass bei einer Ausgabe neuer Aktien unter dem aktuellen Aktienkurs ein *Verwässerungseffekt* bei den Altaktien eintritt.

Beispiel:
Hat vor der Kapitalerhöhung eine Aktie 13,00 EUR gekostet, so ist die gleiche Aktie nach der Kapitalerhöhung nur noch 12,73 EUR wert. Der rechnerische Wert des Bezugsrechts beträgt somit die Differenz, also 0,27 EUR.

Rechnerischer Wert des Bezugsrechts = Kurs der Altaktie – Mittelkurs

Rechnerischer Wert des Bezugsrechts = 13,00 EUR – 12,73 EUR ***= 0,27 EUR***

Alternativberechnung des Bezugsrechtswertes mit der Formel:

$$\frac{\text{Kurs der Altaktie} - \text{Kurs der neuen Aktie}}{\text{Bezugsverhältnis} + 1} = \frac{K_a - K_n}{\frac{m}{n} + 1}$$

$$\frac{13{,}00 \text{ EUR} - 10{,}00 \text{ EUR}}{\left(\frac{10}{1}\right) + 1} = \frac{3}{11} = 0{,}27 \text{ EUR}$$

Handlungsalternativen für Aktionäre

Beispiel: *Ein Aktionär besitzt 1 000 Aktien unserer Beispiel-AG.*

1. Alternative: Verkauf aller Bezugsrechte

Bezugsrechte · Wert des Bezugsrechts

1 000 Aktien = 1 000 Bezugsrechte · 0,27 EUR = 270,00 EUR
Der Aktionär erhält aus dem Verkauf aller Bezugsrechte 270,00 EUR.

2. Alternative: Der Aktionär möchte seinen prozentualen Stimmrechtsanteil nach der Kapitalerhöhung erhalten

1 000 Bezugsrechte berechtigen zum Bezug von 100 jungen Aktien.
Aufwand = 100 junge Aktien · 10,00 EUR = 1 000,00 EUR
Der Aktionär erwirbt unter Zuzahlung von 1 000,00 EUR 100 junge Aktien.

3. Alternative: Bezug junger Aktien ohne Einsatz von zusätzlichen Geldmitteln (Opération blanche)

Der Aktionär besitzt Bezugsrechte im Wert von 270,00 EUR (1 000 · 0,27 EUR).
Der Kauf einer jungen Aktie beträgt 12,70 EUR (10 Bezugsrechte · 0,27 EUR + Preis einer jungen Aktie in Höhe von 10,00 EUR).

$$\text{Zahl junger Aktien} = \frac{\text{Erlös aus dem Verkauf aller Bezugsrechte}}{\text{Wert der Bezugsrechte pro junge Aktie + Kaufpreis}}$$

$$= \frac{270{,}00 \text{ EUR}}{12{,}70 \text{ EUR}} = 21{,}26 \text{ Stück junge Aktien}$$

Der Aktionär kann ohne Zuzahlung durch den Verkauf der Bezugsrechte 21 junge Aktien beziehen. Er erhält außerdem 3,30 EUR ausgezahlt (= 0,26 Stück junge Aktien · 12,70 EUR).

4.1 Ausgangssituation Kapitalerhöhung gegen Einlagen

Die i-Cells AG ist ein Unternehmen, zu dessen Kerngeschäft die Entwicklung, Herstellung und Vermarktung leistungsfähiger Solarzellen aus Silizium gehört. Sie beliefert die Hersteller von Solarmodulen. Das Unternehmen ist inzwischen der zweitgrößte Solarzellenhersteller der Welt.

i-Cells

Der Vorstand der i-Cells AG hat mit Zustimmung des Aufsichtsrates beschlossen, das Grundkapital in Höhe von 42 Mio. EUR um 14 Mio. EUR durch die Ausgabe neuer, voll dividendenberechtigter Stimmrechtsaktien (1,00 EUR Nennwert) zu erhöhen.
Die neuen Aktien werden zum Kurs von 16,00 EUR von einer Bankengruppe mit der Verpflichtung übernommen, sie zum gleichen Kurs den Aktionären anzubieten. Der Aktienkurs der Altaktien betrug vor der Kapitalerhöhung 4,00 EUR.
Das Bezugsrecht kann gegen Einreichung des Gewinnanteilsscheins Nr. 41 in der Zeit vom 23.08.2012 (Do.) bis zum 06.09.2012 einschließlich ausgeübt werden.

Hilfsmittel: Auszug aus der Bilanz (vor Kapitalerhöhung)

Aktiva		Bilanz in Mio. EUR	Passiva
Anlagevermögen	75	Gezeichnetes Kapital (Grundkapital)	42
Umlaufvermögen	84	Kapitalrücklagen	36
		Gewinnrücklagen	4
		Rückstellungen	12
		Sonstige Passiva	65
	159		159

4.1.1 Aufgaben Anforderungsbereich I

1. **Nennen und beschreiben Sie** die unterschiedlichen Formen der Kapitalerhöhung.
2. **Fassen Sie** kurz die wesentlichen Bedingungen des Bezugsangebots der i-Cells AG **zusammen**.
3. **Beschreiben Sie**, um welche Form der Kapitalerhöhung es sich bei der i-Cells AG handelt.
4. **Nennen Sie** die Voraussetzung für eine derartige Form der Kapitalbeschaffung.
5. **Berechnen Sie** das Bezugsverhältnis.
6. **Beschreiben Sie**, was das Bezugsverhältnis aussagt.
7. **Ermitteln Sie** den Mittelkurs und den Bezugsrechtswert.
8. **Nennen Sie** die erste Börsennotierung der i-Cells AG nach der Kapitalerhöhung.
9. Die i-Cells AG hat in ihrem Bezugsangebot festgelegt, dass die neuen Aktien voll dividendenberechtigt sind. **Stellen Sie fest**, wie sich der Wert des Bezugsrechts verändern würde, wenn die neuen Aktien nur zur Hälfte dividendenberechtigt wären (angenommene Dividende für das Geschäftsjahr 2012: 1,50 EUR).
10. **Stellen Sie** eine neue Bilanz nach Durchführung der Kapitalerhöhung **auf**.

4.1.2 Aufgaben Anforderungsbereich II

1. **Erläutern Sie** die Funktion des Bezugsrechtes im Rahmen einer ordentlichen Kapitalerhöhung.
2. **Erklären Sie**, warum der Mittelkurs geringer ist als der Börsenkurs der Altaktien vor der Kapitalerhöhung.

3. Herr Schneider ist Aktionär der i-Cells AG und besitzt in seinem Depot 200 Aktien dieser Gesellschaft. Er erhält das Bezugsangebot per Post nach Hause. Da er in diesen Dingen nicht so bewandert ist, fragt er Sie um Hilfe. **Erläutern Sie** ihm seine Möglichkeiten (schriftlich und ggf. rechnerisch). Bankgebühren bleiben unberücksichtigt.
4. Herr Schneider möchte zwar an der Kapitalerhöhung teilnehmen, jedoch unter gar keinen Umständen zusätzliches Geld in die i-Cells AG investieren. **Bieten Sie** ihm **eine** entsprechende **Lösung** schriftlich und rechnerisch (Bankgebühren bleiben unberücksichtigt) **an**.

4.1.3 Aufgaben Anforderungsbereich III

1. Der Vorstand der i-Cells AG überlegt, ob die Begebung einer Anleihe aufgrund des historisch niedrigen Zinsniveaus vorteilhafter ist als die Ausgabe neuer Aktien. Die Verzinsung der Anleihe könnte bei 3,75 % pro Jahr liegen. Wie **beurteilen Sie** die Überlegungen des Vorstands?
2. Der Vorstand der i-Cells AG hat die Hausbank beauftragt, ein Bezugsangebot zur Ausgabe neuer Aktien zu entwickeln (siehe Ausgangssituation). Allerdings haben sich seitdem folgende Rahmenbedingungen verändert:
   - Die Börsensituation hat sich insgesamt an den Kapitalmärkten verschlechtert. Auch die Aktie der i-Cells AG hat empfindliche Einbußen erlitten, sodass sie derzeit bei 19,00 EUR notiert.
   - Die Altaktionäre, insbesondere die großen Investmentfonds, bestehen auf einer konstanten Dividendenausschüttung im laufenden Jahr.

   Entwickeln Sie eine Lösung, wie das Bezugsangebot verändert werden kann, um den veränderten Rahmenbedingungen Rechnung zu tragen.
3. **Beurteilen Sie** die tendenziellen Auswirkungen dieser Kapitalerhöhung auf ausgewählte Bilanzkennzahlen der i-Cells AG.

5 Themenübersicht Innenfinanzierung: Selbstfinanzierung

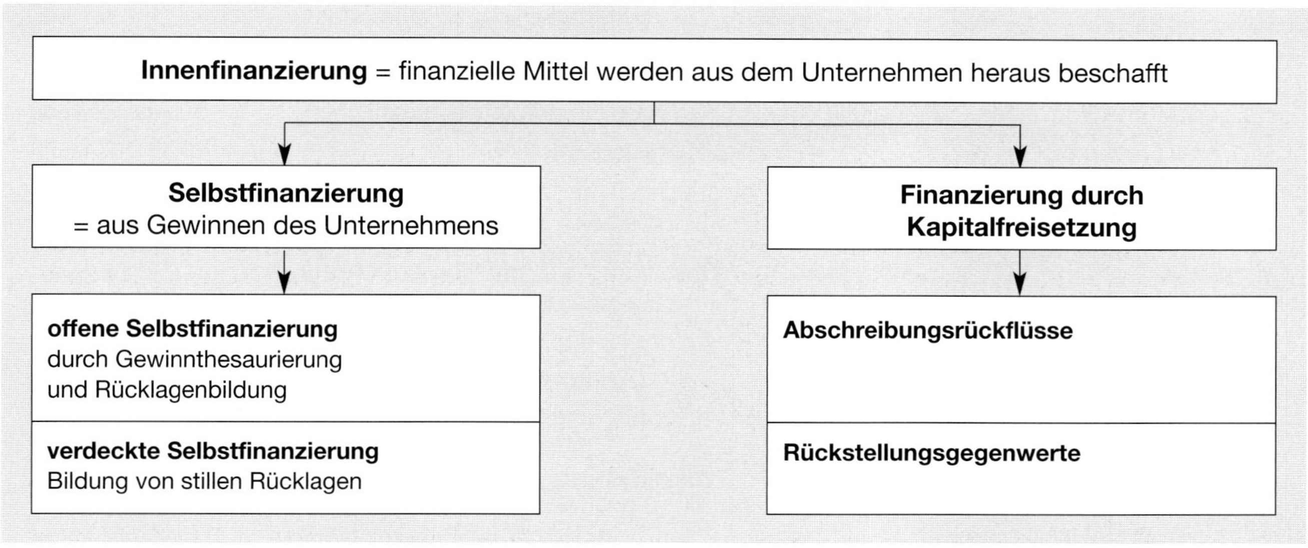

Offene Selbstfinanzierung

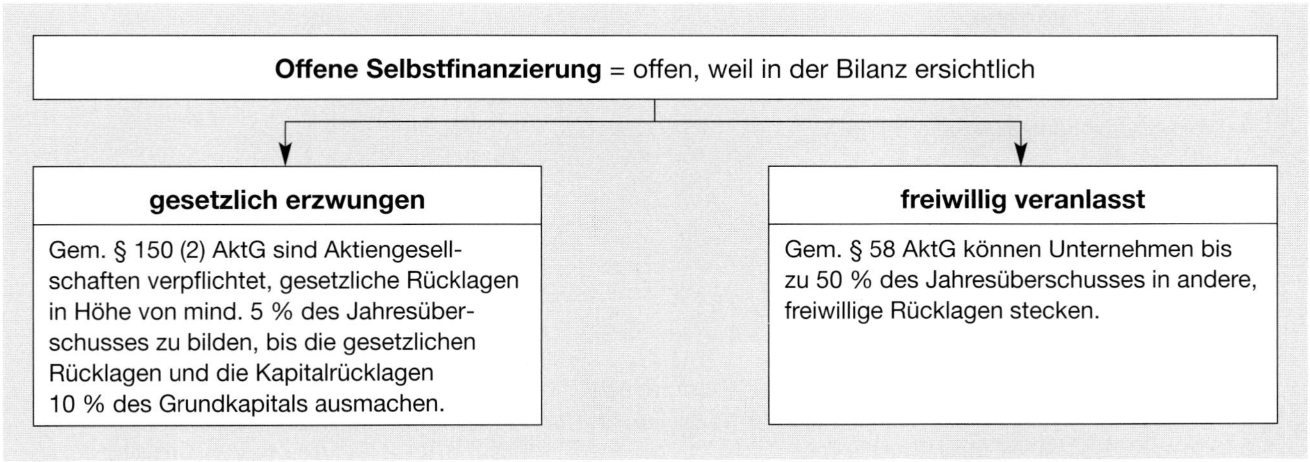

Berechnungsschema: Offene Selbstfinanzierung einer AG durch Gewinnthesaurierung

	Erträge	
–	Aufwendungen	
=	**Jahresüberschuss**	
–	Verlustvortrag des Vorjahres	§ 150 Abs. 2 AktG
=	bereinigter Jahresüberschuss	
–	gesetzliche Rücklagen (mind. 5 % des um den Verlustvortrag bereinigten Jahresüberschusses, bis gesetzliche Rücklagen und Kapitalrücklagen 10 % des Grundkapitals ausmachen)	§ 150 Abs. 2 AktG
=	Zwischensumme	
–	Einstellungen in andere Gewinnrücklagen (bis max. 50 % des Jahresüberschusses)	§ 58 Abs. 2 AktG
=	Bilanzgewinn (ohne Gewinnvortrag)	
+	Gewinnvortrag aus dem Vorjahr	
=	**Bilanzgewinn**	
–	Ausschüttung an die Aktionäre	§ 58 Abs. 4 AktG
–	Einstellung in andere Gewinnrücklagen <u>oder</u>	
	Gewinnvortrag in das nächste Jahr	§ 58 Abs. 3 AktG

Offene Selbstfinanzierung

Vorteile:

- Verbesserung der Kreditwürdigkeit durch höheres Eigenkapital
- höhere Unabhängigkeit von Fremdkapitalgebern
- höhere Sicherheiten in Zeiten geringer Gewinne oder höherer Zinsen

Nachteile:

- Konkurrenz kann sich ein genaues Bild der Ertragskraft des Unternehmens machen
- Gelder könnten höher verzinslich investiert werden
- Besteuerung des Kapitals

§ 150 AktG: Gesetzliche Rücklage, Kapitalrücklage

(1) In der Bilanz des nach den §§ 242, 264 HGB aufzustellenden Jahresabschlusses ist eine gesetzliche Rücklage zu bilden.

(2) In diese ist der zwanzigste Teil **(Anm.: entspricht 5 %)** des um einen Verlustvortrag aus dem Vorjahr geminderten Jahresüberschusses einzustellen, bis die gesetzliche Rücklage und die Kapitalrücklagen nach § 272 Abs. 2 Nr. 1 bis 3 HGB zusammen den zehnten **(Anm.: entspricht 10 %)** oder den in der Satzung bestimmten höheren Teil des Grundkapitals erreichen.

(3) Übersteigen die gesetzliche Rücklage und die Kapitalrücklagen nach § 272 Abs. 2 Nr. 1 bis 3 HGB zusammen nicht den zehnten oder den in der Satzung bestimmten höheren Teil des Grundkapitals, so dürfen sie nur verwandt werden

1. zum Ausgleich eines Jahresfehlbetrags, soweit er nicht durch einen Gewinnvortrag aus dem Vorjahr gedeckt ist und nicht durch Auflösung anderer Gewinnrücklagen ausgeglichen werden kann;
2. zum Ausgleich eines Verlustvortrags aus dem Vorjahr, soweit er nicht durch einen Jahresüberschuss gedeckt ist und nicht durch Auflösung anderer Gewinnrücklagen ausgeglichen werden kann.

(4) Übersteigen die gesetzliche Rücklage und die Kapitalrücklagen nach § 272 Abs. 2 Nr. 1 bis 3 HGB zusammen den zehnten oder den in der Satzung bestimmten höheren Teil des Grundkapitals, so darf der übersteigende Betrag verwandt werden

1. zum Ausgleich eines Jahresfehlbetrags, soweit er nicht durch einen Gewinnvortrag aus dem Vorjahr gedeckt ist;
2. zum Ausgleich eines Verlustvortrags aus dem Vorjahr, soweit er nicht durch einen Jahresüberschuss gedeckt ist;
3. zur Kapitalerhöhung aus Gesellschaftsmitteln nach den §§ 207 bis 220 HGB.

Die Verwendung nach den Nummern 1 und 2 ist nicht zulässig, wenn gleichzeitig Gewinnrücklagen zur Gewinnausschüttung aufgelöst werden.

§ 58 AktG: Verwendung des Jahresüberschusses

(1) Die Satzung kann nur für den Fall, dass die Hauptversammlung den Jahresabschluss feststellt, bestimmen, dass Beträge aus dem Jahresüberschuss in andere Gewinnrücklagen einzustellen sind. Auf Grund einer solchen Satzungsbestimmung kann höchstens die Hälfte des Jahresüberschusses in andere Gewinnrücklagen eingestellt werden. Dabei sind Beträge, die in die gesetzliche Rücklage einzustellen sind, und ein Verlustvortrag vorab vom Jahresüberschuss abzuziehen.

(2) Stellen Vorstand und Aufsichtsrat den Jahresabschluss fest, so können sie einen Teil des Jahresüberschusses, höchstens jedoch die Hälfte, in andere Gewinnrücklagen einstellen. Die Satzung kann Vorstand und Aufsichtsrat zur Einstellung eines größeren oder kleineren Teils des Jahresüberschusses ermächtigen. Auf Grund einer solchen Satzungsbestimmung dürfen Vorstand und Aufsichtsrat keine Beträge in andere Gewinnrücklagen einstellen, wenn andere Gewinnrücklagen die Hälfte des Grundkapitals übersteigen oder soweit sie nach der Einstellung die Hälfte übersteigen würden. Absatz 1 Satz 3 gilt sinngemäß.

(3) Die Hauptversammlung kann im Beschluss über die Verwendung des Bilanzgewinns weitere Beträge in Gewinnrücklagen einstellen oder als Gewinn vortragen. Sie kann ferner, wenn die Satzung sie hierzu ermächtigt, auch eine andere Verwendung als nach Satz 1 oder als die Verteilung unter die Aktionäre beschließen.

(4) Die Aktionäre haben Anspruch auf den Bilanzgewinn, soweit er nicht nach Gesetz oder Satzung, durch Hauptversammlungsbeschluss nach Absatz 3 oder als zusätzlicher Aufwand auf Grund des Gewinnverwendungsbeschlusses von der Verteilung unter die Aktionäre ausgeschlossen ist.

(...)

Verdeckte Selbstfinanzierung

Verdeckte Selbstfinanzierung

Unterbewertung von Aktiva

Beispiel:

Grundstückserwerb 1990, 500 000,00 DM
Bilanzansatz 01.01.2010, 255 645,94 EUR
(1 EUR = 1,95583 DM)

Veräußerung 01.08.2010, 400 000,00 EUR

Bildung der stillen Rücklage durch Bilanzierungsvorschriften

Auflösung der aktuellen stillen Rücklage in Höhe von: 244 354,06 EUR

Finanzierungseffekt durch Auflösung der stillen Rücklage.

Zur Bewertung von Aktiva siehe Seite 72 ff.

Überbewertung von Passiva

Beispiel:

Auflösung von zu hoch angesetzten Rückstellungen.
Erwartete und geschätzte Prozesskosten in drei Jahren 70 000,00 EUR

Nach dreijähriger Prozessdauer werden die Kosten mit 30 000,00 EUR festgesetzt. Die Rückstellung muss nun aufgelöst werden. 40 000,00 EUR stehen im Jahr der Auflösung als zusätzlicher Ertrag zur Verfügung (Finanzierungseffekt), allerdings steigt die Steuerlast aufgrund der Gewinnerhöhung. Insofern ist dieser Betrag durch die Überbewertung als stille Rücklage anzusehen.

Der zurückgestellte Betrag steht dem Unternehmen für die nächsten drei Jahre für Investitionen zur Verfügung (Zeitpunkt von Aufwand und Auszahlung sind unterschiedlich = Finanzierungseffekt in Form einer **Finanzierung aus Rückstellungsgegenwerten**).

Verdeckte Selbstfinanzierung

Vorteile	Nachteile
– Verbesserung von Kennzahlen zur Beurteilung der Bonität, z. B. Eigenkapital-, Fremdkapitalquote, Verschuldungsgrad – kein Mitspracherecht von Fremdkapitalgebern – keine Zustimmung der Hauptversammlung notwendig – Möglichkeit zur Verlagerung der Besteuerung der Gewinne in die Zukunft	– Mögliche Verluste aus dem operativen Geschäft können durch Auflösung von stillen Rücklagen vertuscht werden. – Die Aussagekraft einer Bilanz wird dadurch verwässert.

Exkurs: Zum Unterschied zwischen Rücklagen und Rückstellungen

Rücklagen	Rückstellungen
Verfügungsreserven	Verpflichtungsreserven
Bestandteil des **Eigenkapitals**	Bestandteil des **Fremdkapitals**
Aus Teilen des Jahresüberschusses werden erzwungenermaßen oder freiwillig Rücklagen gebildet.	Verbindlichkeiten für <u>Aufwendungen</u>, deren Höhe und Fälligkeit nicht bekannt sind, jedoch geschätzt werden
Arten offener Rücklagen (Unterscheidung nach Herkunft der Mittel): – Kapitalrücklagen der Betrag, der bei Aktien- oder Anleihenausgabe über dem Nennwert hinaus eingenommen wird (Agio) – Gewinnrücklagen ▭ gesetzliche Rücklage ▭ Rücklage für eigene Anteile ▭ satzungsmäßige Rücklage ▭ andere Gewinnrücklage	Gem. § 249 HGB werden sie gebildet für – ungewisse Verbindlichkeiten (z. B. Pensionen, Prozesskosten) – drohende Verluste aus schwebenden Geschäften – im Geschäftsjahr unterlassene Aufwendungen für Instandhaltungen, die im folgenden Geschäftsjahr innerhalb von drei Monaten nachgeholt werden, oder für Abraumbeseitigung, die im folgenden Geschäftsjahr nachgeholt wird – Gewährleistungen, die ohne rechtliche Verpflichtungen erbracht werden
werden aus dem Gewinn gebildet	werden aus der GuV (Aufwendungen) gebildet
Auflösung zu jedem Zeitpunkt möglich (frei verfügbar) Ausnahme → gesetzliche Rücklagen (Ausgleich Verlustvortrag, Jahresfehlbetrag)	werden aufgelöst, wenn der Grund ihrer Entstehung wegfällt, z. B. Prozess ist abgeschlossen
offene Rücklagen Rücklagen, die als Bestandteil des Eigenkapitals in der Bilanz ausgewiesen werden **stille Rücklagen** Rücklagen, die durch Über- bzw. Unterbewertung von Bilanzpositionen nicht zu erkennen sind	← Zu hohe Rückstellungen gelten bis zur Auflösung als …

5.1 Ausgangssituation Offene und verdeckte Selbstfinanzierung

Die Windkraft AG hat im Januar 2011 folgende Mitteilung auf ihrer Internetseite veröffentlicht:

„Das Geschäftsjahr 2010 war, trotz der Auswirkungen der Finanzmarktkrise auf den weltweiten Energiemarkt, ein erfolgreiches Jahr für die Windkraft AG. So ist es uns gelungen, einen Jahresüberschuss in Höhe von 7 250 000 EUR zu erwirtschaften. Unser Grundkapital beträgt zur Zeit 5 000 000 EUR, verbrieft in 1 EUR Nennwertaktien. Unsere Aktionäre können sich auch in diesem Jahr wieder über eine zufriedenstellende Dividendenausschüttung freuen."

5.1.1 Aufgaben Anforderungsbereich I

1. **Nennen Sie** die einzelnen Posten der Bilanzposition Eigenkapital.
2. **Beschreiben Sie** den Unterschied zwischen den Begriffen Grund-, Stamm- und gezeichnetes Kapital.
3. **Berechnen Sie** die Höhe des Bilanzgewinns. Gehen Sie davon aus, dass noch Einstellungen in die gesetzlichen Rücklagen in gesetzlich vorgeschriebener Höhe vorzunehmen sind und dass die satzungsmäßige Rücklage 30 % beträgt.
4. **Ermitteln Sie** die Höhe der Dividende pro Aktie.
5. **Stellen Sie** den Unterschied zwischen einer freiwilligen und einer gesetzlich erzwungenen Selbstfinanzierung **dar**. Gehen Sie dabei auch auf den Begriff der Selbstfinanzierung ein.
6. Es wird die Bildung stiller Reserven angestrebt. **Beschreiben Sie** den Prozess ihrer Bildung.

5.1.2 Aufgaben Anforderungsbereich II

1. **Erklären Sie**, wie mit dem rechnerischen Ergebnis der Dividendenhöhe (5.2 Aufgabe 4) verfahren werden kann. **Erläutern Sie** dabei auch die Grundproblematik der errechneten Dividendenhöhe.
2. **Erläutern Sie** mögliche Zielkonflikte bei der Bildung von freiwilligen Rücklagen.
3. **Erklären Sie**, worin der Finanzierungseffekt stiller Rücklagen besteht.
4. **Erläutern Sie** die Vorteile einer verdeckten Selbstfinanzierung.

5.1.3 Aufgaben Anforderungsbereich III

1. Ein US-amerikanischer Pensionsfonds hat zur Anlage seiner Kundengelder knapp 25 % der Windkraft AG-Aktien übernommen, da er sich für sein Geld hohe Ertragschancen erhofft. Auf der Hauptversammlung plädiert er dafür, dass über die gesetzlichen Rücklagen hinaus keine Gelder zur Selbstfinanzierung zurückgelegt, sondern ausgeschüttet werden. Die Fremdkapitalzinsen (ca. 5 %) seien derzeit auf einem historischen Tief. **Beurteilen Sie** diesen Vorschlag aus Sicht der Windkraft AG.
2. Die Windkraft AG hat im letzten Geschäftsjahr eine Dividende in Höhe von 1,70 EUR pro Aktie ausgeschüttet. In diesem Jahr könnte sie aus dem laufenden Gewinn heraus nur eine Dividende in Höhe der unter 5.5.1, Aufgabe 4 ermittelten Dividende ausschütten.
   Unterbreiten Sie dem Vorstand – der eine Shareholder-Value-Strategie verfolgt – **einen Vorschlag**, wie er in diesem Fall am besten verfahren sollte.

6 Themenübersicht Innenfinanzierung: Finanzierung aus Kapitalfreisetzung

Finanzierung aus Abschreibungsrückflüssen (Lohmann-Ruchti-Effekt)

Lohmann-Ruchti-Effekt = Finanzierung aus Abschreibungen

Kapitalfreisetzungseffekt

- Abschreibungsgegenwerte fließen über die Umsatzerlöse in das Unternehmen zurück.
- Abschreibungen mindern als Aufwand den Gewinn, dadurch geringere Gewinnausschüttungen und Steuerlast.
- Liquide Mittel stehen als freies Kapital zur Verfügung.

Kapazitätserweiterungseffekt

- Investition der freien liquiden Mittel in neue (weitere) gleichwertige Maschinen.
- Anzahl der Maschinen wächst über den Ausgangswert hinaus.
- Die Gesamtkapazität in Stück (Kapazität der jeweiligen Restnutzungsdauer pro Maschine) übersteigt den Ausgangswert nicht.

Modellvoraussetzungen = Ansätze zur Kritik

- Wiederbeschaffungswerte der Maschinen bleiben im Zeitablauf konstant.
- Steigende Gesamtabschreibungen fließen in voller Höhe über die Umsatzerlöse in das Unternehmen zurück.
- Außerplanmäßige Abschreibungen werden nicht berücksichtigt.
- Das Raumangebot des Unternehmens für die (zusätzlichen) Maschinen ist ausreichend.
- Alle Maschinen werden voll ausgelastet und in den Produktionsprozess integriert.

Finanzierung aus Rückstellungsgegenwerten

Rückstellungen

Rückstellungen sind Verbindlichkeiten für Aufwendungen, die dem Jahr ihrer Entstehung zugeordnet werden, aber deren Höhe und Zahlungstermin nicht bekannt sind.

Finanzierungseffekt von Rückstellungen

Beispiel: *Ein Unternehmen wird im Juni 2012 in den USA angeklagt, dass eine Produktbeschreibung nicht vollständig war und daher einem Kunden ein Schaden entstanden ist. Der Vorstand schätzt die Kosten des Prozesses einschließlich eventueller Schadensersatzforderungen auf 3 000 000,00 EUR. Außerdem rechnet er damit, dass der Prozess in einem Jahr beendet sein wird.*

1. Bildung von Rückstellungen (Buchung im Juni 2012)

6770	Rechts- und Beratungskosten	3 000 000,00	an	3900	sonst. Rückstellungen	3 000 000,00

Juni 2012 bis April 2013	**FINANZIERUNGSEFFEKT** Die 3 000 000,00 EUR liegen während des Zeitraums auf einem Konto des Unternehmens und stehen für Investitionen zur Verfügung.

Das Gericht verurteilt das Unternehmen im April 2013, einen Schadensersatz in Höhe von 2 500 000,00 EUR zu bezahlen.

2. Auflösung der Rückstellungen (Buchung im April 2013)

3900	sonst. Rückstellungen	3 000 000,00	an	2800	Bank	2 500 000,00
			an	5490	periodenfremde Erträge	500 000,00[1]

[1] Bei den 500 000,00 EUR handelt es sich außerdem um eine stille Reserve.

6.1 Ausgangssituation Finanzierung aus Kapitalfreisetzung

Die Windkraft AG möchte weitere Maschinen zur Produktion ihrer Windräder anschaffen. Aufgrund der Tatsache, dass Banken im Zuge der Finanzmarktkrise immer weniger Kredite vergeben, möchte der Vorstand die Finanzierung aus eigener Kraft stemmen.

Zudem rechnet er im Jahr 2010 damit, im nächsten Jahr mit einer Gewerbesteuernachzahlung belastet zu werden. Die Höhe der möglichen Nachzahlung schätzt der Finanzvorstand auf 700 000,00 EUR.

6.1.1 Aufgaben Anforderungsbereich I

1. **Berechnen Sie** die fehlenden Werte der nachfolgenden Übersicht, wenn gilt: Anschaffungskosten pro Maschine 10 000,00 EUR, Nutzungsdauer vier Jahre, Kapazität pro Maschine und Jahr 1 000 Stück, lineare bilanzielle Abschreibung.

Jahr	Anzahl Maschinen	Gesamtkapazität in Stück bezogen auf die Restzeit	Periodenkapazität in Stück	Buchwert am Jahresanfang in EUR	AfA in EUR	Restbuchwert am Jahresende in EUR	Zugang/ Abgang	Freies Kapital in EUR
2007	10	40 000	10 000	100 000,00	25 000,00	75 000,00	2/0	5 000,00
2008								
2009								
2010								
2011								
2012								

2. **Beschreiben Sie** anhand Ihrer Berechnungen den Kapazitätserweiterungseffekt.
3. **Fassen Sie** kurz die Grundaussage des Kapitalfreisetzungseffektes **zusammen**.
4. **Nennen Sie** Gründe, für die Rückstellungen gebildet werden dürfen.
5. **Buchen Sie** die Bildung der Rückstellung im Jahr 2010 und schließen Sie die entsprechenden Konten zum Bilanzstichtag ab.
6. Im Jahr 2011 wird die Windkraft AG tatsächlich zur Nachzahlung der Gewerbesteuer aufgefordert. **Buchen Sie** jeweils die Nachzahlung, wenn
   a) der Betrag der Nachzahlung 700 000,00 EUR
   b) der Betrag der Nachzahlung 400 000,00 EUR
   c) der Betrag der Nachzahlung 900 000,00 EUR
   beträgt.

6.1.2 Aufgaben Anforderungsbereich II

1. **Erläutern Sie** den Unterschied zwischen bilanzieller und kalkulatorischer Abschreibung.
2. **Analysieren Sie** die Auswirkungen auf den Absatzprozess, wenn sich die Periodenkapazität im vorliegenden Modell von Jahr zu Jahr ändert.
3. **Erklären Sie** die Grundannahmen des Lohmann-Ruchti-Effektes.
4. **Erläutern Sie** den Unterschied zwischen Rücklagen und Rückstellungen.
5. Das Unternehmen hat Gewerbesteuerrückstellungen in Höhe von 700 000,00 EUR getätigt. **Erläutern Sie**, welche bilanziellen Auswirkungen diese Buchung hat.

6.1.3 Aufgaben Anforderungsbereich III

1. **Beurteilen Sie** die praktische Anwendbarkeit des Lohmann-Ruchti-Effektes.
2. **Prüfen Sie** die Auswirkungen, wenn die im obigen Beispiel angenommene bilanzielle Abschreibungshöhe größer ist als die in der Kosten- und Leistungsrechnung angenommene kalkulatorische Abschreibung.

7 Themenübersicht Finanzcontrolling

Aufrechterhaltung der Liquidität

Finanzplan

Der Finanzplan dient zur Planung von zukünftigen Auszahlungen (Ausgaben) und Einzahlungen (Einnahmen). Ziel ist die Sicherstellung des finanziellen Gleichgewichts eines Unternehmens. Ein finanzielles Gleichgewicht ist dann gegeben, wenn die Liquidität eines Unternehmens stets gesichert ist und überschüssige finanzielle Mittel rentabel investiert sind.

Zielkonflikte eines Finanzplanes

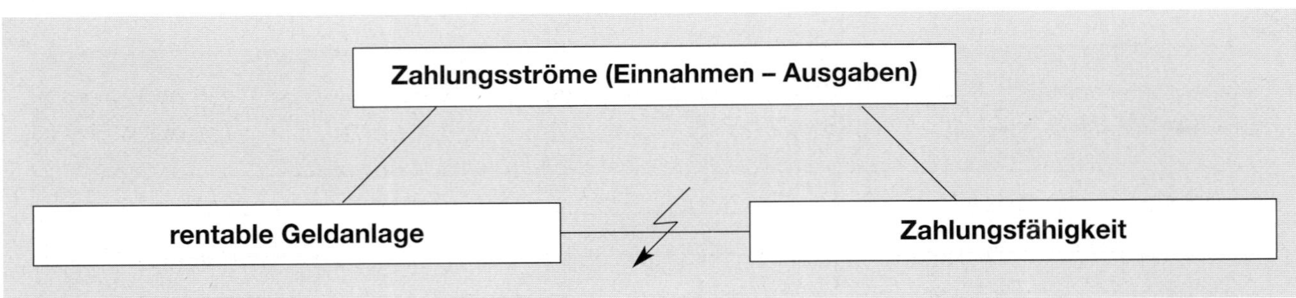

Je höher die Liquidität eines Unternehmens (Zahlungsfähigkeit), desto weniger liquide Mittel können zinsbringend angelegt/investiert werden.
Je mehr liquide Mittel zwecks einer hohen Verzinsung angelegt/investiert werden, desto weniger flüssige Mittel zur Begleichung der Ausgaben stehen zur Verfügung. Die Gefahr einer Zahlungsunfähigkeit (Insolvenz) steigt.

Aufbau eines Finanzplanes

	Januar			Februar		
	Soll	Ist	Abweichung	Soll	Ist	Abweichung
A. liquide Mittel						
B. Einnahmen						
Umsatzerlöse						
Mieteinnahmen						
Zinseinnahmen						
sonstige Einnahmen						
Summe Einnahmen						
C. Ausgaben						
Materialausgaben						
Löhne u. Gehälter						
Mietausgaben						
Kreditbedienung						
Summe Ausgaben						
D. Über-/Unterdeckung						

Ergebnisse eines Finanzplanes

Überdeckung

Einnahmen > Ausgaben

Überschüssige liquide Mittel können angelegt werden (in Form von zusätzlichen Investitionen oder Kreditvergabe).

Unterdeckung

Einnahmen < Ausgaben

Zur Sicherung der Zahlungsfähigkeit müssen Rücklagen aufgelöst bzw. Kredite aufgenommen werden. Außerdem sind Sparmaßnahmen wie das Aufschieben von Investitionen denkbar.

Problematik der Finanzplanung

- Die Informationen über zukünftige Einnahmen und Ausgaben beziehen sich auf Zukunftsdaten (Prognosen) und sind somit unsicher.
- Die Prognosen beziehen sich sowohl auf Preise als auch auf Mengen.
- Preise und Mengen werden durch politische, ökologische oder wirtschaftliche Entwicklungen beeinflusst (z. B. Umweltkatastrophen, Finanzmarktkrise).

Arten der Unterdeckung (Fehlbeträge)

vorübergehende Fehlbeträge

Fehlbeträge (Unterdeckung) liegen nur für einzelne oder kurze Zeitperioden vor.

struktureller Fehlbetrag

Fehlbeträge (Unterdeckung) liegen dauerhaft, über mehrere Zeitperioden hinweg vor. Durch Einzelmaßnahmen können sie nicht beseitigt werden. Eine langfristige Planung und Finanzierung ist notwendig.

offene Fehlbeträge

Fehlbeträge treten bereits in der Planungsphase sichtbar auf und sind daher auch in der Regel kurzfristig beseitigbar.

verdeckte Fehlbeträge

Fehlbeträge sind unerwartet und werden erst im weiteren Verlauf einer Planung entdeckt. Für sie sind Liquiditätsreserven zu bilden.

Maßnahmen zur Beseitigung

- Hinausschieben von Ausgaben
- Beschleunigung der Einnahmen
- kurzfristige Kreditaufnahme
- Veräußerung liquiden Vermögens

- Auflösung von Reserven
- Aufnahme langfristiger Finanzierungen
- umfassende Rationalisierungsmaßnahmen

Der Leverage-Effekt (bei Fremdfinanzierungen)

Der **Leverage-Effekt** (leverage = Hebel) beschreibt die Erhöhung der Eigenkapitalverzinsung (Eigenkapitalrentabilität) durch einen vermehrten Einsatz von Fremdkapital.
Voraussetzung für diesen Effekt ist, dass die Fremdkapitalzinsen unter denen der Gesamtkapitalrentabilität bzw. der Verzinsung der Investition liegen.

Beispiel:
Ein Unternehmen möchte für ein Investitionsvorhaben insgesamt 100 000,00 EUR investieren. Das eingesetzte Kapital für das Investitionsvorhaben soll sich mit 10 % verzinsen (= 10 000,00 EUR):

1. Möglichkeit: *Finanzierung durch 100 % Eigenkapital*
Eigenkapitalrentabilität = 10 %
(10 000,00 EUR Gewinn auf 100 000,00 EUR eingesetztes Eigenkapital)

2. Möglichkeit: *Finanzierung durch 50 000,00 EUR Eigenkapital und 50 000,00 EUR Fremdkapital (Zinssatz = 7 %)*

a) 50 000,00 EUR Eigenkapital · 10 %	=	*5 000,00 EUR Gewinn*
b) 50 000,00 EUR Fremdkapital · 10 %	=	*5 000,00 EUR Gewinn*
– 7 % Zinsen für 50 000,00 EUR	=	*– 3 500,00 EUR Zinsen*
c) Gesamtertrag	=	*6 500,00 EUR*

$$\textbf{Eigenkapitalrentabilität} = \frac{\text{Ertrag (Gewinn)}}{\text{Eigenkapital}} = \frac{6\,500{,}00 \text{ EUR}}{50\,000{,}00 \text{ EUR}} = \underline{\textbf{13 \%}}$$

Die Eigenkapitalrentabilität konnte durch den Einsatz von Fremdkapital von 10 auf 13 % gesteigert werden.

Bezogen auf die gesamten 100 000,00 EUR Eigenkapital ist das Ganze nur dann lohnend, wenn für die 50 000,00 EUR Eigenkapital, die durch Fremdkapital ersetzt wurden, eine Investition mit mindestens 10%-igem Ertrag gefunden wird.

Vor- und Nachteile

Vorteile

- Erhöhte Eigenkapitalverzinsung durch Einsatz von Fremdkapital.
- Das durch Fremdkapital ersetzte Eigenkapital kann in andere gewinnbringende Vorhaben investiert werden.
- Durch steigenden Fremdkapitaleinsatz kann zusätzlich die Steuerlast eines Unternehmens verringert werden (Zinsen = Aufwendungen = Gewinnreduzierung).

Nachteile

- Eine erhöhte Fremdkapitalaufnahme verändert die Höhe der Eigenkapitalquote und des Verschuldungsgrades → Reduzierung der Kreditwürdigkeit.
- Reduzierte Kreditwürdigkeit kann zu Erhöhung von Fremdkapitalzinsen führen → Abschwächung der Hebelwirkung.
- Gefahr der Umkehrung der Hebelwirkung (negativer Hebeleffekt).

7.1 Ausgangssituation Finanzcontrolling

Die Windkraft AG will für das kommende 2. Quartal ihre Einnahmen und Ausgaben planen. Der Kontostand zum 31. März beträgt 18 500,00 EUR.

	April	Mai	Juni
geplante Einnahmen			
Zahlungseingänge/Forderungseingänge	55 000,00 EUR	45 000,00 EUR	43 000,00 EUR
Zinsen	3 000,00 EUR	0,00 EUR	1 500,00 EUR
geplante Ausgaben			
Betriebsmittel	26 000,00 EUR	23 000,00 EUR	20 000,00 EUR
Werkstoffe	2 500,00 EUR	2 000,00 EUR	1 600,00 EUR
Personal	30 000,00 EUR	30 000,00 EUR	30 000,00 EUR
Steuern	1 000,00 EUR	900,00 EUR	800,00 EUR
Kredite	3 500,00 EUR	3 500,00 EUR	3 500,00 EUR
Abschreibung	10 000,00 EUR	10 000,00 EUR	10 000,00 EUR

Das Unternehmen möchte einen Offshore-Windpark in der Nordsee bauen und muss dafür 10 000 000,00 EUR aufbringen. 20 % davon sollen dem Eigenkapital entstammen, der Rest soll über die Emission einer Anleihe mit einer Nominalverzinsung von 4,85 % p. a. aufgebracht werden. Man rechnet mit einer Investitionsrendite von mind. 5 % auf das eingesetzte Kapital.

7.1.1 Aufgaben Anforderungsbereich I

1. **Nennen Sie** Merkmale, die eine genaue Finanzplanung erschweren.
2. Finanzielle Fehlbeträge müssen im Rahmen eines Finanzplanes nicht immer offen zutage treten. **Beschreiben Sie** mögliche Ursachen, bei denen ein Finanzplan zwar Überschüsse signalisiert, die Liquidität eines Unternehmens jedoch gefährdet sein kann.
3. **Ermitteln Sie** die Höhe der Eigenkapitalrentabilität aus dem Vorhaben, einen Offshore-Windpark zu bauen.

7.1.2 Aufgaben Anforderungsbereich II

1. **Erläutern Sie** die Aufgaben eines Finanzplanes.
2. **Stellen Sie** einen Finanzplan mithilfe der gegebenen Werte **auf**.
3. **Erklären Sie**, warum Liquiditätsreserven für Unternehmen, selbst wenn sie Finanzpläne aufstellen, sinnvoll sind.
4. **Erläutern Sie** den Leverage-Effekt anhand der vorliegenden Situation.

7.1.3 Aufgaben Anforderungsbereich III

1. **Analysieren Sie** die Ergebnisse Ihres Finanzplanes und entwickeln Sie einen Vorschlag für den Vorstand, wie die Liquidität in den nächsten Monaten verbessert werden kann.
2. Der Vorstand erfährt, dass es im Unternehmen trotz Finanzplan dauerhaft zu einer Unterdeckung der Ausgaben kommt. Er beauftragt Sie, einen **Vorschlag** zu **erarbeiten**, wie dieser dauerhafte Liquiditätsengpass behoben werden kann.

8 Themenübersicht Gliederung und Bewertung von Aktiva und Passiva

Handelsrechtliche Vorschriften für das Rechnungswesen und den Jahresabschluss

1. Abschnitt

Vorschriften für alle Kaufleute
(§§ 238–263 HGB)

1.1 Buchführung/Inventar
(§§ 228–241a HGB)
2.1 Eröffnungsbilanz/Jahresabschluss
(§§ 242–256 HGB)
- allgemeine Vorschriften (§§ 242–245 HGB)
- Ansatzvorschriften (§§ 246–251 HGB)
- Bewertungsvorschriften (§§ 252–256a HGB)

1.3 Aufbewahrung und Vorlage
(§§ 257–261 HGB)
1.4 Landesrecht
(§ 263 HGB)

Die Vorschriften des 1. Abschnitts gelten für alle Kaufleute. Sie bilden die ausschließlichen Vorschriften zur Rechnungslegung der Einzelkaufleute und der Personengesellschaften.

2. Abschnitt

Ergänzende Vorschriften für Kapitalgesellschaften
(§§ 264–335 HGB)
sowie bestimmte Personenhandelsgesellschaften

2.1 Jahresabschluss der Kapitalgesellschaft und Lagebericht
(§§ 264–298 HGB)
- allgemeine Vorschriften (§§ 264–265 HGB)
- Bilanz (§§ 266–274a HGB)
- GuV-Rechnung (§§ 275–278 HGB)
- Anhang (§§ 284–288 HGB)
- Lagebericht (§§ 289, 289a HGB)

2.2 Konzernabschluss und Konzernlagebericht
(§§ 290–315 HGB)
- Anwendungsbereich (§§ 290–293 HGB)
- Konsolidierungskreis (§§ 294–296 HGB)
- Inhalt und Form des Konzernabschlusses (§§ 297–299 HGB)
- Vollkonsolidierung (§§ 300–307 HGB)
- Bewertungsvorschriften (§§ 308–309 HGB)
- Anteilmäßige Konsolidierung (§ 310 HGB)
- Assoziierte Unternehmen (§§ 311–312 HGB)
- Konzernanhang (§§ 313–314 HGB)
- Konzernlagebericht (§ 315 HGB)
- Konzernabschluss nach internationalen Rechnungslegungsstandards (§ 315a HGB)

2.3 Prüfung (§§ 316–324a HGB)
2.4 Offenlegung, Prüfung durch den Betreiber des elektronischen Bundesanzeigers (§§ 325–329 HGB)
2.5 Verordnungsermächtigung für Formblätter und andere Vorschriften (§ 330 HGB)
2.6 Straf- und Bußgeldvorschriften, Zwangsgelder (§§ 331–335b HGB)

3.–6. Abschnitt

Ergänzende Vorschriften für eingetragene Genossenschaften
(§§ 366–339 HGB)

3. Abschnitt
Ergänzende Vorschriften für eingetragene Genossenschaften
(§§ 336–339 HGB)

4. Abschnitt
Ergänzende Vorschriften für Unternehmen bestimmter Geschäftszweige

4.1 Kredit- und Finanzdienstleistungsinstitute
(§§ 340–340o HGB)
4.2 Versicherungsunternehmen und Pensionsfonds
(§§ 341–341p HGB)

5. Abschnitt
Privates Rechnungslegungsgremium; Rechnungslegungsbeirat
(§§ 342–342a HGB)

6. Abschnitt
Prüfstelle für Rechnungslegung
(§§ 242b–242e HGB)

Eingetragene Genossenschaften haben beim Jahresabschluss die Vorschriften zum Abschluss der Kapitalgesellschaften zu beachten.

Kreditinstitute haben die Vorschriften für große Kapitalgesellschaften anzuwenden, auch wenn sie eine andere Rechtsform haben. Dies gilt auch für die in § 341 HGB genannten **Versicherungsunternehmen**.

Ziele der Handelsbilanz

Darstellung der Vermögenslage	▬ Darstellung von Vermögen und Schulden nach § 242 HGB (Einzelkaufleute, Personenhandelsgesellschaften) und 266 HGB (Kapitalgesellschaften)
Darstellung der Finanzlage	▬ Einblick in die Zahlungsfähigkeit durch Gliederung der Aktiva nach ihrer Liquidität und der Schulden nach ihrer Fälligkeit und durch Angaben zu den Restlaufzeiten der Forderungen und Verbindlichkeiten gem. §§ 268 Abs. 4 und 5 und 285 Nr. 1 HGB
Darstellung der Ertragslage	▬ Ermittlung des vorsichtig bemessenen realisierten Gewinnes (§ 252 Abs. 1 HGB) ▬ Berücksichtigung der Aufwendungen und Erträge ohne Rücksicht auf den Zeitpunkt der Zahlung ▬ Gebot der Bewertungsstetigkeit zum Zwecke des Vergleichs und der richtigen Beurteilung der Betriebsgebarung (§ 252 Abs. 1 Nr. 6 HGB) ▬ In Kapitalgesellschaften wird die Bildung stiller Reserven erschwert, um zu verhindern, dass Anteilseignern Gewinnanteile vorenthalten werden, z. B. Aktionären eine Dividende, oder Verluste durch Auflösung stiller Reserven verschleiert werden.
Gläubigerschutz	▬ Selbstinformation des Schuldners ▬ Information des Gläubigers zur Beurteilung der Kreditwürdigkeit ▬ Darstellung der tatsächlichen Verhältnisse oder schlechter erkennbare Risiken sind zu berücksichtigen (§ 252 Abs. 1 Nr. 4 HGB) ▬ Bewertungsobergrenze gem. § 253 Abs. 1 HGB ▬ Erhaltung des Haftungskapitals in Kapitalgesellschaften

Jahresabschlussarbeiten der Unternehmungen nach HGB – Bestandteile des Jahresabschlusses

Die Vorschriften des HGB zum Jahresabschluss unterscheiden verschiedene Unternehmenskategorien, für die unterschiedliche Bestimmungen hinsichtlich **Inhalt** und **Umfang der Berichterstattung** festgelegt worden sind:

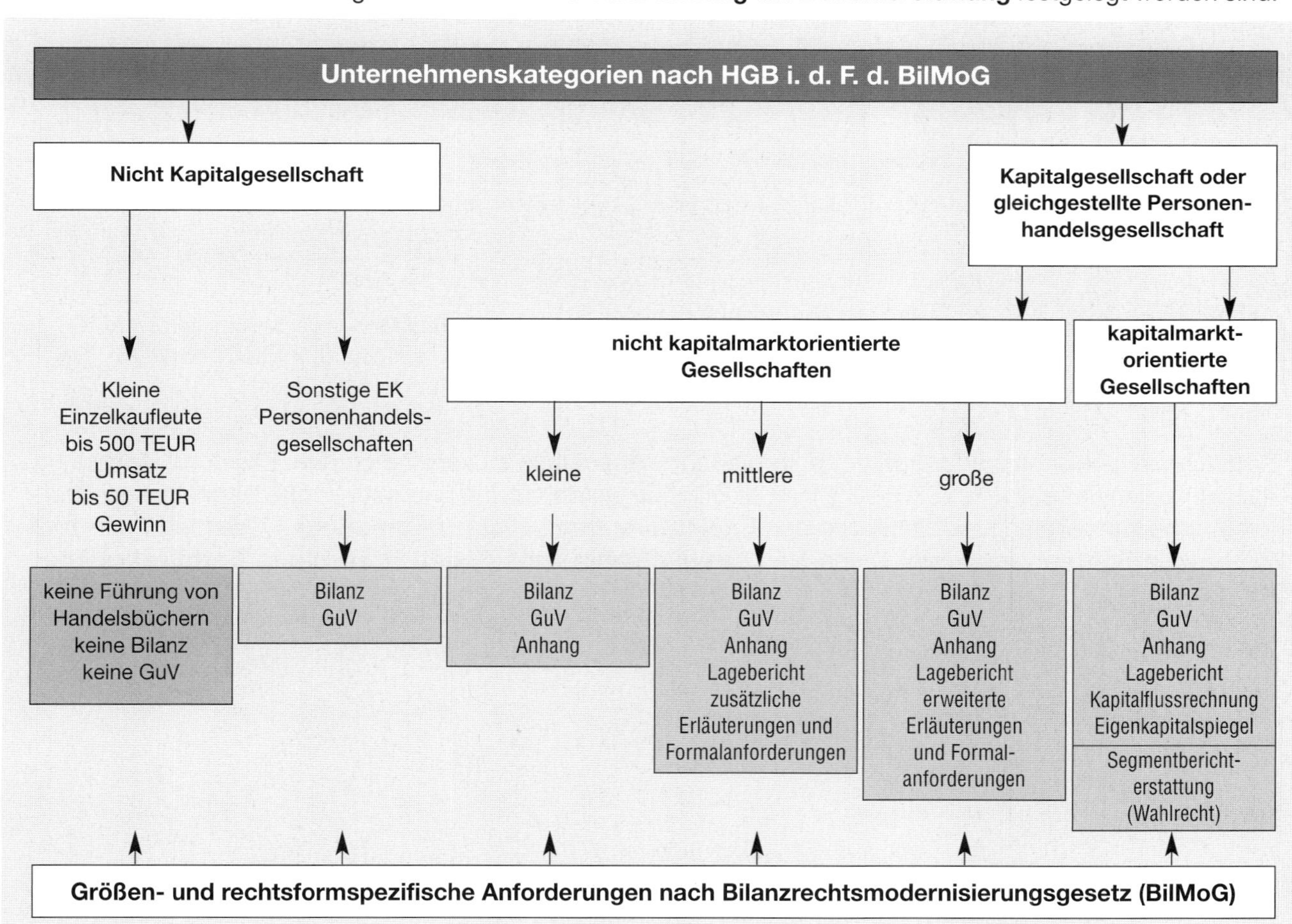

Interessenten am Jahresabschluss (Stakeholder) und ihr Informationsbedarf					
Anteilseigner (Eigentümer/ Shareholder)	Gläubiger	Fiskus	Aufsichtsbehörden	Sonstige Personengruppen	Geschäftsführung
Information über ▬ Ertragslage der Kapitalanlage ▬ Einnahmen aus der Kapitalanlage ▬ Entwicklung und Stand der Unternehmung	Information über ▬ aktuelle und künftige Liquidität ▬ Sicherheit der Kapitaleinlage ▬ künftige Ertragslage ▬ mögliche Sicherheiten	Information über ▬ Steuerbemessungsgrundlage ▬ Einhaltung steuerlicher Vorschriften	Information über ▬ Wahrung der Interessen von ▭ Sparern ▭ Einlegern ▭ Versicherten	Information über ▬ wirtschaftliche Lage ▬ Marktanteil ▬ Strukturkennzahlen ▬ Absatzpolitik ▬ u. a.	Selbstinformation über ▬ Umsatz und Gewinn ▬ Daten für künftige Entscheidungen ▬ Daten zur Dokumentation gegenüber Dritten

Größenabgrenzung der Kapitalgesellschaften und Großunternehmen

Kapitalgesellschaft	Bilanzsumme Mio. EUR	Umsatzerlöse Mio. EUR	Zahl der Arbeitnehmer	Erläuterungen
kleine	bis 4,840	bis 9,680	bis 50	Zwei der drei Merkmale dürfen an den Abschlussstichtagen von zwei aufeinanderfolgenden Geschäftsjahren nicht überschritten werden.
mittelgroße	bis 19,250	bis 38,500	bis 250	
große	über 19,250	über 38,500	über 250	Zwei der drei Merkmale werden am Abschlussstichtag überschritten.
Kapitalmarktorientierte Unternehmen gelten immer als „groß“				
Großunternehmen §§ 1 und 3 PublG	über 65	über 130	über 5 000	Zwei der drei Merkmale werden an drei aufeinanderfolgenden Abschlussstichtagen überschritten.

Kapitalgesellschaften sind verpflichtet, ihren Jahresabschluss zu veröffentlichen. Durch die Anhebung der Schwellenwerte (vgl. § 267 HGB i. d. F. d. BilMoG) werden kleine und mittelgroße Kapitalgesellschaften in größerem Umfang als bisher von den **Erleichterungen** bei den **Informations-**, **Offenlegungs-** und **Prüfungspflichten** profitieren. Diese Neuregelung stellt einen Schritt in Richtung **Entbürokratisierung** dar.

Aktiva — Gliederung der Jahresbilanz der großen Kapitalgesellschaften gem. § 266 HGB — Passiva

Aktiva

A. Anlagevermögen

I. Immaterielle Vermögensgegenstände
1. Selbst geschaffene gewerbliche Schutzrechte und ähnliche Rechte und Werte
2. entgeltlich erworbene Konzessionen, Schutzrechte und ähnliche Rechte und Werte sowie Lizenzen an solchen Rechten und Werten
3. Geschäfts- oder Firmenwert
4. geleistete Anzahlungen

II. Sachanlagen
1. Grundstücke, grundstücksgleiche Rechte und Bauten einschließlich der Bauten auf fremden Grundstücken
2. technische Anlagen und Maschinen
3. andere Anlagen, Betriebs- und Geschäftsausstattung
4. geleistete Anzahlungen und Anlagen im Bau

III. Finanzanlagen
1. Anteile an verbundenen Unternehmen
2. Ausleihungen an verbundene Unternehmen
3. Beteiligungen
4. Ausleihungen an Unternehmen, mit denen ein Beteiligungsverhältnis besteht
5. Wertpapiere des Anlagevermögens
6. sonstige Ausleihungen

B. Umlaufvermögen

I. Vorräte
1. Roh-, Hilfs- und Betriebsstoffe
2. unfertige Erzeugnisse, unfertige Leistungen
3. fertige Erzeugnisse und Waren
4. geleistete Anzahlungen

II. Forderungen und sonstige Vermögensgegenstände
1. Forderungen aus Lieferungen und Leistungen
2. Forderungen gegen verbundene Unternehmen
3. Forderungen gegen Unternehmen, mit denen ein Beteiligungsverhältnis besteht
4. sonstige Vermögensgegenstände

III. Wertpapiere
1. Anteile an verbundenen Unternehmen
2. Sonstige Wertpapiere

IV. Schecks, Kassenbestand, Bundesbankguthaben, Guthaben bei Kreditinstituten

C. Rechnungsabgrenzungsposten

D. Aktive latente Steuern

E. Aktiver Unterschiedsbetrag aus der Vermögensverrechnung

Passiva

A. Eigenkapital

I. Gezeichnetes Kapital

II. Kapitalrücklage

III. Gewinnrücklagen
1. gesetzliche Rücklage
2. Rücklagen für Anteile an einem herrschenden oder mehrheitlich beteiligten Unternehmen
3. satzungsmäßige Rücklagen
4. andere Gewinnrücklagen

IV. Gewinnvortrag/Verlustvortrag

V. Jahresüberschuss/Jahresfehlbetrag

B. Rückstellungen
1. Rückstellungen für Pensionen und ähnliche Verpflichtungen
2. Steuerrückstellungen
3. sonstige Rückstellungen

C. Verbindlichkeiten
1. Anleihen
   davon konvertibel
2. Verbindlichkeiten gegenüber Kreditinstituten
3. erhaltene Anzahlungen auf Bestellungen
4. Verbindlichkeiten aus Lieferungen und Leistungen
5. Verbindlichkeiten aus der Annahme gezogener Wechsel und der Ausstellung eigener Wechsel
6. Verbindlichkeiten gegenüber verbundenen Unternehmen
7. Verbindlichkeiten gegenüber Unternehmen, mit denen ein Beteiligungsverhältnis besteht
8. sonstige Verbindlichkeiten
   davon aus Steuern
   davon im Rahmen der sozialen Sicherheit

D. Rechnungsabgrenzungsposten

E. Passive latente Steuern

Kleine Kapitalgesellschaften müssen nur eine verkürzte Bilanz, die die mit Großbuchstaben und römischen Ziffern bezeichneten Posten des Gliederungsschemas gemäß **§ 266 HGB** enthält, aufstellen und veröffentlichen.

Aktiva — Bilanzschema einer kleinen Kapitalgesellschaft — Passiva

Aktiva	Passiva
A. Anlagevermögen	A. Eigenkapital
I. Immaterielle Vermögensgegenstände	I. Gezeichnetes Kapital
II. Sachanlagen	II. Kapitalrücklage
III. Finanzanlagen	III. Gewinnrücklagen
B. Umlaufvermögen	IV. Gewinnvortrag/Verlustvortrag
I. Vorräte	V. Jahresüberschuss/Jahresfehlbetrag
II. Forderungen und sonstige Vermögensgegenstände	B. Rückstellungen
III. Wertpapiere	C. Verbindlichkeiten
IV. Liquide Mittel	D. Rechnungsabgrenzungsposten
C. Rechnungsabgrenzungsposten	E. Passive latente Steuern
D. Aktive latente Steuern	
E. Aktiver Unterscheidungsbetrag aus der Vermögensverrechnung	

Für **mittelgroße Kapitalgesellschaften** gilt zwar auch die ausführliche Bilanzgliederung, sie können aber bei Offenlegung ihre Bilanz verkürzen, müssen dann allerdings in der Bilanz oder im Anhang (Wahlrecht) die im § 327 HGB aufgeführten Posten aus Bilanzgliederung gem. § 266 HGB gesondert angeben.

Im Wesentlichen werden hier nähere Informationen gefordert zu
- dem Geschäfts- und Firmenwert,
- den Sachanlagen,
- den finanziellen Beziehungen zu verbundenen Unternehmen.

Besondere handelsrechtliche Gliederungs- und Ausweisvorschriften zur Bilanz für Kapitalgesellschaften

Anlagevermögen	Forderungen	Eigenkapital	Verbindlichkeiten
im Anlagenspiegel § 268 Abs. 2 HGB i. V. m. § 274a Nr. 1 HGB	Beträge mit einer Restlaufzeit über einem Jahr § 268 Abs. 4 Satz 2 HGB i. V. m. § 274a Nr. 2 HGB	Gliederung nach §§ 268 Abs. 3 und 272 Abs. 1 HGB	Verbindlichkeitenspiegel § 268 Abs. 4 Satz 3 HGB i. V. m. § 274a Nr. 3 HGB

Struktur der Gewinn- und Verlustrechnung nach § 275 HGB

Gesamtkostenverfahren	Grobstruktur der Gewinn- und Verlustrechnung gem. § 275 HGB	Umsatzkostenverfahren
betriebliche Erträge Pos. 1–4 betriebliche Aufwendungen Pos. 5–8	Betriebsergebnis	Pos. 1 Umsatzerlöse Pos. 2 Herstellungskosten der zur Erzielung der Umsatzerlöse erbrachten Leistungen Pos. 3 Bruttoergebnis vom Umsatz Pos. 4/5 Vertriebskosten, Verwaltungsgemeinkosten Pos. 6/7 sonstige betriebliche Erträge und Aufwendungen
Erträge aus Finanzanlagen Pos. 9–11 Aufwendungen aus Finanzanlagen Pos. 12–13	Finanzergebnis	Pos. 8–10 Erträge aus Finanzanlagen Pos. 11–12 Aufwendungen aus Finanzanlagen
Pos. 14	Ergebnis der gewöhnlichen Geschäftstätigkeit	Pos. 13
außerordentliche Erträge Pos. 15 außerordentliche Aufwendungen Pos. 16 Pos. 17	außerordentliches Ergebnis	Pos. 14 außerordentliche Erträge Pos. 15 außerordentliche Aufwendungen Pos. 16
Steuern vom Einkommen und vom Ertrag Pos. 18 sonstige Steuern Pos. 19	Steuern	Pos. 17 Steuern vom Einkommen und vom Ertrag Pos. 18 sonstige Steuern
Pos. 20	Jahresüberschuss/-fehlbetrag	Pos. 19

Bewertung nach Handelsrecht

Bewertungsgrundsätze

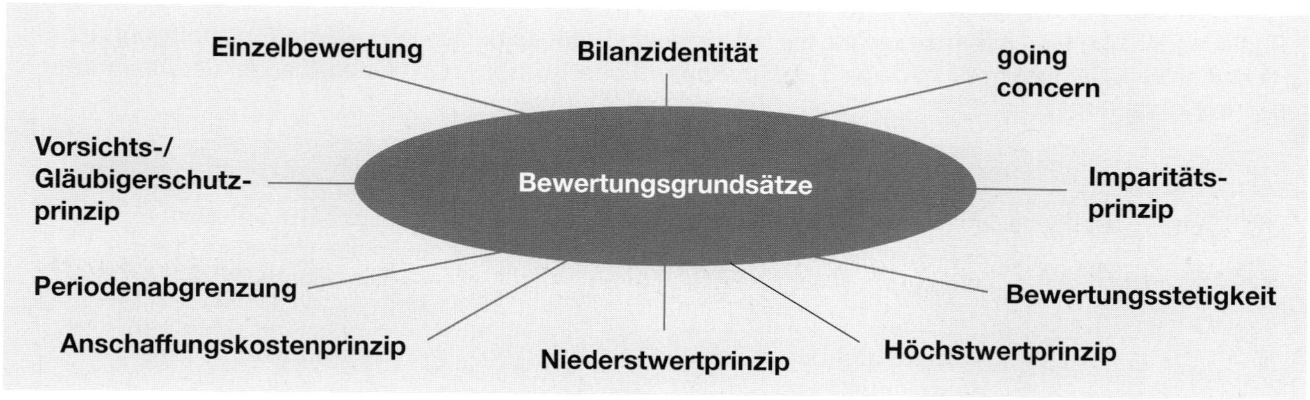

Bedeutung, Gliederung und Bewertung des Anlagevermögens

Bedeutung des Anlagevermögens

- Grundlage der Betriebsbereitschaft
- Das AV dient dem Unternehmen dauernd i. S. von mehrmals.
- langfristige Kapitalbindung, die kurzfristig notwendige Umstellungen erschwert (Risiko)
- verursacht hohe fixe Kosten

Gliederung des Anlagevermögens

- immaterielle Vermögensgegenstände
  - entgeltlich erworbene
  - selbst geschaffene
- Sachanlagen
  - nicht abnutzbare und abnutzbare
  - bewegliche und unbewegliche
- Finanzanlagen

Bewertung des Anlagevermögens

- **abnutzbares AV (s. S. 78)**
- Die Höhe planmäßiger Abschreibung ist abhängig von der betriebsgewöhnlichen Nutzungsdauer und von der Abschreibungsmethode:
  - linear
  - geometrisch-degressiv (nur erlaubt für Gegenstände, die vor dem 01.01.2011 beschafft wurden)
  - Abschreibung nach Maßgabe der Leistung
- **nicht abnutzbares AV (s. S. 78)**
- Immaterielle Wirtschaftsgüter des AV müssen bei **entgeltlichem Erwerb** zum Anschaffungswert angesetzt und dann über die geschätzte Nutzungsdauer planmäßig abgeschrieben werden. **Selbstgeschaffene immaterielle Vermögenswerte dürfen** mit ihren Entwicklungskosten **(ohne Forschungskosten)** angesetzt werden. In den Folgejahren sind sie planmäßig abzuschreiben.

Geringwertige Wirtschaftsgüter (GwG)

Es handelt sich um geringwertige **abnutzbare** und **selbstständig nutzbare** Wirtschaftsgüter des Anlagevermögens, für die der Gesetzgeber eine Bewertungs- und Verwaltungsvereinfachung anstrebt.

Ab 2010 sind **drei Kategorien** zu unterscheiden, für deren Bewertung Wahlrechte benutzt werden können:

(1) GwG, deren AK oder HStK **150,00 EUR** nicht übersteigen, **können** im Jahr der Anschaffung/Herstellung in voller Höhe als Aufwand angesetzt werden **oder** mit ihren AK/HStK aktiviert und dann über ihre betriebsgewöhnliche Nutzungsdauer abgeschrieben werden **(Wahlrecht)**.

(2) GwG mit AK/HStK über **150,00 EUR bis 410,00 EUR können** nach § 6 Abs. 2 Satz 1 EStG sofort als Aufwand erfasst werden oder aktiviert und über ihre betriebsgewöhnliche Nutzungsdauer abgeschrieben werden **(Wahlrecht)**.

Voraussetzung für eine Sofortabsetzung ist, dass die GwG unter Angabe des Tages der Anschaffung/Herstellung mit ihren AK/HStK in einem besonderen, laufend zu führenden **Verzeichnis** erfasst werden.

(3) Alternativ zu (2) **können alle GwG** mit AK/HStK **über 150,00 EUR bis 1 000,00 EUR** in einem **Sammelpool** erfasst und über die **Nutzungsdauer von 5 Jahren abgeschrieben** werden.

Entscheidet sich ein Unternehmen für die Möglichkeit (3), **muss** es alle in diesem Wirtschaftsjahr angeschafften GwG in diesem Wertebereich in dem **Sammelpool** erfassen. Ein Nebeneinander der Alternativen (2) und (3) ist nicht zulässig.

Bewertung des Anlagevermögens nach § 253 HGB			
	abnutzbare Güter des Anlagevermögens mit zeitlich begrenzter Nutzungsdauer		**nicht abnutzbare Güter des Anlagevermögens mit zeitlich unbegrenzter Nutzungsdauer**
Ausgangswert	Anschaffungskosten bzw. Herstellungskosten		Anschaffungskosten
– planmäßige Abschreibung	Gebot (§ 253 Abs. 1 und 3 HGB)		Verbot (§ 253 Abs. 1 HGB)
– außerplanmäßige Abschreibung	Gebot (§ 253 Abs. 3 Satz 3 HGB)	voraussichtlich dauernde Wertminderung	Gebot (§ 253 Abs. 3 Satz 3 HGB)
	Wahlrecht bei Finanzanlagen (§ 253 Abs. 3 HGB Satz 4)	voraussichtlich nicht dauernde Wertminderung	Wahlrecht bei Finanzanlagen (§ 253 Abs. 3 HGB Satz 4)
+ Zuschreibung (maximal bis zu den fortgeführten AK/HStK)	Gebot (§ 253 Abs. 5 HGB)		Gebot (§ 253 Abs. 5 HGB)
= Buchwert			

Bedeutung, Gliederung und Bewertung des Umlaufvermögens

Bedeutung des Umlaufvermögens

- Gewinnträger, Schuldendeckungspotenzial
- i. d. R. kurzfristige Kapitalbindung

Gliederung des Umlaufvermögens

- Vorräte: Werkstoffe, unfertige und fertige Erzeugnisse, Waren, geleistete Anzahlungen
- Forderungen und sonstige Vermögensgegenstände
- Wertpapiere des Umlaufvermögens
- Kassenbestand, Bundesbankguthaben und Guthaben bei Kreditinstituten

Bewertung des Umlaufvermögens

- Anschaffungs- oder Herstellungskosten
- niedriger Wert, wenn der Tageswert niedriger ist **(strenges Niederstwertprinzip)** (höchstens bis zu den AK)
- Liegt der Tageswert über dem vorherigen Bilanzansatz, ist eine Zuschreibung bis zum Tageswert (höchstens bis zu den AK) zwingend.
- Bewertungsvereinfachungsverfahren
  - Durchschnittsbewertung
    - gewogener Durchschnitt (periodische Durchschnittsbewertung)
    - gleitender gewogener Durchschnitt (permanente Durchschnittsbewertung)
  - Verbrauchsfolgeverfahren
    - Lifo-Verfahren
      - permanentes Lifo
      - Perioden-Lifo
    - Fifo-Verfahren

Bewertung der Herstellungskosten - Unfertige und Fertige Erzeugnisse

Bestandteile / Rechtsgrundlage	Handelsbilanz nach § 255 HGB	Steuerbilanz nach § 5 Abs. 1 EStG, R 33 Abs. 4 EStR	Anmerkungen zum Inhalt
Einzelkosten Materialeinzelkosten + Fertigungseinzelkosten + Sondereinzelkosten der Fertigung	Pflicht Pflicht Pflicht	Pflicht Pflicht Pflicht	– Roh-, Hilfs- und Betriebsstoffverbrauch zu Anschaffungskosten – Fertigungslöhne – Entwurf, Modelle, Spezialwerkzeuge, Lizenzgebühren, Entwicklungs-, Versuchs-, Konstruktionskosten im Rahmen des Auftrags
notwendige Gemeinkosten + notwendige (angemessene) Teile der Materialgemeinkosten + notwendige (angemessene) Teile der Fertigungsgemeinkosten + **Werteverzehr des Anlagevermögens** (Abschreibungen – Fertigungsbereich) (angemessene Teile)	Pflicht Pflicht Pflicht	Pflicht Pflicht Pflicht	– Werkstofflagerhaltung, -transport und -prüfung – Fertigungsvorbereitung und -kontrolle – Werkzeuglagerung und -verwaltung – Betriebsleitung, Raumkosten, Sachversicherung – Unfallverhütungseinrichtungen in der Fertigung – Lohnabrechnung für den Fertigungsbereich – lineare planmäßige Abschreibung (nicht Sonderabschreibungen, erhöhte Abschreibung) } **nicht Leerkosten**
= **Wertuntergrenze**			
+ Kosten der allgemeinen Verwaltung (angemessene Teile)	Wahlrecht	Wahlrecht	– Aufwendungen für die Geschäftsleitung – Einkauf und Materialeingang – Personalbüro – Ausbildung – Rechnungswesen – Betriebsrat – Feuerwehr, Werkschutz – Gewerbesteuer
+ Aufwendungen für soziale Einrichtungen (angemessene Teile) + Freiwillige soziale Leistungen (angemessene Teile) + Freiwillige betriebliche Altersversorgung (angemessene Teile)	Wahlrecht	Wahlrecht	– Sport- und Freizeiteinrichtungen – Aufwendungen für Kantine, Essen – Jubiläumsgeschenke – freiwillige Weihnachtszuwendungen – freiwillige Beteiligungen am Betriebsergebnis – Zuführungen zu Pensionsrückstellungen – Beiträge zu Direktversicherungen – Zuwendungen an Pensions- und Unterstützungskassen
+ Zinsen für Fremdkapital, das zur Finanzierung der Herstellung des Vermögensgegenstandes verwendet wird	Wahlrecht	Wahlrecht	– Das Kapital muss zur Finanzierung der Herstellung des Vermögensgegenstandes verwendet werden. – Die Zinsen dürfen nur auf den Zeitraum der Herstellung entfallen.
= **Wertobergrenze**			
Einkommensteuer, Körperschaftsteuer, Umsatzsteuer, kalkulatorische Kosten	Verbot Verbot	Verbot Verbot	– keine Betriebsausgabe – durchlaufende Posten, keine Aufwendungen, keine Betriebsausgaben
Vertriebskosten	Verbot	Verbot	– Werbekosten – Vertrieb – Verkaufsbüro – Erzeugnislager
Forschungskosten	Verbot	Verbot	– eigenständige und planmäßige Suche nach neuen Erkenntnissen oder Erfahrungen allgemeiner Art

Bedeutung, Gliederung und Bewertung des Eigenkapitals

- Die Passivseite der Bilanz weist Höhe und Herkunft des Kapitals auf, gegliedert in Eigenkapital und Schulden.
- Das Eigenkapital, Differenz von Vermögen und Schulden, steht dem Unternehmen dauernd, d. h. zur langfristigen Finanzierung, zur Verfügung.
- Es ist Haftungs- und Garantiekapital.
- Es wird gespeist durch Zahlungen der Eigentümer bzw. Gesellschafter als Außenfinanzierung (Grundkapital, Stammkapital) oder aus einbehaltenen Gewinnen (Rücklagen – Eigenfinanzierung als Innenfinanzierung).
- Bestehen Haftungsbeschränkungen für Teile des Eigenkapitals, müssen diese grundsätzlich konstanten Teile (Haftungskapital) getrennt von den beweglichen Teilen ausgewiesen werden.
  - **konstante Teile des Eigenkapitals:**
    - **Teilhafterkapital** in der KG
    - gezeichnetes Kapital (Grundkapital der AG, Stammkapital der GmbH)
  - **bewegliche Teile des Eigenkapitals:**
    - **Vollhafterkapital** in Einzelunternehmen und Personengesellschaften
    - Rücklagen in Kapitalgesellschaften
- **Rücklagen:** Der Gesetzgeber unterscheidet offene und stille Rücklagen.
  - **Offene Rücklagen** werden nach der Herkunft der Mittel getrennt ausgewiesen:
    - **Kapitalrücklagen:** Zuzahlungen über dem Nennwert von Anteilen hinaus (Agio)
    - **Gewinnrücklagen:** aus dem Gewinn gespeiste Rücklagen:
      - gesetzliche Rücklage
      - Rücklagen für eigene Anteile
      - satzungsmäßige Rücklagen
      - andere Gewinnrücklagen
  - **Stille Rücklagen (Stille Reserven)** werden nicht offen ausgewiesen.
    Sie entstehen durch Unterbewertung des Vermögens bzw. Überbewertung der Schulden.
- Der **Jahresüberschuss** wird in Kapitalgesellschaften als gesonderte Eigenkapitalposition vor jeglicher Verteilung dargestellt.
  Um die Zugehörigkeit zu erkennen, muss in diesem Fall ein **Gewinnverwendungsvorschlag** aus dem Anhang hervorgehen.
  Nach teilweiser Gewinnverwendung durch Einstellung in Gewinnrücklagen wird der Rest unter der Bezeichnung **Bilanzgewinn** ausgewiesen.
  Nach kompletter Gewinnverteilung (Rücklagenbildung und/oder Ausschüttung) erscheint ein möglicher Gewinnrest als **„Gewinnvortrag“**.

Rückstellungen - Bildung, Gliederung, Auflösung und Bewertung

- Rückstellungen sind Verbindlichkeiten, die im Gegensatz zu anderen ausgewiesenen Verbindlichkeiten der **Höhe** und/oder **Fälligkeit** nach am Bilanzstichtag noch **nicht feststehen**; sie werden daher geschätzt.
- Sie müssen gebildet werden **(Passivierungspflicht)** für:
  - ungewisse Verbindlichkeiten
  - drohende Verluste aus schwebenden Geschäften
  - unterlassene Aufwendungen für Instandhaltung, die innerhalb der ersten drei Monate des folgenden Geschäftsjahres bzw. Abraumbeseitigung, die im folgenden Geschäftsjahr nachgeholt wird
  - Gewährleistungen, die ohne rechtliche Verpflichtung erbracht werden (Kulanz)

Nach § 249 Abs. 2 HGB dürfen Rückstellungen für andere als die genannten Zwecke nicht gebildet werden. Diese Vorschrift richtet sich gegen die Bildung von Rückstellungen für Aufwendungen, die dem abgelaufenen oder einem früheren Geschäftsjahr zuzuordnen sind und zu einem späteren unbestimmten Zeitpunkt erfüllt werden sollen. Ein Passivierungsverbot ist damit zu begründen, dass

- keine echte Außenverpflichtung vorliegt,
- lediglich eine Korrektur der Ertragslage erfolgt und
- eine periodengerechte Zuordnung unwahrscheinlich ist.

Die Höhe der Rückstellungen muss geschätzt werden. Wegen der Unsicherheit bei der Bemessung besteht

- die **Gefahr der Unterbewertung** (zu niedriger Ansatz der Rückstellung, der zu Scheingewinnen führt und wegen zu hoher Steuerzahlung und Ausschüttung zu Liquiditätsverlusten führen kann),
- die Möglichkeit der Überbewertung (Bildung stiller Reserven durch zu hohen Ansatz der Rückstellung).

Die Rückstellungen sind in der Höhe des nach kaufmännischer Beurteilung **notwendigen Erfüllungsbetrages** anzusetzen. Der Verweis auf den Erfüllungsbetrag impliziert, dass künftige **Preis-** und **Kostensteigerungen** bei der Bewertung von Rückstellungen zu berücksichtigen sind.

Zudem gilt ein **Abzinsungsgebot** für Rückstellungen mit einer Laufzeit von mehr als einem Jahr. Die Abzinsung erfolgt mithilfe der von der Deutschen Bundesbank dargestellten Durchschnittszinssätze der letzten sieben Jahre, bei Rückstellungen für Pensionen mithilfe der Durchschnittszinssätze der jeweils letzten 15 Jahre.

Zur Ermittlung der jährlichen **Zuführungsbeträge** in die Rückstellungen ist folgendermaßen vorzugehen:

Schätzung des Erfüllungsbetrages nach den voraussichtlichen Preis- und Kostenverhältnissen

→ **Berechnung des Barwertes** des künftigen Erfüllungsbetrages zum jeweiligen Bilanzstichtag unter Verwendung des von der Bundesbank veröffentlichten Zinssatzes

→ **Ermittlung des zeitanteiligen Erfüllungsbetrages** und **Differenzbetrages** zum Stand der Rückstellung per Ende des Vorjahres

Verbindlichkeiten, ihre Gliederung und Bewertung sowie ihre Abgrenzung zu den Rückstellungen und Eventualverbindlichkeiten

Gliederung der Verbindlichkeiten

- Verbindlichkeiten werden in § 266 Abs. 3 HGB gegliedert nach Finanzierungsquellen.
- Nach §§ 268 Abs. 5 Satz 1 und 285 Nr. 1 HGB sind zu jedem einzelnen Posten anzugeben:
  - Gesamtbetrag mit einer Restlaufzeit bis zu 1 Jahr
  - Gesamtbetrag mit einer Restlaufzeit von mehr als 5 Jahren
  - Gesamtbetrag der gesicherten Beträge sowie Art und Form der Sicherheit

Bewertung der Verbindlichkeiten

- Anschaffungswert (AK), Nennwert
- Liegt der Rückzahlungsbetrag am Bilanzstichtag über den AK, ist der höhere Wert anzusetzen **(Höchstwertprinzip)**.
- **Fremdwährungsverbindlichkeiten** sind mit dem Devisenkassamittelkurs am Abschlussstichtag zu bewerten (§ 256a HGB). Bei langfristigen Fremdwährungsverbindlichkeiten ist das Höchstwertprinzip zu berücksichtigen. Kurzfristige Fremdwährungsverbindlichkeiten (Restlaufzeit von einem Jahr oder weniger) sind immer zum Devisenkassamittelkurs am Abschlussstichtag zu bewerten (ohne Berücksichtigung des Höchstwertprinzips).
- Verbindlichkeiten, die am Bilanzstichtag der **Höhe** und/oder **Fälligkeit** nach noch **nicht feststehen**, sind als **Rückstellungen** auszuweisen. Ihre Höhe wird nach dem Grundsatz vernünftiger kaufmännischer Beurteilung geschätzt.
- **Eventualverbindlichkeiten** sind aufschiebend bedingte Verbindlichkeiten aufgrund der am Bilanzstichtag bestehenden Haftungsverhältnisse
  - aus Begebung und Übertragung von Wechseln,
  - aus Bürgschaften,
  - aus Gewährleistungsverträgen,
  - aus der Bestellung von Sicherheiten für fremde Verbindlichkeiten.

  Sie sind in einer Summe unter der Bilanz oder im Anhang anzugeben.

Zeitliche Abgrenzung der Aufwendungen und Erträge

Sonstige Forderungen und sonstige Verbindlichkeiten:

Sachverhalt	altes Geschäftsjahr	neues Geschäftsjahr	Buchungen
Einnahmen im neuen Geschäftsjahr betreffen wirtschaftlich das alte Geschäftsjahr und müssen daher dort in der GuV als Ertrag gebucht werden. Hierbei handelt es sich um **Geldforderungen**.	← ERTRAG	EINNAHME	**zum Jahresabschluss im alten Jahr:** 2690 sonstige Forderungen an Ertragskonto [Ertragskonto an 8020 GuV] [8010 SBK an 2690 SoFo] **zum Jahresbeginn im neuen Jahr:** [2690 SoFo an 8000 EBK] **zum Zahlungszeitpunkt im neuen Jahr:** 2800 Bank an 2690 SoFo
Ausgaben im neuen Geschäftsjahr betreffen wirtschaftlich das alte Geschäftsjahr und müssen daher dort in der GuV als Aufwand gebucht werden. Hierbei handelt es sich um **Geldschulden**.	← AUFWAND	AUSGABE	**zum Jahresabschluss im alten Jahr:** Aufwandskonto an 4890 sonstige Verbindlichkeiten [8020 GuV an Aufwandskonto] [4890 SoVerb an 8010 SBK] **zum Jahresbeginn im neuen Jahr:** [8000 EBK an 4890 SoVerb] **zum Zahlungszeitpunkt im neuen Jahr:** 4890 SoVerb an 2800 Bank

Aktive und passive Rechnungsabgrenzung:

Sachverhalt	altes Geschäftsjahr	neues Geschäftsjahr	Buchungen
Ausgaben des alten Geschäftsjahres betreffen wirtschaftlich das neue Geschäftsjahr und müssen daher dort in der GuV als Aufwand gebucht werden. Hierbei handelt es sich um **Leistungsforderungen**.	AUSGABE	→ AUFWAND	**zum Zahlungszeitpunkt im alten Jahr:** Aufwandskonto an 2800 Bank **zum Jahresabschluss im alten Jahr:** 2900 ARA an Aufwandskonto [8010 SBK an 2900 ARA] **zum Jahresbeginn im neuen Jahr:** [2900 ARA an 8000 EBK] Aufwandskonto an 2900 ARA
Einnahmen des alten Geschäftsjahres betreffen wirtschaftlich das neue Geschäftsjahr und müssen daher dort in der GuV als Ertrag gebucht werden. Hierbei handelt es sich um **Leistungsverbindlichkeiten**.	EINNAHME	→ ERTRAG	**zum Zahlungszeitpunkt im alten Jahr:** 2800 Bank an Ertragskonto **zum Jahresabschluss im alten Jahr:** Ertragskonto an 4900 PRA [4900 PRA an 8010 SBK] **zum Jahresbeginn im neuen Jahr:** [8000 EBK an 4900 PRA] 4900 PRA an Ertragskonto

8.1 Ausgangssituation Gliederung und Bewertung von Aktiva und Passiva

Die BRAFO AG, 53111 Bonn, ein deutsches Unternehmen der Nahrungs- und Genussmittelindustrie, beschäftigt 700 Mitarbeiter und ist einer der führenden Hersteller von Snacks (Salzstangen, Erdnüsse, Nachos u. Ä.) und Süßwaren (Kekse, Schokoriegel, Pralinen u. Ä.). Zum Jahresende (31.12.2010) wird die Bilanz aufgestellt. Zur Vorbereitung müssen noch die Wertansätze einzelner Positionen ermittelt werden. Nachstehend erhalten Sie die dafür notwendigen Informationen:

Grundstücke

Die BRAFO AG erwarb Anfang 2009 ein Grundstück zur Errichtung einer neuen Lagerhalle. Der Kaufpreis betrug 210 000,00 EUR. Als im Sommer 2009 mit dem Bau begonnen werden sollte, fand man im Boden giftigen Klärschlamm. Dadurch sank der Wert des Grundstücks um 30 %. Zu Beginn des Jahres 2010 wurde der Boden in einem aufwendigen Verfahren saniert. Nach Ende der Sanierung im März 2010 wurde der Grundstückswert per Gutachten auf 225 000,00 EUR festgelegt.

Maschinen

Eine Verpackungsmaschine, die im Januar 2005 bei der Maschinenfabrik Max Bank OHG gekauft wurde, kostete 80 000,00 EUR netto und verursachte Montagekosten von 3 000,00 EUR sowie Transportkosten von 1 000,00 EUR. Bei einer geplanten Nutzungsdauer von sieben Jahren wurde sie linear abgeschrieben. Im Jahr 2008 wurde auf eine andere Verpackung umgestellt und die Maschine damit vollkommen überflüssig. Seit Beginn des Geschäftsjahres 2010 wird diese Maschine jedoch bei einer neuen Produktlinie wieder voll eingesetzt.

Wertpapiere des Umlaufvermögens

Aktienkauf:

Käufe			Verkäufe		
Datum	Stück	Preis/Stück	Datum	Stück	Preis/Stück
05.04.2010	450	25,35 EUR	06.09.2010	330	27,26 EUR
07.06.2010	680	23,25 EUR			

Der Börsenkurs vom 31.12.2010 beträgt 26,39 EUR.

Fertige Erzeugnisse

Für das Osterfest 2011 waren im November 2010 bereits Marzipaneier hergestellt worden, die jedoch erst Ende Februar 2011 ausgeliefert werden.

Die Aufwendungen für diese Ostereier betrugen:

Fertigungsmaterial	90 000,00 EUR
Fertigungslöhne	120 000,00 EUR

Die Kostenrechnungsabteilung rechnete mit folgenden Gemeinkostenzuschlagssätzen:
MGK 5 %, FGK 200 %, VwGK 2 %, VertrGK 4 %, Gewinnzuschlag 22 %. 60 % der MGK und der FGK sowie 80 % der VwGK beziehen sich konkret auf die Herstellung der Ostereier.

Verbindlichkeiten

Einkauf am 21.11.2010 von Zucker in Brasilien: Rechnung beläuft sich über 76 340,00 USD, fällig am 20.01.2011.

USD pro EUR	Geldkurs	Briefkurs
21.11.2010	1,3125	1,3185
31.12.2010	1,4032	1,4092

Rückstellungen

Die starken Schneefälle Anfang Dezember 2010 führten dazu, dass ein Teil des Daches der Lagerhalle einstürzte. Die BRAFO AG entschied sich am 15. Dezember 2010, die A. Stein Bau GmbH mit der Reparatur zu beauftragen, da sie das günstigste Angebot vorgelegt hatte. Das Angebot der A. Stein Bau GmbH ging von Reparaturkosten in Höhe von 45 000,00 EUR aus. Es wurde vereinbart, die Reparaturarbeiten im Januar 2011 durchzuführen.

Nach Abschluss der Reparaturarbeiten erhielt die BRAFO AG am 21. Januar 2011 eine Rechnung der A. Stein GmbH über die Dachsanierung der Lagerhalle in Höhe von 49 028,00 EUR einschl. 19 % USt.

8.1.1 Aufgaben Anforderungsbereich I

1. **Nennen** und **beschreiben Sie** kurz die wesentlichen allgemeinen Bewertungsgrundsätze.
2. **Ermitteln Sie** die Anschaffungskosten der Verpackungsmaschine.
3. **Beschreiben Sie** die Auswirkungen einer Zuschreibung.
4. **Ermitteln Sie** den Erwerbskurs der Wertpapiere. **Wenden Sie** dabei das Bewertungsvereinfachungsverfahren in Form des gewogenen Durchschnitts **an**.
5. **Berechnen Sie** die handelsrechtlich zulässige Wertobergrenze bzw. Wertuntergrenze, die für die Ostereier zum 31.12.2010 angesetzt werden kann.
6. **Berechnen Sie** den Bestand der Verbindlichkeiten aus dem Kauf von Zucker in Brasilien zum 31.12.2010.
7. **Beschreiben Sie** die Aufgabe von Rückstellungen.
8. **Stellen Sie dar**, was bei Rückstellungen mit einer längeren Laufzeit als einem Jahr zu beachten ist.

8.1.2 Aufgaben Anforderungsbereich II

1. **Erläutern Sie**, wie das Grundstück im Jahresabschluss
   a) 2009 nach HGB zu bewerten war,
   b) 2010 nach HGB zu bewerten war.
2. **Erklären Sie**, wie die Verpackungsmaschine für die Jahresabschlüsse 2005, 2008 und 2010 nach HGB zu bewerten war bzw. ist.
3. **Erklären Sie**, mit welchem Wert die Wertpapiere in der Bilanz des Jahres 2010 angesetzt werden dürfen. Belegen Sie Ihre Ausführungen rechnerisch.
4. **Analysieren Sie** die Auswirkungen, die der Höchstwertansatz (im Vergleich zum Mindestwertansatz) für die fertigen Erzeugnisse auf den Jahresabschluss hat.
5. **Erläutern Sie**, welches Ziel die BRAFO AG mit dem Höchstwertansatz verfolgen könnte.
6. **Erläutern Sie**, welche Auswirkung die Rückstellung auf den Jahresabschluss 2010 hat.
7. **Erklären Sie**, wie die Rückstellung aufgelöst wird und welche Auswirkung das auf den Jahresabschluss 2011 hat.
8. **Buchen Sie** die folgenden Geschäftsfälle und grenzen Sie die Aufwendungen bzw. Erträge zeitlich korrekt ab.
   a) Die Dezembermiete für die von Ihnen gemietete Lagerhalle in Höhe von 2 100,00 EUR wird erst am 3. Januar des folgenden Jahres überwiesen.
   b) Sie mieten am 1. November 2012 eine weitere Lagerhalle für 1 400,00 EUR monatlich. Die Mietzahlung für ein halbes Jahr erfolgt nachträglich erst am 15. April 2013.
   c) Für eine am 20. Dezember durchgeführte Reparatur wurden verbindlich Kosten in Höhe von 714,00 EUR einschließlich Umsatzsatzsteuer vereinbart. Die am 5. Januar des Folgejahres vorgelegte Rechnung wird am 10. Januar per Banküberweisung beglichen.
   d) Sie haben Geschäftsräume vermietet. Die komplette Miete für die Monate Oktober, November und Dezember in Höhe von insgesamt 6 000,00 EUR ist erst am 10. Januar durch Banküberweisung eingegangen.
   e) Sie vermieten Geschäftsräume ab dem 1. September 2012. Die Mietsumme für ein halbes Jahr (insgesamt 9 600,00 EUR) geht erst nachträglich (8. Februar 2013) auf Ihr Bankkonto ein.
   f) Sie zahlen die Haftpflichtversicherung in Höhe von 360,00 EUR für das nächste Geschäftsjahr bereits am 20. Dezember per Überweisung.

g) Die Prämie für die Kraftfahrzeugversicherung vom 1. November bis 31. Januar in Höhe von 300,00 EUR wird von Ihnen am 1. November überwiesen.
h) Sie haben Geschäftsräume für 450,00 EUR monatlich vermietet. Die Miete für Januar wurde bereits am 27. Dezember überwiesen.
i) Für eine von Ihnen vermietete Lagerhalle werden die fälligen Beträge (750,00 EUR monatlich) halbjährlich im Voraus am 1. November durch Banküberweisung an Sie beglichen.

8.1.3 Aufgaben Anforderungsbereich III

1. **Beurteilen Sie** die Anwendung des Imparitätsprinzips bei der Bewertung von Wertpapieren der BRAFO AG.
2. **Stellen Sie** kritisch **dar**, ob aus Ihrer Sicht das Vorsichts- bzw. Gläubigerschutzprinzip der Bewertungsansätze nach HGB heute noch zeitgemäß ist.
3. **Prüfen Sie**, inwieweit zum Bilanzstichtag bei den Verbindlichkeiten stille Reserven gebildet wurden.

9 Übungsklausuren 13.1

Übungsklausur I

Ausgangssituation

Die Saltwater Yachtbau AG ist auf den Bau von Segelyachten im Mittel- und Hochpreissegment spezialisiert.
Vor zehn Jahren wagte sich das ehemalige Familienunternehmen an die Börse, um einen leichteren und schnellen Zugang zu Kapital zu erhalten.
Die letzten Wirtschaftsjahre waren durch eine Nachfragestagnation gekennzeichnet. In den letzten Jahren, in denen die weltweite Finanzmarktkrise herrschte, sind sogar leichte Nachfragerückgänge zu verzeichnen gewesen.

Allerdings haben im Jahr 2011 deutsche Privatkunden verstärkt nach den Modellen der Saltwater Yachtbau AG nachgefragt. Zudem überlegt der Vorstand, die Produktion von Segelyachten um die Produktion von Motorbooten zu erweitern. Dies kann entweder durch den Zukauf eines entsprechenden Unternehmens oder durch Ausbau der eigenen Produktion erfolgen.

Situation I: Kurzfristige Fremdfinanzierung

Die Beschaffungsabteilung hat für einen Kundenauftrag Edelhölzer für die Inneneinrichtung einer Yacht im Wert von 35 700,00 EUR (brutto) bestellt und erhalten. Mit der Rechnung wurde der Saltwater Yachtbau AG ein Zahlungsziel von 30 Tagen eingeräumt. Daneben besteht die Möglichkeit, innerhalb von zehn Tagen nach Rechnungserhalt, unter Abzug eines Skontos in Höhe von 2 %, den Rechnungsbetrag zu begleichen.

Das Konto der Saltwater Yachtbau AG weist derzeit kein entsprechendes Guthaben auf. Der nächste höhere Zahlungseingang wird erst in 15 Tagen erwartet. Allerdings hat die Hausbank dem Unternehmen eine derzeit nicht ausgenutzte Kreditlinie (Kontokorrentkredit) eingeräumt. Der Zinssatz beträgt zurzeit 15 % p. a.

Der Finanzvorstand bittet Sie um eine Entscheidung, was die unter diesen Umständen günstigste Finanzierungsmöglichkeit für das Unternehmen ist. Belegen Sie Ihre Entscheidung rechnerisch.

Situation II: Kredit vs. Leasing

Die Geschäftsleitung entschließt sich, in eine zusätzliche Spritzgussanlage zu investieren. Der Kaufpreis wird sich, inklusive aller Anschaffungsnebenkosten, auf ca. 360 000,00 EUR belaufen.
Nach der getroffenen Finanzierungsentscheidung stellt sich die Frage der Finanzierung. Dem Unternehmen liegen zwei Angebote vor (siehe Anlage 1 und 2).

Aufgaben

1. **Beschreiben Sie** die Finanzierungsformen der vorliegenden Angebote.
2. **Berechnen und vergleichen Sie** beide Angebote hinsichtlich ihrer Liquiditäts- und Erfolgswirksamkeit für das Unternehmen. Steuerliche Aspekte bleiben unberücksichtigt.
3. **Nennen Sie** die Vor- und Nachteile der jeweiligen Finanzierungsform für das Unternehmen und treffen Sie eine begründete **Entscheidung**, welche der beiden für die Saltwater Yachtbau AG am geeignetsten ist.

Situation III: Kapitalerhöhung

Die Saltwater Yachtbau AG möchte sich neue Geschäftsfelder erschließen, indem Sie ihre Produktpalette um Motorboote ergänzt. Der Vorstand hat vor drei Jahren eine genehmigte Kapitalerhöhung in Form der Kapitalerhöhung gegen Einlagen auf der Hauptversammlung beschließen lassen, um bei einer Übernahme eines geeigneten Motorbootherstellers zügig handeln zu können.
Der Vorstand hat einen passenden Übernahmekandidaten gefunden und möchte von der genehmigten Kapitalerhöhung Gebrauch machen, indem das Grundkapital um 2 Mio. EUR auf 14 Mio. EUR gegen Einlagen erhöht werden soll. Der Kurs der alten Aktie ist 35,75 EUR je Stückaktie (16.08.2012). Das alte Grundkapital wurde in 2 400 000 Stückaktien verbrieft. Den Aktionären werden nun die jungen Aktien zum Preis von 30,00 EUR angeboten. Eine vereinfachte und zusammengeführte Bilanz der Saltwater Yachtbau AG finden Sie in Anlage 3.

Aufgaben

1. **Nennen Sie** die Voraussetzung einer Kapitalerhöhung und **beschreiben Sie** den Unterschied zwischen einer genehmigten Kapitalerhöhung und einer Kapitalerhöhung gegen Einlagen.
2. Herr M., ein begeisterter Segler und Liebhaber der Yachten von Saltwater, hat 123 Alt-Aktien der Saltwater Yachtbau AG und wendet sich, nachdem er von der Kapitalerhöhung erfahren hat, besorgt an die Investor-Relations-Abteilung. Er hat die Sorge, dass durch die Kapitalerhöhung der Wert seines Aktienpaketes vermindert wird. Beruhigen Sie den Aktionär, indem Sie rechnerisch beweisen, dass er durch die Kapitalerhöhung keinen Wertverlust erleidet. **Beraten Sie** den Aktionär hinsichtlich seiner Möglichkeiten bei der Verwendung seiner Bezugsrechte.
3. **Erstellen Sie** eine neue Bilanz nach der Kapitalerhöhung, unter Berücksichtigung der Tatsache, dass die Banken Gebühren in Höhe von 0,75 Mio. EUR erhalten.

Situation IV: Sicherungsübereignung

Während eines Beratungsgespräches bei der Hausbank im Hinblick auf Möglichkeiten der Kreditsicherung schlägt der Bankberater als Absicherung für die Kreditvergabe eine Sicherungsübereignung vor.

Aufgaben

Analysieren Sie den Vorschlag des Bankberaters aus Sicht der Saltwater Yachtbau AG und **beschreiben Sie** die rechtlichen Folgen. **Erläutern Sie** eine weitere Möglichkeit der Kreditsicherung, die mit Blick auf die Forderungen der Saltwater Yachtbau AG möglich wäre. Treffen Sie abschließend eine Entscheidung.

Anlage 1

Kreissparkasse Köln

Neumarkt 18-24, 50667 Köln
Telefon 0221 227 01 Fax: 0221 227 3920
SWIFT-Adresse: COKSDE33
info@ksk-koeln.de

An die
Saltwater Yachtbau AG
Postfach 1140
50679 Köln

Abteilung
Fiku-Mitte
Ansprechpartner
Herr Bertuleit
Tel: 0221 2271234
Fax: 0221 2273920

Köln, den 09.08.2012

Darlehensangebot

Sehr geehrte Damen und Herren,

zum Erwerb einer Spritzgussanlage für Ihr Unternehmen freuen wir uns, Ihnen folgendes Darlehensangebot – freibleibend – unterbreiten zu können:

EUR 360 000,00	
Laufzeit	6 Jahre
Zinssatz	7,5 % p. a.
Auszahlung	100 %

Die Tilgung erfolgt in sechs gleich großen Raten jeweils zum Jahresende.

Unser Angebot gilt bis zum 30.08.2012. Wenn Ihnen unser Angebot zusagt, vereinbaren Sie bitte kurzfristig einen Termin mit uns. Hierzu stehe ich Ihnen gerne jederzeit zur Verfügung.

Mit freundlichen Grüßen

K-H. Bertuleit

Bankleitzahl 37050299 – Deutsche Bundesbank

Anstalt des öffentlichen Rechts – Sitz Köln
Amtsgericht Köln – HRA 15033

Anlage 2

Frölingstr. 15-31 61352 Bad Homburg von der Höhe

An die
Saltwater Yachtbau AG
Postfach 1140
50679 Köln

Bad Homburg v. d. H., den 07.08.2012

Leasingangebot

Sehr geehrte Damen und Herren,

wir danken Ihnen für Ihr Interesse an einer Leasingvereinbarung mit unserem Hause betreffend einer Spritzgussanlage. Folgendes Angebot können wir Ihnen unterbreiten:

Leasingsumme:	**360 000,00 EUR**
betriebsgewöhnliche Nutzungsdauer:	6 Jahre
Grundmietzeit (unkündbar):	4 Jahre
einmalige Abschlussgebühr, fällig mit erster Leasingrate:	5 %
monatliche Leasingraten:	3,25 %

Am Ende der Grundmietzeit kann das Leasingobjekt für 5 000,00 EUR pro Jahr vom Leasingnehmer geleast werden.

Unser Angebot können wir unter den genannten Bedingungen bis zum 20. August des Jahres aufrecht erhalten.

Mit freundlichen Grüßen

ppa *Ewald Schmitz*

Anlage 3

Vereinfachte und zusammengefasste Bilanz der Saltwater Yachtbau AG in Mio. EUR:

Aktiva	Bilanz vor der Kapitalerhöhung		Passiva
Anlagevermögen	43	gezeichnetes Kapital	12
Umlaufvermögen		Kapitalrücklage	8
1. Forderungen	20	Gewinnrücklagen	
2. Geldkonten	5	1. gesetzliche Rücklagen	4
		2. andere Gewinnrücklagen	24
		übrige Passiva	20
	68		68

Übungsklausur II

Ausgangssituation

Die Tomer AG ist Europas führender Hersteller von Reise- und Wohnmobilen. Im Stammwerk des Unternehmens werden drei unterschiedliche Modelle gebaut.
Wie alle anderen Reisemobile auch wird das neueste Modell auf Basis eines Lieferwagens gebaut – geliefert werden nur das Fahrgestell und das Führerhaus. Die Aufbauten aus Aluminium und Kunststoff (Polyurethanschaum) sowie der komplette Innenausbau der Fahrzeuge erfolgt nach Vorgaben der werkseigenen Designer im Stammwerk.

Im Bereich der Wohnmobilhersteller haben sich die Auswirkungen der Finanzmarktkrise noch nicht auf die Nachfrage nach Neufahrzeugen ausgewirkt. Allerdings droht dem Unternehmen von einer anderen Seite Ungemach – die Banken knausern zunehmend mit der Vergabe von Krediten. Die Anforderungen für Fremdkapital werden dabei immer höher.

Situation I: Finanzierung aus Abschreibungsrückflüssen

Nach repräsentativen Umfragen in Europa ist davon auszugehen, dass die Bürgerinnen und Bürger aller EWWU-Staaten eher nicht am Urlaub sparen werden. Ganz im Gegenteil – der Campingurlaub ist für viele Familien wieder eine preisgünstige und gute Alternative zu den Hotelurlauben geworden. Da der Camping-Fuhrpark in Europa veraltet ist, ist in der Zukunft mit einem stetigem Wachstum in dieser Branche zu rechnen.

Im Geschäftsjahr 2010 hat die Tomer AG 3 Spritzgussanlagen im Wert von je 60 000,00 EUR angeschafft. Dabei handelte es sich um eine sogenannte Ersatzinvestition für bereits veraltete und voll abgeschriebene Anlagen.
Der Vorstand rechnet damit, dass in den kommenden Jahren mit einer Produktionsausweitung zu rechnen ist. Daher plant er, den Maschinenpark an Spritzgussanlagen kontinuierlich zu erweitern – allerdings zu möglichst geringen Kapitalbeschaffungskosten.

Aufgaben

1. **Beschreiben Sie** dem Vorstand alternative Finanzierungsmodelle zur Finanzierung von zwei weiteren neuen Spritzgussanlagen (Wert insgesamt 120 000,00 EUR) und treffen Sie eine begründete Entscheidung.
2. Im Jahr 2011 möchte der Vorstand unbedingt diese zwei weiteren Spritzgussanlagen für das Unternehmen erwerben. Hinsichtlich deren Finanzierbarkeit beauftragt er Sie zu **prüfen**, inwieweit eine Finanzierung aus Abschreibungsrückflüssen infrage kommt. Die Maschinen werden linear über drei Jahre (= Annahme zur Vereinfachung) abgeschrieben.
   a) **Beschreiben Sie** kurz das Grundprinzip der Finanzierung aus Abschreibungen.
   b) **Prüfen Sie** rechnerisch, in welchem Jahr die Finanzierung aus Abschreibungen für zwei Maschinen möglich ist.
   c) **Erläutern Sie** an diesem Beispiel den Kapazitätserweiterungseffekt (Lohmann-Ruchti-Effekt). **Gehen Sie** dabei auf mögliche Vor- und Nachteile **ein**.

Situation II: Finanzierung durch Gewinnthesaurierung

Die Tomer AG hat im abgelaufenen Geschäftsjahr 2011 einen Jahresüberschuss in Höhe von 3,85 Mio. EUR erwirtschaftet. Aus dem Jahr 2010 hat sie einen Verlustvortrag in Höhe von 175 000,00 EUR in das Jahr 2011 mitgenommen. Die gesetzlichen Rücklagen müssen im vollen Umfang der gesetzlichen Regelung nach § 150 AktG gebildet werden. In der Satzung sind Rücklagen in Höhe von 45 % festgeschrieben. Die Aktiengesellschaft hat fünf Mio. Stückaktien emittiert.

Aufgaben

1. **Beschreiben Sie**, um welche Form der Finanzierung es sich hierbei handelt, und **ermitteln Sie** den Bilanzgewinn für die Tomer AG für das Jahr 2011.
2. Der Vorstand der Tomer AG überlegt, wie er den Bilanzgewinn verwenden soll. **Unterbreiten Sie** ihm entsprechende Möglichkeiten und **treffen Sie** eine begründete Entscheidung, welche der Vorschläge Sie bevorzugen.

Situation III: Rückstellungen

Eine dringende Reparatur des Hallendachs, in der die neuen Spritzgussanlagen untergebracht sind, konnte im Dezember 2011 aufgrund starken Schneefalls nicht durchgeführt werden. Die Aufwendungen sind hierfür nach vorsichtigen Schätzungen mit 18 000,00 EUR angesetzt worden.

Aufgrund des anhaltenden, ungewöhnlich starken Winters 2011/2012 konnte erst im Februar 2012 mit den Arbeiten begonnen werden.

Aufgaben

1. **Beschreiben Sie**, wie mit diesem Betrag in Höhe von 18 000,00 EUR bilanztechnisch zu verfahren ist und **buchen Sie** diesen Vorgang zum Bilanzstichtag 2011.
2. Der Auszubildende Manuel K. verwechselt ständig die Begriffe Rücklagen und Rückstellungen. **Erläutern Sie** ihm den Unterschied.
3. Am 17. Februar werden die Reparaturarbeiten begonnen und acht Tage später abgeschlossen. Der Rechnungsbetrag beläuft sich auf 18 445,00 EUR (inkl. Mehrwertsteuer). **Buchen Sie** die Überweisung der Rechnung am 25. Februar.
4. Rückstellungen können auch einen Finanzierungseffekt haben. **Prüfen Sie**, ob in diesem Fall die gebildeten Rückstellungen ebenfalls einen solchen Effekt haben, und **begründen Sie** Ihre Antwort.

Jahrgang 13.2

1 Themenübersicht Ursachen und Phänomene des Wandels (Globalisierung, Konzentrationsprozesse, technologischer Fortschritt)

Globalisierung

„Aus meiner Sicht als Ökonom bedeutet Globalisierung einen Prozess zunehmender internationaler Arbeitsteilung und damit Verflechtung nationaler Volkswirtschaften durch Handel mit Waren und Dienstleistungen, grenzüberschreitende Unternehmensinvestitionen und Finanzströme. Diese Integration wird begünstigt durch technologischen Fortschritt, vor allem im Transport- und Kommunikationswesen. Globalisierung hat aber mehr als nur eine wirtschaftliche Komponente: Globalisierung bedeutet auch den freien Austausch von Gedanken und Ideen und die größere Mobilität der Menschen. Dies wird uns nicht einfach aufgezwungen, sondern ist das Ergebnis von Veränderungskräften, die tief in der menschlichen Natur verwurzelt sind: Der Drang nach Freiheit und einem besseren Leben, nach neuen Entdeckungen und nach einer Erweiterung des Horizonts."

Quelle: H. Köhler: Die Herausforderungen der Globalisierung und die Rolle des IWF, Vortrag an der Berliner Humboldt Universität am 15. Mai 2003. International Monetary Fund, unter: www.imf.org/external/np/speeches/2003/051503g.htm, abgerufen am 24.02.2012

Wesentliche Ursachen und Voraussetzungen

Technologisch

- neue Informations- und Kommunikationstechniken: Computer, Internet, Handy, Satelliten
- neue Transporttechniken: vor allem Container-Einsatz, schnellere und größere Schiffe

Politisch

- Abbau politischer Spannungen zwischen Ost und West
- Zusammenbruch planwirtschaftlicher Wirtschaftssysteme und Öffnung dieser Märkte
- Entstehung neuer Wachstumsregionen, z. B. BRIC-Staaten (Brasilien, Russland, Indien, China)

Ökonomisch

- Abbau von Handelshemmnissen und Devisenbeschränkungen
- zunehmende Direktinvestitionen in anderen Ländern
- Verlagerung arbeitsintensiver Produktionsprozesse
- vermehrte Bildung multinationaler Unternehmen
- Deregulierung der Märkte, z. B. im Bereich der Telekommunikation

Sozio-kulturell

- Mobilität der Menschen
- freier Austausch von Gedanken und Ideen

Daten und Zahlen

- Die durchschnittlichen Kosten für Seefracht sind zwischen 1930 und 2000 um 65 % gesunken.
- Die Telekommunikationskosten (gemessen an einem 3-minütigen Telefongespräch von New York nach London) betrugen 2005 nur noch das 0,06-Fache der Kosten von 1930.
- Zwischen 1950 und 2007 stieg der grenzüberschreitende Warenexport – gemessen in konstanten Preisen – um den Faktor 29,2. Im selben Zeitraum stieg der Anteil der exportierten Waren und Dienstleistungen am Welt-Bruttoinlandsprodukt von rund 8 % auf mehr als 31,6 %.
- Die grenzüberschreitende Luftfrachtmenge stieg von 5,1 Mio. Tonnen im Jahr 1986 auf 25,2 Mio. Tonnen im Jahr 2007.

Internationaler Warenhandel

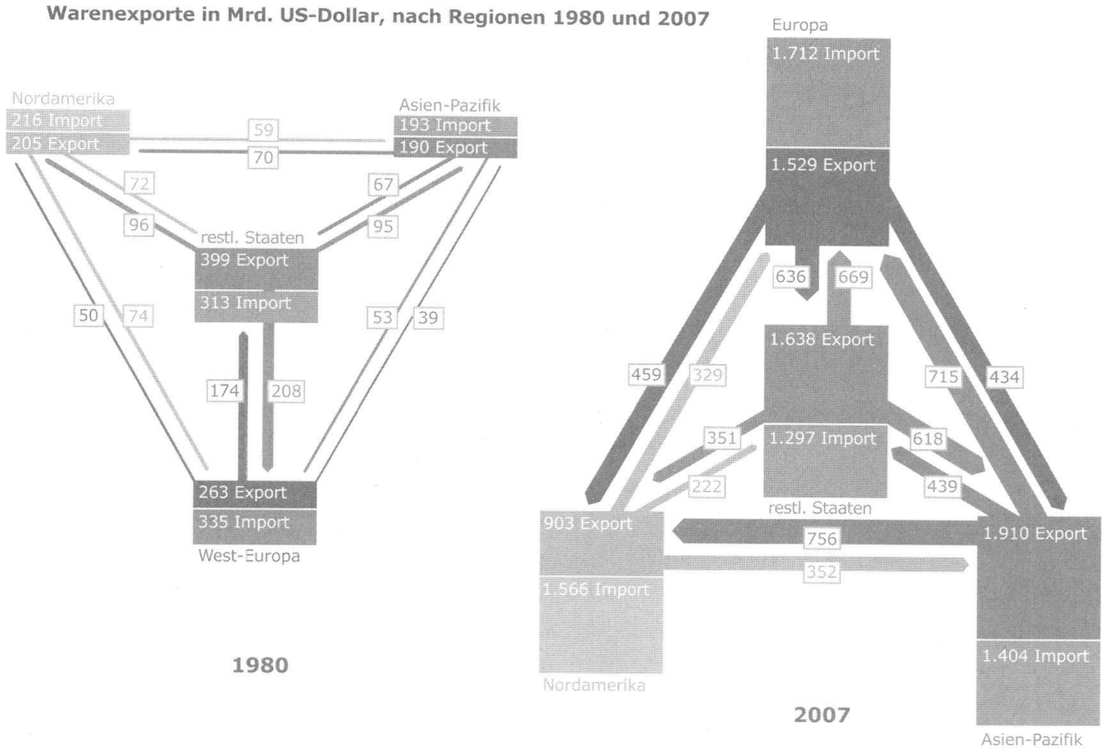

Quelle: Bundeszentrale für politische Bildung: Zahlen und Fakten: Globalisierung, unter www.bpb.de/globalisierung (abgerufen am 10.04.2011)

Chancen und Risiken

Chancen:

- Weltweite Konkurrenz und günstigere Produktion führen zu Preissenkungen.
- Steigender Konkurrenzdruck erhöht den technischen Fortschritt.
- Entwicklungsländer werden gefördert (neue Arbeitsplätze, technologische Entwicklung).
- Wachstum und Handel führen zu einer Reduzierung der Armut in den Entwicklungsländern.
- Weltweiter Wohlstand nimmt zu.
- Weltweite Zusammenarbeit nimmt zu.
- Der Gedanke des ‚global village' erhöht das Bewusstsein der Regierungen für globale Probleme, wie z. B. den Klimawandel.
- Das Warenangebot nimmt zu.
- Die Bürger öffnen sich mehr für andere Kulturen und bauen Vorurteile ab.
- Internationale Kontakte und Beziehungen werden intensiviert.

Risiken:

- Die Arbeitslosigkeit in den Industrieländern steigt.
- Der Lebensstandard in den Industrieländern sinkt.
- Steuern und Sozialstandards geraten in den Industrieländern unter Druck.
- Das Lohnniveau in den Industrieländern gerät unter Druck.
- Die Zahl der Insolvenzen nimmt zu.
- Die Konzentration auf den Märkten nimmt zu.
- Durch das erhöhte Transportaufkommen nimmt die Umweltbelastung weiter zu.
- Die sozialen und wirtschaftlichen Probleme sind nicht mehr national zu lösen.
- Die Produktion in Entwicklungsländern erfolgt unter Missachtung sozialer Standards.
- Die Produktion in Entwicklungsländern erfolgt ohne Rücksicht auf Umweltbelastungen.
- Entwicklungsländer profitieren nur vorübergehend, da die ausländischen Unternehmen ihr technologisches Wissen nicht an die Entwicklungsländer weitergeben.

- Entwicklungsländer profitieren nur vorübergehend, da Kapital sehr mobil geworden ist und abwandert, sobald ein Standort nicht mehr attraktiv ist.
- Entwicklungsländer sind einseitig abhängig von den Industrieländern, dies fördert nicht den Süd-Süd-Handel.

Konzentrationsprozesse

Unter dem Begriff **Konzentrationsprozess** versteht man die zunehmende Zahl von Unternehmenszusammenschlüssen zu immer größeren Unternehmen mit immer größerer wirtschaftlicher Macht. Unternehmen agieren unterschiedlich erfolgreich auf dem Markt. Vor dem Hintergrund zunehmend dynamischer und globaler Wirtschaftsprozesse können sie schnell Marktanteile gewinnen bzw. verlieren. Dies führt dazu, dass
- erfolgreiche Unternehmen weniger erfolgreiche aufkaufen,
- sich Unternehmen zusammenschließen, um erfolgreicher zu sein.

Dadurch verändert sich die Marktform und die Zahl oligopolistischer bzw. monopolistischer Märkte nimmt zu.

Richtungen der Konzentration:

Horizontale Konzentration	Vertikale Konzentration	Diagonale (konglomerate) Konzentration
Die beteiligten Unternehmen agieren auf demselben Markt.	Die beteiligten Unternehmen befinden sich auf verschiedenen Produktionsstufen.	Die beteiligten Unternehmen befinden sich auf verschiedenen Märkten und Produktionsstufen.

Formen der Konzentration: Konzernbildung und Fusion

Der Zusammenschluss von Unternehmen erfolgt in den meisten Fällen durch Kapitalbeteiligungen in Form einer Konzernbildung bzw. einer Fusion.

Konzern	Fusion
In einem Konzern schließen sich Unternehmen unter einer einheitlichen wirtschaftlichen Leitung zusammen. Die beteiligten Unternehmen bleiben rechtlich selbstständig.	Bei einer Fusion verlieren Unternehmen ihre wirtschaftliche und rechtliche Selbstständigkeit. Sie verschmelzen zu einem Unternehmen.
Tauschen Unternehmen gegenseitig Kapitalanteile aus, entstehen Schwestergesellschaften und man spricht von einem Gleichordnungskonzern. Bestimmt ein Konzernunternehmen (Muttergesellschaft) die Geschäftspolitik anderer Konzernunternehmen (Tochtergesellschaften), entsteht ein Unterordnungskonzern.	Fusionen entstehen entweder durch Aufnahme, indem ein bisher selbstständiges Unternehmen von einem anderen vollständig aufgenommen wird, oder durch Neubildung, indem die Einzelunternehmen sich auflösen und ein neues Unternehmen gründen.

Globale Konzentrationsprozesse

„Im Zuge der Globalisierung hat die Bedeutung von Unternehmen, die nicht nur im Außenhandel tätig sind, sondern auch jenseits ihrer nationalen Grenzen Waren produzieren und Dienstleistungen erbringen (multinationale oder transnationale Unternehmen – MNU/TUN), rapide zugenommen. Gab es zu Beginn der neunziger Jahre circa 7 000 MNU, so existieren heute bereits etwa 65 000 Muttergesellschaften und 850 000 Tochtergesellschaften, die in allen Ländern der Welt Güter erstellen und vermarkten, Forschung und Entwicklung betreiben und mit Unternehmen der Gastgeberländer oder anderen ausländischen Unternehmen kooperieren. (...) Sie sind deutlich stärker als der internationale Handel expandiert (...). Gleichzeitig dominieren MNU im Welthandel. Auf sie entfallen etwa zwei Drittel der internationalen Warenströme (...).“

Quelle: G. Koopmann, F. Franzmeyer: Weltwirtschaft und internationale Arbeitsteilung, in: Globalisierung. Informationen zur politischen Bildung Nr. 280, 3. Quartal 2003, S. 18 f.

Im Jahre 2006 waren rund 78 000 Unternehmen multinational tätig – meistens über Kapitalbeteiligungen. Dabei kann das Unternehmen eine eigene Tochtergesellschaft gründen oder sich an bestehenden Unternehmen beteiligen, sie übernehmen oder mit ihnen fusionieren.

Direktinvestitionen

Grenzüberschreitende Beteiligungen am Kapital oder an Stimmrechten einer Unternehmung von 10 % oder mehr werden als Direktinvestitionen bezeichnet.
Vor allem seit Mitte der 90er Jahre ist eine starke Zunahme der weltweiten Direktinvestitionen zu verzeichnen.

Direktinvestitionen weltweit		
70er Jahre	24 Mrd. Dollar pro Jahr im Durchschnitt	
90er Jahre	404 Mrd. Dollar pro Jahr im Durchschnitt	
2000–2006	918 Mrd. Dollar pro Jahr im Durchschnitt	
	davon entfielen:	45 % auf die EU
		20 % auf Nordamerika
		18 % auf Asien
2006 entfielen von allen Direktinvestitionen:		64 % auf die Dienstleistungsbranche
		29,5 % auf die Industrie
		6,5 % auf die Landwirtschaft

Deutsche Direktinvestitionen im Ausland im Jahr 2006	**Ausländische Direktinvestitionen in Deutschland im Jahr 2006**
Die deutschen Direktinvestitionen im Ausland betrugen über 811 Mrd. EUR (2003–2006 Tendenz steigend). Knapp die Hälfte davon entfielen auf Länder außerhalb der EU.	Die ausländischen Direktinvestitionen in Deutschland beliefen sich auf 439 Mrd. EUR (2002–2006 Tendenz steigend). Der größte Teil davon kam aus EU-Ländern. Nur 1 % der deutschen Unternehmen wurde 2006 von ausländischen Unternehmen kontrolliert. Diese auslandskontrollierten Unternehmen beschäftigten allerdings 1,9 Mio. Arbeitskräfte, was 9 % aller Beschäftigten entsprach. Auf sie entfielen 19 % des Umsatzes und 14 % aller Bruttoinvestitionen.

Quelle: Multinationale Unternehmen. Rund um den Globus zu Hause, in: Informationsdienst des Instituts der deutschen Wirtschaft Nr. 34/2008

Gründe für die Bildung multinationaler Unternehmen:

- Erschließung neuer Märkte
- Mögliche Importbeschränkungen werden umgangen durch Produktion vor Ort.
- verbesserter Zugang zu Rohstoffen
- verbesserter Vertrieb und Kundendienst durch größere Nähe zum Kunden auf den neuen Märkten
- Kostenvorteile durch Verlagerung der Produktion
- Synergieeffekte, d. h. Kostenvorteile, durch Zusammenarbeit, insbesondere in den Bereichen Forschung, Entwicklung und Verwaltung
- Senkung der Fixkosten durch erhöhte Produktionszahlen
- Durch Investitionen in verschiedenen Ländern mit unterschiedlicher konjunktureller Entwicklung wird das Risiko vermindert und der Gewinn stabiler.
- Zugang zu neuen Wissensquellen durch Erwerb neuer Unternehmen
- Investition in krisensichere Regionen
- regional unterschiedliche rechtliche Rahmenbedingungen (z. B. Umweltstandards, Arbeitnehmerrechte u. Ä.)

Kritik an multinationalen Unternehmen:

- Der Wettbewerb wird beschränkt.
- Die Unternehmen erhalten zu große Marktmacht.
- Die Unternehmen erhalten zu große politische Macht.
- Es besteht die Gefahr des Machtmissbrauchs.
- Die Unternehmen haben zu großen Einfluss auf die Politik der Entwicklungsländer.
- Die Unternehmen verdrängen kleinere lokale Anbieter in den Entwicklungsländern.

- Die Unternehmen nutzen geringe Löhne und Sozialstandards sowie geringe bzw. fehlende Umweltauflagen der Entwicklungsländer aus.
- Die Unternehmen bauen Arbeitsplätze in den Industrieländern ab.

Strategische Allianzen

Immer mehr Unternehmen streben statt großer kostspieliger Fusionen strategische Allianzen an. Eine der bekanntesten und erfolgreichsten strategischen Allianzen gründete Lufthansa im Jahre 1997 zusammen mit vier anderen Fluggesellschaften unter dem Namen ‚Star Alliance'. Mittlerweile sind an dieser Allianz 27 Fluggesellschaften beteiligt.
Ein anderes Beispiel für eine strategische Allianz ist die Zusammenarbeit von BMW und Toyota im Bereich von Dieselmotoren und Hybridtechnologie.

Eine **strategische Allianz** ist
- ein verbindlicher Zusammenschluss
- zweier oder mehrerer Unternehmen (immer häufiger direkte Wettbewerber)
- für eine gemeinsame Leistungserstellung
- zur Stärkung der Wettbewerbsposition.

Kennzeichnend für strategische Allianzen ist darüber hinaus:

- sie sind einseitig aufkündbar
- es ist weniger eine hierarchische, sondern eher eine gleichberechtigte Beziehung
- die angeschlossenen Unternehmen bleiben rechtlich selbstständig
- die angeschlossenen Unternehmen verlieren ihre wirtschaftliche Selbstständigkeit im Bereich bzw. in den Bereichen der Zusammenarbeit (die Mehrzahl der Allianzen heute umfasst mehr als einen betrieblichen Bereich)
- die Zusammenarbeit ist unter Umständen zeitlich begrenzt

Formen strategischer Allianzen		
Kooperation (auf vertraglicher Grundlage)	**Gemeinschaftsunternehmen** (international: Joint Venture)	**einseitige Minderheitsbeteiligungen**
Arbeitsgemeinschaft, Konsortium	**wechselseitige Minderheitsbeteiligungen**	

(Die Formen Kooperation, Gemeinschaftsunternehmen [Joint Venture] und einseitige Minderheitsbeteiligung machen in der Realität mehr als 90 % der strategischen Allianzen aus.)

niedrig -- **Bindung** -- hoch

Kooperation: Zwei oder mehrere rechtlich und wirtschaftlich selbstständige Unternehmen arbeiten freiwillig auf vertraglicher Grundlage zusammen – dies kann zeitlich befristet für ein einzelnes Projekt, z. B. im Baugewerbe, oder längerfristig sein. Sie geben damit einen Teil ihrer wirtschaftlichen Selbstständigkeit auf.

Gemeinschaftsunternehmen (Joint Venture): Zwei oder mehrere rechtlich und wirtschaftlich selbstständige Unternehmen gründen gemeinsam ein rechtlich selbstständiges Unternehmen, das unter der gemeinsamen Leitung der beteiligten Unternehmen steht und Aufgaben ausführt, die im gemeinsamen Interesse liegen. Sie geben damit einen Teil ihrer wirtschaftlichen Selbstständigkeit auf.

Einseitige Minderheitsbeteiligung: Ein Unternehmen ist an einem anderen Unternehmen mit weniger als 25 % beteiligt.

Wie bei Konzernen kann die Richtung der strategischen Allianz sowohl horizontal als auch vertikal oder diagonal sein.

Ziele strategischer Allianzen	
Ressourcenzugang	Beschaffung und Sicherung wichtiger Rohstoffe, aber auch Zugang zu wichtigen Technologien und Patenten
Zeitersparnis	schnellere Durchführung von Projekten z. B. im Bereich der Forschung, schnelleres Fußfassen auf neuen Märkten
Marktzugang	Partner auf anderen Märkten und/oder in anderen Ländern erleichtern den Marktzugang und sichern dort die Akzeptanz
Kostenersparnis	Kosten lassen sich einsparen z. B. durch gemeinsamen Einkauf, Bündelung der Produktionskapazitäten, gemeinsame Nutzung von bestehenden Vertriebswegen
Risikominderung	das Risiko für einzelne Unternehmen wird verringert durch Verteilung des Risikos auf mehrere Unternehmen
Marktmacht	durch Bündelung der Aktivitäten wird die Marktmacht erhöht, z. B. durch gemeinsamen Einkauf

Nachteile strategischer Allianzen	
Kosten	Kosten entstehen zum Beispiel dadurch, dass – geeignete Partner gefunden werden müssen, – Verträge ausgehandelt werden müssen, – die Arbeit der Allianz laufend überwacht werden muss, – die Allianz abgewickelt werden muss, falls sie scheitert.
Risiken	Risiken geht das einzelne Unternehmen zum Beispiel dadurch ein, dass – es Know-how an andere Unternehmen weitergibt, – die wirtschaftliche Selbstständigkeit in einem oder mehreren Bereichen aufgegeben oder beschränkt wird, – angeschlossene Unternehmen gegen Absprachen verstoßen und/oder die Allianz für eigene Zwecke missbrauchen, – die laufende Arbeit der Allianz nicht oder nur schlecht kontrolliert werden kann.

Technologischer Fortschritt

Der technologische Fortschritt hat auch den Globalisierungsprozess begünstigt und beschleunigt ihn weiter. Die Entwicklung neuer Technologien führt zu einem rasanten Wandel wirtschaftlicher Abläufe, wie die folgenden Beispiele zeigen.

Computerunterstützte Rationalisierungskonzepte

Die Konzepte werden bereits in großer Zahl eingesetzt und immer weiter verbessert:

CIM (Computer Integrated Manufacturing) umfasst alle computerunterstützten Betriebs- und Arbeitsabläufe in einem einheitlichen System, wie z. B.			
CAD (Computer Aided Design)	CAP (Computer Aided Planning)	CAM (Computer Aided Manufacturing)	CAQ (Computer Aided Qualitiy Assurance)

PPS-Systeme

Sie werden ebenfalls bereits angewendet und ständig optimiert. PPS (Produktionsplanung und -steuerung) umfasst die computerunterstützte Planung und Steuerung des Fertigungsablaufs. Dabei geht es besonders um die Steuerung der Material- und Informationsflüsse. Wichtigste Aufgabe der PPS-Systeme ist es, die Aufträge entsprechend den vorhandenen Ressourcen den einzelnen Bereichen zuzuordnen, wie unter anderem Konstruktion, Lager, Einkauf, Fertigung.

Kommunikation

- Zunehmend leistungsfähigere Rechner ermöglichen die Verarbeitung immer größerer Datenmengen.
- Internationale Kommunikationsnetze werden weiter ausgebaut.
- Die **Glasfasertechnik** wird zur Datenübertragung genutzt (Breitbandkanäle) und ermöglicht – gegenüber der elektronischen Übertragung – die Übermittlung größerer Datenmengen in immer kürzerer Zeit. Sie ist zusätzlich abhörsicherer und störungsunempfindlicher.
- **Funkerkennung – RFID** (Radio Frequency Identification) gilt als eine Schlüsseltechnologie und vereinfacht das Erkennen z. B. von Etiketten im Supermarkt, Zugangsausweisen von Mitarbeitern oder Gepäckstücken am Flughafen. Mit dieser Technik ist es beispielsweise im Supermarkt möglich, nicht nur den Artikel zu identifizieren wie beim Barcode, sondern auch zu verfolgen, wann genau dieser Artikel die Produktion verlassen hat und wo er im Einzelnen Zwischenstation gemacht hat. Trotz datenschutzrechtlicher Bedenken betrug der Gesamtumsatz mit dieser Technik 2008 weltweit bereits über 2,35 Mrd. Dollar. Studien rechnen bis 2015 mit einem Anstieg auf 27 Mrd. Dollar.

Industrielle Schlüsseltechnologien

- Die **Lasertechnologie** spielt eine sehr wichtige Rolle bei modernen Produktionsprozessen, z. B. beim Schneiden und Schweißen. Durch den Einsatz von Lasern wird die Bearbeitungszeit verkürzt. Laser lassen sich gut steuern und mithilfe von Glasfasern (s. o.) lässt sich die Laserstrahlung flexibel und ohne Verluste transportieren.
- Die **Mikrosystemtechnik** befasst sich damit, Mikrosysteme zu entwickeln und herzustellen. Durch Verwendung immer kleinerer Bauteile werden die Systeme z. B. im Bereich der Elektronik und Datenverarbeitung kompakter und dabei leistungsfähiger und preiswerter.
- Die **Nanotechnologie** gilt als Schlüsseltechnologie des 21. Jahrhunderts und umfasst alle Technologien, die sich mit der Erforschung und Anwendung sehr kleiner Strukturen befassen. (Ein Nanometer ist der millionste Teil eines Millimeters.) Es gibt bereits zahlreiche Anwendungsgebiete. So lassen sich mithilfe dieser Technologie z. B. Elektronikkomponenten um ein Vielfaches verkleinern. Ein weiteres Anwendungsbeispiel ist der sog. Lotuseffekt, bei dem durch den Einsatz der Nanotechnologie selbstreinigende Oberflächen hergestellt werden.
  2008 erzielten deutsche Nanotechnik-Unternehmen einen Umsatz von 33 Mrd. EUR. Der weltweite Umsatz von derzeit 150 Mrd. Dollar könnte bis 2015 auf drei Billionen Dollar steigen. Fachleute halten es für möglich, dass die Nanotechnologie – ähnlich wie frühere bahnbrechende technologische Entwicklungen – Auslöser für eine lange Welle der Konjunktur von ca. 50 bis 60 Jahren (sog. Kondratjew-Zyklus) sein könnte.

Antriebs- und Energiequellen

Weltweit werden zurzeit jährlich 55 Millionen Pkw hergestellt. Im Jahre 2050 werden es rund 200 Millionen pro Jahr sein. Der daraus resultierende Energiebedarf lässt sich nicht durch Erdöl decken, dessen Reserven ohnehin allmählich zur Neige gehen. Die Zukunft gehört daher

- Hybridfahrzeugen (Kombination aus Verbrennungs- und Elektromotor),
- rein batteriebetriebenen Elektrofahrzeugen,
- Elektrofahrzeugen mit einer Wasserstoffbrennzelle.

Die **Solartechnik** wird bereits vielfach genutzt: Von Hausdächern, auf denen Solarkollektoren zur Warmwassererzeugung oder Solarzellen zur Stromerzeugung (Photovoltaikanlagen) eingesetzt werden, bis hin zu großen Solarkraftwerken, wie z. B. dem Projekt Desertec in der Sahara. Mit solchen solarthermischen Kraftwerken ließen sich bis 2050 17 % des europäischen Stromverbrauchs über Solarimporte decken.

1.1 Ausgangssituation Ursachen und Phänomene des Wandels

Financial Times Deutschland, 8. Dezember 2009

Mehrmarken-Strategie – Volkswagen startet Osterweiterung

Beim Sturm an die Weltspitze der Autobauer greift Europas größter Hersteller auch nach einem japanischen Konkurrenten. Offenbar will VW einen Anteil an Suzuki von 20 Prozent kaufen – womöglich schon bald. Damit würden die Wolfsburger eine Flanke schließen.

Es hatte sich schon länger angedeutet, nun steht Volkswagen kurz vor dem Einstieg beim japanischen Autobauer Suzuki . Der Nachrichtenagentur Reuters zufolge will VW zunächst zehn Prozent an dem Kleinwagenbauer erwerben und den Anteil später auf 20 Prozent erhöhen. Der Preis soll bei 1,5 bis 1,8 Mrd. EUR liegen. Denkbar sei auch eine Sperrminorität an Suzuki von über 30 Prozent. (...)

Mit dem Vorhaben setzt VW seine milliardenschwere Einkaufstour fort. Die neue Allianz würde dem Autobauer Zugang zum rasant wachsenden Automarkt Indien verschaffen. Suzuki hat dort gemeinsam mit seiner Tochter Maruti einen Marktanteil von über 50 Prozent. Der Konzern hat zudem eine starke Stellung im japanischen Kleinstwagen-Geschäft.

In Asien ist VW bislang vor allem in China vertreten – mit einem Anteil von rund 20 Prozent am Automarkt. In Indien hatten die Wolfsburger dieses Jahr eine neue Fabrik in der Nähe der Stadt Pune eröffnet. Noch verkauft das Unternehmen dort vergleichsweise wenig Autos. Nach dem Willen der Konzernspitze soll der Absatz bei indischen Kunden in den kommenden Jahren stark steigen.

Sollte VW eine Mehrheitsübernahme von Suzuki gelingen, würde der Konzern sogar Branchenführer Toyota abhängen. „An VW vorbei könnte Suzuki dann nur noch schwer geschluckt werden“, sagte ein Banker.

Im Sommer hatte VW den Machtkampf mit Porsche gewonnen und am Montag zunächst für 3,9 Mrd. EUR die Häfte des Sportwagenbauers erworben. 2008 übernahm Europas größter Autobauer die Mehrheit am Lkw-Hersteller Scania. Damit zählt das Unternehmen zehn Marken.

Mit dem Blick auf den Kauf weiterer Hersteller hatte VW-Aufsichtsratschef Ferdinand Piëch jüngst gesagt: „Ein Dutzend kann man sich leichter merken als zehn.“ Vorstandschef Martin Winterkorn hatte erst vergangenen Donnerstag vor seinen Aktionären bekräftigt, dass der Hersteller bis 2018 zur Nummer eins im weltweiten Automarkt aufsteigen will. (...)

Finanziell kann VW den Einstieg bei Suzuki problemlos stemmen. Die Aktionäre haben die Konzernspitze dazu ermächtigt, innerhalb von fünf Jahren bis zu 135 Millionen neue Vorzugsaktien auszugeben. Nach heutigem Börsenkurs entspricht das einem Gegenwert von 8,6 Mrd. EUR – genug, um eine wesentliche Forderung des Konzernchefs zu erfüllen: Winterkorn hat stets betont, die Kreditwürdigkeit müsse unangetastet bleiben.

Der mächtige VW-Aufsichtsratschef Ferdinand Piëch hatte mehrfach signalisiert, dass ihn Suzuki als weitere Konzernmarke interessiert. Auch von anderen VW-Aufsichtsräten hatte es immer wieder geheißen, der Konzern sei an Suzuki interessiert. „Wenn es dazu kommen sollte, könnte man von Suzuki eine Menge lernen.“ Selbst die Motorradsparte sei für VW interessant, da in Schwellenländern die individuelle Mobilität meist mit Motorrollern und Krafträdern beginne. (...)

Technologisch würden sowohl VW als auch Suzuki von einer Zusammenarbeit profitieren. Mit dem Modell Up haben die Wolfsburger zwar ab 2011 einen eigenen Kleinstwagen im Programm. Mit den günstigen Modellen von Suzuki könnte VW das Billigsegment darunter noch abdecken.

Ein hochrangiger Suzuki-Manager hatte jüngst gesagt: „Für Suzuki und VW wäre diese Verbindung eine Win-win-Situation – Suzuki hätte Zugriff auf eine Vielzahl von VW-Technologien, während Volkswagen ein solides Standbein in Indien und in Südostasien erhielte.“ (...)

Quelle: www.ftd.de/unternehmen/industrie/autoindustrie/:mehrmarken-strategie-volkswagen-startet-osterweiterung, abgerufen am 05.01.2010

1.1.1 Aufgaben Anforderungsbereich I

1. **Beschreiben Sie** die technologischen Voraussetzungen der Globalisierung.
2. **Stellen Sie dar**, welche politischen Veränderungen den Globalisierungsprozess beschleunigt haben.
3. **Nennen Sie** wesentliche Vorteile für global operierende Unternehmen.
4. **Beschreiben Sie** den Unterschied zwischen Konzernbildung und Fusion.
5. **Fassen Sie** den Artikel der Financial Times Deutschland vom 08.12.2009 **zusammen**.
6. **Nennen Sie** neue Antriebssysteme, die in der Automobilindustrie Benzinmotoren ablösen könnten.

1.1.2 Aufgaben Anforderungsbereich II

1. **Erläutern Sie** jeweils an einem Beispiel den Unterschied zwischen horizontaler, vertikaler und diagonaler Konzentration.
2. **Erklären Sie**, was man unter Direktinvestitionen versteht und wie diese sich in den letzten Jahren entwickelt haben.
3. **Arbeiten Sie** aus dem Artikel der Financial Times Deutschland vom 08.12.2009 die Situation für VW auf dem indischen Automarkt **heraus**.
4. **Erläutern Sie** die Vorteile, die der Einstieg bei Suzuki für VW hat.
5. **Erläutern Sie** die Finanzierung dieses Unternehmenszusammenschlusses.

1.1.3 Aufgaben Anforderungsbereich III

1. **Beurteilen Sie** die von VW eingeschlagene Osterweiterung im Rahmen der Mehrmarken-Strategie.
2. **Diskutieren Sie** die Behauptung, dass multinationale Unternehmen die Entwicklungsländer ausbeuten und zu mächtig werden.
3. **Beurteilen Sie** die These, dass die Entwicklungsländer die Verlierer der Globalisierung sind.

2 Übungsklausur 13.2

Ausgangssituation

Mobilität weltweit mit umweltfreundlicher Abgastechnik

Die WEMEKA AG (Westdeutsche Metall Katalysatoren AG) ist ein führender Hersteller von Katalysatoren. Als das Unternehmen 1986 gegründet wurde, spezialisierte es sich schnell auf die Herstellung von Metall-Katalysatoren, die gegenüber keramischen Katalysatoren einen höheren Wirkungsgrad aufweisen, allerdings wegen der höheren Kosten vorwiegend bei Mittel- und Oberklassefahrzeugen verwendet werden. Die WEMEKA AG profitierte dabei in den vergangenen 25 Jahren von einem steigenden Umweltbewusstsein und dem damit verbundenen umfassenden Einsatz von Katalysatoren zur Senkung der Abgasbelastung.

Auch auf dem Gebiet des umweltgerechten Recyclings hat das Unternehmen neue Wege beschritten. Bei seinen metallischen Katalysatoren ergibt sich ein nahezu geschlossener Kreislauf, in dessen Verlauf wertvolle Edelmetalle sowie chrom- und nickelhaltige Edelstahlsorten anfallen. Dies führt zu einer Minimierung des Abfalls und schont wichtige Ressourcen. In den kommenden Jahren werden sich die Abgasvorschriften noch weiter verschärfen mit dem Ziel, die Motorabgase bis auf Null zu senken und sog. Equal Zero Emission Vehicles (EZEV) zu entwickeln. Dies ist vor allem deshalb von großer Bedeutung, weil in Ländern wie Indien und China ein enormer Nachholbedarf im Bereich der individuellen Mobilität besteht.

Die WEMEKA AG beliefert zahlreiche Automobilhersteller, die sich in einem sehr harten Konkurrenzkampf auf dem Automobilmarkt behaupten müssen. Dies führt zu ständigen Kosteneinsparungen in der Automobilindustrie, was wiederum Zulieferer wie die WEMEKA AG zu immer neuen Rationalisierungsmaßnahmen zwingt. In diesem Zusammenhang plant die WEMEKA AG

- die Eröffnung einer neuen Produktionsstätte in Osteuropa,
- den Kauf des südkoreanischen Unternehmens Rondai, das sich auf die Produktion keramischer Katalysatoren spezialisiert hat.

Zur Vorbereitung dieser Entscheidungen liegen u. a. die folgenden Unterlagen vor:

Anlage 1:
Weltautomarkt. Die Gewichte verschieben sich (Ergebnis der weltweiten Neuzulassungsprognose des Essener Marktforschungs- und Beratungsunternehmens R. L. Polk)

Anlage 2:
Industrielle Arbeitskosten im internationalen Vergleich (Christoph Schröder: Industrielle Arbeitskosten im Vergleich, in: iwTrends 3/2008, S. 6)

Aufgaben

1. **Erläutern Sie** die Vor- und Nachteile der Eröffnung einer Produktionsstätte in Osteuropa.
2. **Werten Sie** die Statistik der „Industriellen Arbeitskosten im internationalen Vergleich" (Anlage 2) **aus** und machen Sie einen begründeten **Vorschlag** für ein Land in Osteuropa.
3. **Beurteilen Sie** den Plan der WEMEKA AG, den südkoreanischen Katalysatorhersteller Rondai zu kaufen. **Gehen Sie** dabei auch auf die Ergebnisse der weltweiten Neuzulassungsprognose (Anlage 1) **ein.**
4. **Diskutieren Sie** die Behauptung, dass im Zuge der Globalisierung Industrieländern wie Deutschland die Arbeit ausgeht.

Anlage 1: Weltautomarkt: Die Gewichte verschieben sich – 06.03.2008

Die Zahl der weltweiten Neuzulassungen von Pkw und leichten Nutzfahrzeugen bis 3,5 Tonnen wird bis zum Jahr 2020 auf jährlich über 90 Millionen Einheiten steigen. Im Vergleich zum Millenniums-Jahr 2000 bedeutet dies ein Plus von rund 62 Prozent. Dies ist das Ergebnis der aktuellen weltweiten Neuzulassungsprognose des Essener Marktforschungs- und Beratungsunternehmens R. L. Polk. Bereits für das laufende Jahr 2008 rechnen die Essener Autoexperten mit einem Anstieg der weltweiten Pkw-Neuzulassungen auf über 70 Millionen Einheiten.

China und Indien geben den Takt vor

Den stärksten Beitrag an dieser Entwicklung leiste nach Polk Asien, das bis zum Jahr 2015 der absatzstärkste Kontinent für Pkw und leichte Nutzfahrzeuge werde. Für diesen Erdteil unterstellen die Polk-Analysten ein Wachstum von gut 160 Prozent. Bereits 2010 werde der asiatische Markt das Neuzulassungsniveau Europas erreichen und 2015 auch Amerika überholen. Dabei beziehe der asiatische Markt seine Wachstumsdynamik künftig nicht mehr aus Japan und Südkorea, die diese Region noch vor einigen Jahren dominierten. Haupttreiber der Entwicklung werde vielmehr China sein.

Fürs Reich der Mitte prognostizieren die Polk-Experten bis zum Jahr 2020 eine explosionsartige Zunahme der Pkw-Neuzulassungen von etwa 740 Prozent gegenüber dem Basisjahr 2000. Aber auch andere Länder dieser Region zeigten eine sprunghafte Erhöhung der automobilen Nachfrage. Nicht nur Indien, das bereits heute im Fokus des Interesses steht, werde mit einem Plus von über 400 Prozent dazu beitragen. Auch für andere asiatische Staaten wie Thailand, Malaysia, Indonesien und die Philippinen rechnen die Polk-Experten mit dreistelligen Zuwachsraten.

Westeuropäischer Markt ist gesättigt

In Europa werden die jährlichen Pkw-Neuzulassungen, laut Polk-Prognose, bis zum Jahr 2020 um rund 38 Prozent auf etwa 26 Millionen Fahrzeuge steigen (2000: 19 Millionen). Allerdings speise sich dieses Wachstum fast ausschließlich aus den Ländern Osteuropas, insbesondere aus Russland. Demnach werde der osteuropäische Automarkt in den kommenden zehn Jahren in Summe um etwa 235 Prozent wachsen, während das alte Westeuropa gerade mal ein Plus von acht Prozent erreiche.

Ein ähnliches Bild zeige sich auch auf dem amerikanischen Kontinent. Nach Einschätzung der Polk-Experten werde die NAFTA-Region mit den USA, Kanada und Mexiko ihr Absatzvolumen bis zum Jahr 2020 nur um etwa drei Prozent steigern. Dagegen erwarten sie für die Länder Zentral- und Südamerikas eine Zunahme der Neuzulassungen um bis zu 184 Prozent. Diese trügen damit auch den Löwenanteil am für den amerikanischen Markt prognostizierten Gesamtwachstum von rund 23 Prozent.

2020: USA vor China und Indien

Diese Nachfrageverschiebungen wirkten sich auch auf die Rangfolge der absatzstärksten Länder aus. Im Jahr 2000 hießen die Top Drei noch USA, Japan und Deutschland. Bereits 2003 wurde Deutschland von China überholt und heute liege das Reich der Mitte vor Japan auf Rang Zwei. Bis 2020 werde China die Nachfrage in den USA zwar nicht ganz erreichen können, aber mit über 15 Millionen verkauften Fahrzeugen 17 Prozent der weltweiten Neuzulassungen pro Jahr stellen. Mit Russland und Indien haben sich zwei weitere, sogenannte emerging markets, in den Blickpunkt der Fahrzeughersteller geschoben. Spätestens 2010 würden in Russland mehr Autos neu zugelassen als in Deutschland, so die Prognosen der Essener Marktforscher. Indien werde gegen Ende des nächsten Jahrzehnts diesem Beispiel folgen und das deutsche Neuzulassungsniveau überschreiten.

Neue Fahrzeugkonzepte sind nötig

Die Nachfrage in den großen Autonationen USA, Japan und Deutschland sei dagegen so gut wie gesättigt. Die Motorisierung in diesen Ländern sei weitgehend abgeschlossen, sodass neue Fahrzeuge hauptsächlich für den Ersatz alter Autos benötigt würden. Deshalb prognostizieren die Essener Marktforscher für diese Länder ein mehr oder weniger stagnierendes Neuzulassungsniveau. In den Wachstumsmärkten dagegen würden die meisten neuen Fahrzeuge zur Erstmotorisierung der Bevölkerung benötigt. Dies bedeute, dass das weltweite Nachfrageplus nicht mehr nur durch die bisher bekannten Fahrzeugkonzepte abgedeckt werden könne. Fahrzeuge, die der Erstmotorisierung dienen, müssten vor allem preisgünstig, robust und wirtschaftlich sein. „Jene Hersteller, die sich diesen neuen Herausforderungen bewusst sind und am besten darauf reagieren, werden von der weltweit wachsenden automobilen Nachfrage am stärksten profitieren", resümieren die Essener Marktforscher.

Quelle: repXpert Das Werkstatt Portal, unter: www.repexpert.com/lukas/user?method=changeLanguage&language=210&id=7581, abgerufen am 24.02.2012

Anlage 2: Struktur der industriellen Arbeitskosten im Jahr 2010

Arbeitskosten je Stunde[1] und Komponenten in EUR[2]

	Arbeitskosten	Darunter:			
		Bruttolöhne und -gehälter	Direktentgelt	Personal-zusatzkosten	Sozialauf-wendungen[3]
Norwegen	49,54	38,60	31,98	17,56	10,95
Schweiz	40,87	34,02	26,12	14,75	6,85
Belgien	39,31	25,77	19,79	19,53	13,55
Schweden	37,23	24,51	20,69	16,53	12,72
Dänemark	36,58	33,23	27,02	9,56	3,35
Westdeutschland[4]	**36,28**	**28,25**	**20,67**	**15,61**	**8,03**
Frankreich	34,55	22,90	17,55	17,00	11,65
Deutschland	**34,47**	**26,88**	**19,75**	**14,72**	**7,59**
Niederlande	32,01	24,91	18,17	13,84	7,10
Finnland	31,48	24,53	18,55	12,92	6,95
Österreich	31,13	22,77	16,19	14,94	8,36
Luxemburg	30,16	26,41	20,37	9,79	3,75
Irland	29,71	24,62	20,31	9,39	5,09
Kanada	26,16	20,70	18,14	8,02	5,46
Italien	25,82	18,24	14,50	11,32	7,59
Japan	25,49	20,09	14,33	11,16	5,40
USA	24,41	18,84	16,58	7,83	5,57
Vereinigtes Königreich	23,10	19,66	16,60	6,51	3,45
Ostdeutschland[4]	**21,76**	**17,26**	**13,33**	**8,43**	**4,50**
Spanien	21,58	15,79	11,65	9,93	5,79
Griechenland	16,57	12,63	9,55	7,02	3,94
Slowenien	13,44	11,29	7,65	5,78	2,15
Zypern	12,97	11,37	8,99	3,98	1,60
Malta	11,83	10,45	8,03	3,80	1,38
Portugal	10,45	8,33	6,33	4,12	2,13
Tschechische Republik	9,32	6,70	5,22	4,09	2,62
Slowakische Republik	8,00	5,86	4,68	3,32	2,14
Estland	7,15	5,22	4,57	2,58	1,93
Ungarn	7,02	5,23	3,88	3,15	1,80
Polen	6,46	5,35	4,35	2,11	1,11
Litauen	5,09	3,72	3,21	1,88	1,37
Lettland	4,98	3,95	3,41	1,58	1,04
Rumänien	3,50	2,67	2,31	1,18	0,82
Bulgarien	2,62	2,18	1,90	0,72	0,44

1 Arbeitnehmer (Arbeiter und Angestellte) je geleistete Stunde im Verarbeitenden Gewerbe. Zum Teil vorläufige Zahlen.
2 Umrechnung: Jahresdurchschnitt der amtlichen Devisenkurse.
3 Arbeitskosten abzuglich Bruttolöhne und -gehälter.
4 Westdeutschland einschließlich Berlin und Ostdeutschland ohne Berlin. Quellen: Deutsche Bundesbank; Eurostat; nationale Quellen; U.S. Department of Labor; Institut der deutschen Wirtschaft Köln

Musterklausur

LCDs im Vormarsch

Ausgangssituation

LCD-Bildschirme: Bestandteil unseres Alltags

In der einen oder anderen Form begegnen wir täglich Liquid Crystal Display- (kurz: LCD-)Bildschirmen. Dabei ist nicht nur der Flachbildschirm unseres Computers ein Flüssigkristallprodukt; LCDs finden in einem sehr breiten Spektrum ihre Anwendung: Die Digitaluhr am Handgelenk, der kleine Bildschirm unseres Mobiltelefons oder die Anzeige am Backofen: alles LCD-Bildschirme! Es vergeht praktisch kein Tag, an dem wir nicht auf einen davon blicken. Obwohl LCD-Bildschirme schon seit rund vierzig Jahren als Anzeige dienen, haben technologische Errungenschaften erst in diesem Jahrtausend dazu geführt, dass LCDs auch in höherwertigen Bildschirmen verwendet werden können. Dank der raumsparenden Abmessungen eines LCD-Monitors, seines niedrigeren Energieverbrauchs und der verbesserten Bildqualität (Auflösung, Farbe, Reaktionszeit) haben solche Bildschirme die konventionellen Computermonitore (Cathode Ray Tube, kurz: CRT) im Büro mittlerweile abgelöst. Der steigende Konkurrenzdruck und effizientere Produktionsverfahren vor allem koreanischer und taiwanesischer Produzenten haben zu stark fallenden Preisen geführt. LCD-Monitore sind nunmehr keine Luxusprodukte mehr, sondern in jedem Büro zu finden.

Boommarkt LCD-Fernseher

Noch vor wenigen Jahren schienen LCD-Bildschirme aus unterschiedlichsten technischen Gründen (zu enger Einblickwinkel, zu langsame Reaktionszeit, ungenaue Farbwiedergabe) für Fernsehgeräte ungeeignet zu sein. Doch mittlerweile gehören diese Probleme der Vergangenheit an. Fallende Preise haben dazu geführt, dass sich die LCD-Technologie auch bei Fernsehern mittlerweile durchgesetzt hat. Ein letzter Nachfrageschub ist durch die Fußballweltmeisterschaft 2010 in Deutschland ausgelöst worden. Mittlerweile werden als Weiterentwicklung der klassischen LCD-Fernsehgeräte immer mehr Bildschirme mit LED-Hintergrundbeleuchtung hergestellt und verkauft. Darüber hinaus versuchen die Hersteller bereits Fernsehgeräte mit neuester 3D-Technologie am Markt zu etablieren.

LED-Fernseher

LCD-Fernseher

Situation I Kosten- und Leistungsrechnung

Die Henrik Electronics AG mit Sitz in Siegburg befindet sich seit 1985 auf dem Markt für Fernsehgeräte. Das Unternehmen hat sich seit der Gründung zu einem weltweit tätigen Großunternehmen entwickelt. Neben Fernsehgeräten werden Computerbildschirme und seit Neuestem auch Notebooks hergestellt. Der Markt für Fernsehgeräte ist stark umkämpft. Es drängen immer mehr Anbieter aus dem asiatischen Raum auf den Markt, welche gegenüber der Henrik Electronic AG deutliche Kostenvorteile bei der Produktion von LCD- und LED-Fernsehgeräten aufweisen.

Aus der Abteilung Controlling der Henrik Electronics AG liegen für die vergangenen beiden Geschäftsjahre aus dem Unternehmensbereich „LCD-Fernsehgeräte“ folgende Daten vor:

	Geschäftsjahr 2009	Geschäftsjahr 2010
Produktionskapazität	12 000 Stück	12 000 Stück
Produzierte und verkaufte Menge	10 000 Stück	9 200 Stück
erzielte Umsatzerlöse	6 950 000,00 EUR	6 394 000,00 EUR
insgesamt angefallene Gesamtkosten	6 500 000,00 EUR	6 175 000,00 EUR
Betriebsergebnis	450 000,00 EUR	219 000,00 EUR

Auf Grundlage der sich verschlechternden Absatzsituation auf dem Markt für LCD-Fernseher schlägt die Geschäftsleitung der Henrik Electronics AG vor, den Preis für LCD-Fernseher kurzfristig auf 495,00 EUR zu senken, um so der Konkurrenz Marktanteile abzunehmen und die eigene Marktposition langfristig zu verbessern.

Aufgaben

1. **Ermitteln Sie**
   a) die fixen Gesamtkosten sowie die variablen Stückkosten (ein proportionaler Verlauf der variablen Kosten wird vorausgesetzt);
   b) den Stückdeckungsbeitrag vor und nach Durchführung der vorgeschlagenen Preissenkung;
   c) den Break-even-Point vor und nach Durchführung der vorgeschlagenen Preissenkung.
2. **Diskutieren Sie** vor dem Hintergrund der von Ihnen ermittelten Werte den Vorschlag der Geschäftsleitung.

Situation II Prozess der Leistungsverwertung

Die Henrik Electronics AG mit Sitz in Siegburg befindet sich seit 1985 auf dem Markt für Fernsehgeräte. Das Unternehmen hat sich seit Gründung zu einem weltweit tätigen Großunternehmen entwickelt. Neben Fernsehgeräten werden auch Computerbildschirme und seit Neuestem auch Notebooks hergestellt.

Besondere unternehmerische Anforderungen ergeben sich zurzeit auf dem Markt der LCD-Fernsehgeräte.

Aus dem Geschäftsbericht des Jahres 2010 der Henrik Electronics AG:

„Wir rechnen mit einem Preisverfall von 20 % bei LED-Fernsehern in naher Zukunft; nicht zuletzt auch deshalb, weil unsere Konkurrenten ihre Produktionen drastisch erhöht haben. Was das Wachstum angeht, so sehen wir die Geschäftslage in diesem Geschäftsfeld als sehr optimistisch an (siehe Abbildung 1). Die zunehmende Anzahl an Konkurrenten und unsere derzeitige Marktposition machen uns allerdings nachdenklich (siehe Abbildung 2). Aus diesem Grund haben wir uns entschlossen, die Fertigungskapazitäten zu erhöhen. Die Investitionen in neue Fertigungsanlagen garantieren neben der damit zu realisierenden erhöhten Produktionsmenge auch die Gewährleistung der neuesten Technik.

Wir werden die LCD-Fernseher jedoch nicht so schnell sterben lassen. Den guten Ruf unserer LCD-Fernseher – zumal im unteren Preissegment positioniert – werden wir noch ausnutzen, da unser Marktanteil in diesem Segment in den vergangenen Jahren bei durchschnittlich 22 % gelegen hat (siehe Abbildung 2). Insbesondere durch Variationen des bestehenden Produktprogramms in diesem Segment planen wir, unseren führenden Marktanteil mittelfristig mindestens zu halten."

Abbildung 1

Weltweite Absatzentwicklung LED-Geräte im jeweiligen Quartalsbereich (in 1 000 Stück), alle Anbieter

Gerät	Absatz Quartal 4/ Jahr 2008	Absatz Quartal 1/ Jahr 2009	Vergleich Quartal 4/ (2008)/ Quartal 1/ (2009)	Absatz Quartal 2/ Jahr 2009*	Vergleich Quartal 1/ (2009) Quartal 2/ (2009)	Absatz Quartal 3/ Jahr 2009*	Vergleich Quartal 2/ (2009)/ Quartal 3/ (2009)
LED-TV	1 399	2 090	49 %	3 207	53 %	4 977	55 %

* Prognose

Abbildung 2

Marktanteile LED-Fernseher 2010 in Prozent am Weltmarkt

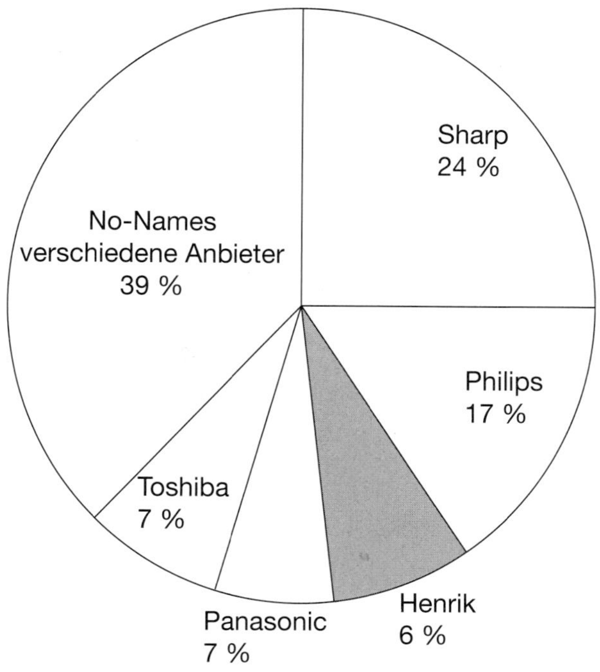

Marktanteile LCD-Fernseher 2010 in Prozent am Weltmarkt

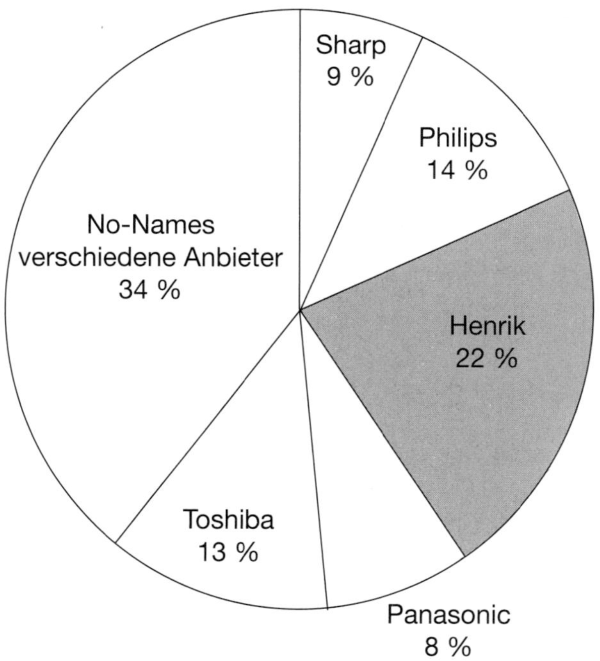

Bei einer Tagung der Abteilungsleiter der Henrik Electronics AG anlässlich der zukünftigen Unternehmensstrategie kommt es zu folgendem Dialog zwischen dem Leiter der Marketingabteilung (M) und dem Leiter der Produktion (P).

P: *Wir sollten die Fertigung der LCD-Fernseher einstellen. Die Kapazitäten, die dadurch frei werden, können wir besser zusätzlich für die LED-Produktion nutzen.*

M: *Da bin ich aber anderer Meinung. Ohne die LCD-Fernseher hätten wir die Investition in die neue Fertigungsanlage für die LED-Fernseher schon gar nicht bewerkstelligen können. Außerdem sind wir seit der Erweiterungsinvestition mit einer derzeitigen Produktionsmenge von 15 000 LED-Fernsehern nicht voll ausgelastet.*

Aufgaben

1. **Entwickeln Sie** basierend auf Ihren Ergebnissen der Portfolio-Analyse eine preispolitische und kommunikationspolitische Strategie für den LCD- und LED-Fernseher. Stellen Sie zusätzlich im Rahmen der kommunikationspolitischen Strategie für den LED-Fernseher einen Werbeplan auf.
2. **Beurteilen Sie** abschließend vor dem Hintergrund Ihrer Ausführungen zu der Aufgabe 1 die Aussagen der beiden Abteilungsleiter und **stellen Sie** selbst einen Vorschlag für eine zukünftige Vorgehensweise **auf.**

Situation III Offene Selbstfinanzierung

Die Henrik Electronics AG bereitet ihre Hauptversammlung vor. Hierzu muss der Vorstand einen Vorschlag zur Verwendung des Jahresüberschusses unter Berücksichtigung der gesetzlichen **(Anlage 1)** und der satzungsmäßigen Vorgaben **(Anlage 2)** erarbeiten. Die bilanzielle Situation vor Verwendung des Jahresüberschusses stellt sich wie folgt dar:

Auszug aus der Bilanz der Henrik Electronics AG des abgelaufenen Geschäftsjahres vor Verwendung des Jahresüberschusses:

Aktiva	Bilanz		Passiva
	A	**Eigenkapital**	
	I.	Grundkapital	60 000 000,00
	II.	Kapitalrücklage	3 000 000,00
	III.	Gewinnrücklage	
		1. gesetzliche Rücklage	1 000 000,00
		2. Rücklage für eigene Anteile	2 000 000,00
		3. satzungsmäßige Rücklagen	3 000 000,00
		4. andere Gewinnrücklagen	5 000 000,00
	IV.	Gewinnvortrag	75 000,00
	V.	Jahresüberschuss	3 400 000,00

Aufgaben

Sie sollen den Vorschlag des Vorstands der Henrik Electronics AG zur Verwendung des Jahresüberschusses vorbereiten.

1. **Prüfen Sie**, ob die Henrik Electronics AG zur Bildung einer gesetzlichen Rücklage verpflichtet ist. **Begründen Sie**.
2. **Erläutern Sie** den Unterschied zwischen Rücklagen und Rückstellungen.
3. **Ermitteln Sie** die Höhe des Bilanzgewinns und **stellen Sie** das Eigenkapital in der Bilanz der Henrik Electronics AG **dar**.
4. Die Henrik Electronics AG ist ein global agierendes Unternehmen und konkurriert international um Kapitalgeber. Der Vorstand verfolgt in seiner Unternehmenspolitik die Shareholder-Value-Strategie und möchte eine höhere Dividende ausschütten. Die Dividende im Vorjahr betrug für jede der ausgegebenen 2 000 000 Aktien 1,20 EUR.

Beurteilen Sie, welche Auswirkungen der Vorschlag des Vorstands für das Unternehmen (unter Berücksichtigung des Marktsegments), für die Anleger und die Mitarbeiter haben könnte, wenn der Bilanzgewinn vollständig ausgeschüttet wird, und **entwickeln Sie** eine Alternative.

Anlage 1 (Auszug aus dem AktG)

§ 150 AktG (Gesetzliche Rücklage)
(1) In der Bilanz des nach den §§ 242, 264 HGB aufzustellenden Jahresabschlusses ist eine gesetzliche Rücklage zu bilden.
(2) In diese ist der zwanzigste Teil des um einen Verlustvortrag aus dem Vorjahr geminderten Jahresüberschusses einzustellen, bis die gesetzliche Rücklage und die Kapitalrücklagen nach § 272 Abs. 2 Nr. 1 bis 3 HGB zusammen den zehnten oder den in der Satzung bestimmten höheren Teil des Grundkapitals erreichen.

Anlage 2 (Auszug aus der Satzung)

Satzung der Henrik Electronics AG vom 25.08.1987

(...)

§ 15 satzungsmäßige Rücklagen

Sofern es die Gewinnsituation zulässt, sind jährlich 15 % des um die gesetzliche Rücklage verminderten Jahresüberschusses in die satzungsmäßige Rücklage einzustellen.

Lösungshilfe zur 3. Aufgabe

Aktiva	Bilanz	Passiva
	A Eigenkapital I. Grundkapital II. Kapitalrücklage III. Gewinnrücklage 1. gesetzliche Rücklage 2. Rücklage für eigene Anteile 3. satzungsmäßige Rücklagen 4. andere Gewinnrücklagen IV. Bilanzgewinn	

Situation IV Globalisierung und Konzentrationsprozesse

Da die Henrik Electronics AG ein global agierendes Unternehmen ist, hat der Vorstand beschlossen, sich nicht allein auf den Standort Siegburg zu konzentrieren.
Angesichts der Lage auf dem Markt für LCD-Bildschirme denkt der Vorstand über Folgendes nach:

- Die Errichtung eines weiteren Produktionsstandortes für LCD-Fernseher in einem Land, das günstige Rahmenbedingungen bietet. Dabei wird der asiatische Raum favorisiert.
- Die Beteiligung an bzw. Übernahme von Unternehmen. Im Hinblick auf die Konkurrenz bietet sich ein Unternehmen an aus der Gruppe der No-Name-Anbieter (s. Abbildung 2 zu Situation II), das derzeit in wirtschaftlichen Schwierigkeiten steckt.

Aufgaben

1. **Diskutieren Sie** vor dem Hintergrund der Lage auf dem Markt für LCD-Bildschirme die Überlegung, Teile der Produktion in das fernöstliche Ausland zu verlegen.
2. **Erläutern Sie** die Vorteile eines Zusammenschlusses mit einem Konkurrenten aus der Gruppe der No-Name-Anbieter und **gehen Sie** in diesem Zusammenhang **ein** auf den Unterschied zwischen horizontaler und vertikaler Konzentration.

Jahrgang 12.1

1 Kosten- und Leistungsrechnung

1.1 Ausgangssituation Vollkostenrechnung

1.1.1 Anforderungsbereich I

1. Durch die Fibu (Rechnungskreis I) wird das Gesamtergebnis der Unternehmung (Gewinn bzw. Verlust) ermittelt, ohne dass Aussagen über einzelne Unternehmensbereiche oder Produkte möglich sind. Die KLR (Rechnungskreis II) orientiert sich am Sachziel des Unternehmens und ermittelt das Betriebsergebnis durch die Gegenüberstellung der betrieblichen Aufwendungen (Kosten) und betrieblichen Erträge (Leistungen).

2. Die Kostenartenrechnung filtert die außerordentlichen und betriebsfremden Aufwendungen und Erträge aus dem Ergebnis der Finanzbuchhaltung heraus, sodass die sachzielbezogenen Zweckaufwendungen und Leistungen übrig bleiben, die in gleicher Höhe in die KLR übernommen werden (Grundkosten).

3. Aufwendungen = der gesamte Werteverzehr einer Unternehmung für Güter und Dienstleistungen innerhalb einer Rechnungsperiode.
   Betriebsfremde Aufwendungen = Aufwendungen, die nicht durch die Verfolgung des Sachziels verursacht werden, sondern durch Nebenziele, wie z. B. Vermietung.
   Betriebliche außerordentliche Aufwendungen = Aufwendungen, die zwar durch die Verfolgung des Sachziels entstehen, aber untypisch sind, d. h. unregelmäßig oder vereinzelt anfallen, bzw. periodenfremd sind.
   Zweckaufwendungen = Aufwendungen, die zugleich Kosten sind, d. h. durch die Verfolgung des Sachziels entstehen.
   Grundkosten = aufwandsgleiche Kosten, d. h. Aufwand, der im Zusammenhang mit der Verfolgung des Sachziels entstanden ist und im selben Umfang Kosten darstellt.
   Zusatzkosten = Kosten, denen entweder nicht in voller Höhe der Kosten ein Aufwand entspricht (z. B. kalk. Abschreibungen, kalk. Zinsen) und die damit nur einen Teil der Grundkosten umfassen, oder denen kein Aufwand gegenübersteht (echte Zusatzkosten, z. B. kalk. Unternehmerlohn).

4. Einige betriebliche Aufwendungen werden nicht in gleicher Höhe in die KLR übernommen, weil sie dort das Betriebsergebnis des Abrechnungsjahres und damit Wirtschaftlichkeits- und Preisvergleiche verfälschen würden. Typische Anderskosten sind kalkulatorische Abschreibungen.
   Beispiel: *Eine Maschine hat einen Anschaffungswert von 100 000,00 EUR und eine betriebsgewöhnliche Nutzungsdauer von 8 Jahren. Sie wird linear mit 12 500,00 EUR bilanzmäßig abgeschrieben. Da ein Wiederbeschaffungswert von 110 000,00 EUR unterstellt wird, beträgt die kalkulatorische Abschreibung bei linearer Abschreibung 13 750,00 EUR.*
   Diesen Betrag wälzt das Unternehmen über seine Umsatzerlöse auf die Kunden ab und verfügt nach 8 Jahren über die finanziellen Mittel zur Wiederbeschaffung einer neuen Maschine.

5. Bilanzielle Abschreibungen
   - gehen vom Anschaffungs- oder Buchwert und einer betriebsgewöhnlichen Nutzungsdauer aus,
   - unterliegen handels- und steuerrechtlichen Bestimmungen,
   - dienen der Bewertung des Vermögens und beeinflussen die Aufwendungen in der GuV-Rechnung.

   Kalkulatorische Abschreibungen
   - gehen vom Wiederbeschaffungswert und der betriebsindividuellen Nutzungsdauer aus und dienen damit der Substanzerhaltung,
   - unterliegen keinen gesetzlichen Vorschriften,
   - dienen der Bewertung des tatsächlichen Werteverzehrs der betriebsnotwendigen Anlagen,
   - werden in die Preisberechnung der Produkte einbezogen.

6. Kalkulatorische Zinsen beziehen sich nicht auf das gesamte aufgenommene Fremdkapital, sondern nur auf das betriebsnotwendige Kapital, das wie folgt ermittelt wird:

	gesamtes Anlagevermögen
–	vermietetes, verpachtetes Anlagevermögen
=	betriebsnotwendiges Anlagevermögen
+	betriebsnotwendiges Umlaufvermögen
=	betriebsnotwendiges Vermögen
–	abzuziehendes Kapital (Kundenanzahlungen, Verbindl. a. LL)
=	betriebsnotwendiges Kapital

7. Einzelkosten können einzelnen Produkten genau zugeordnet werden; Gemeinkosten entstehen durch mehrere Produkte und können nur über besondere Umlageverfahren den einzelnen Produkten zugeordnet werden.

8. Die Kostenstellen können gebildet werden nach Verantwortungsbereichen oder betrieblichen Funktionen. Hauptfunktionsbereiche sind Material, Fertigung, Verwaltung, Vertrieb. Diese vier Bereiche können noch untergliedert werden in Fertigungshilfskostenstellen (z. B. Konstruktion), welche die Fertigungsgemeinkosten erfassen, die nur indirekt bei der Fertigung anfallen, und in Fertigungshauptkostenstellen (z. B. Fräserei, Sägerei), welche die Fertigungsgemeinkosten erfassen, die direkt bei der Fertigung anfallen. In größeren Betrieben werden allgemeine Hilfskostenstellen (z. B. Betriebsfeuerwehr) gebildet, deren Leistungen an mehrere Kostenstellen abgegeben werden.

9. Die Verteilung der Gemeinkosten auf die einzelnen Kostenstellen wird mithilfe des Betriebsabrechnungsbogens (BAB) durchgeführt. Dies erfolgt mithilfe von Belegen bzw. Zähleinrichtungen oder mithilfe von Schlüsseln. Während der einstufige BAB nur die Endkostenstellen Material, Fertigung, Verwaltung und Vertrieb umfasst, enthält der mehrstufige BAB noch mehrere Hilfskostenstellen, verrechnungstechnisch Vorkostenstellen.
Nach Aufteilung der Gemeinkosten auf die einzelnen Kostenstellen lassen sich die Gemeinkostenzuschlagssätze berechnen.

10. Mithilfe der Gemeinkostenzuschlagssätze werden die Gemeinkosten den einzelnen Kostenträgern prozentual zugerechnet. Kennt man z. B. die Höhe des Fertigungsmaterials, das bei einem Kostenträger in einer Kostenstelle anfällt, so werden die Materialgemeinkosten mithilfe des Materialgemeinkostenzuschlagssatzes zugerechnet.

11. a) Materialgemeinkostenzuschlagssatz: $\frac{\text{Materialgemeinkosten} \cdot 100}{\text{Fertigungsmaterial}}$

b) Verwaltungsgemeinkostenzuschlagssatz: $\frac{\text{Verwaltungsgemeinkosten} \cdot 100}{\text{Herstellkosten des Umsatzes}}$

12. Mithilfe der Kostenträgerstückrechnung werden die Einzelkosten und Gemeinkosten (über Zuschlagssätze) den einzelnen Kostenträgern, z. B. Erzeugnissen oder Aufträgen, zugeordnet.

13. Die Kostenträgerzeitrechnung hat die Aufgabe, die Kosten und Erlöse von Produkten bzw. Produktgruppen für bestimmte Zeiträume zu erfassen. Dadurch können der Erfolg sowie das Betriebsergebnis und die Wirtschaftlichkeit einzelner Produkte bzw. Produktgruppen ermittelt werden.
Die Kostenträgerstückrechnung bezeichnet man auch als Kalkulation. Mit ihrer Hilfe werden die Herstellkosten und die Selbstkosten, die durch eine Einheit eines Kostenträgers entstehen, ermittelt. Man unterscheidet die Vorkalkulation, die die Kosten zukünftiger Leistungen ermittelt, und die Nachkalkulation, die sich auf die tatsächlich entstandenen Kosten (Istkosten) stützt und damit eine Überprüfung der Vorkalkulation ermöglicht.

14.

	Fertigungsmaterial
+	Materialgemeinkosten
=	Materialkosten
+	Fertigungslöhne
+	Fertigungsgemeinkosten
+	Sondereinzelkosten der Fertigung
=	Fertigungskosten
=	Herstellkosten
+	Verwaltungsgemeinkosten
+	Vertriebsgemeinkosten
+	Sondereinzelkosten des Vertriebs
=	Selbstkosten

1.1.2 Anforderungsbereich II

1. s. Excel-Tabelle 1, siehe Seite 113

2. s. Excel-Tabelle 2, siehe Seite 114

3. s. Excel-Tabelle 3, siehe Seite 114

4.

Fertigungsmaterial		110,00 EUR
Materialgemeink.	13,73 %	15,10 EUR
Fertigungslöhne		85,00 EUR
Fertigungsgemeink.	75 %	63,75 EUR
Herstellkosten		273,85 EUR
Verwaltungsgemeink.	19,29 %	52,83 EUR
Vertriebsgemeink.	9,51%	26,04 EUR
Selbstkosten		352,72 EUR
Gewinn	(18 %)	63,49 EUR
Verkaufspreis		416,21 EUR

Excel-Tabelle 1

	A	B	C	D	E	F	G	H	I
1	**Ergebnistabelle**								
2		RK I		RK II					
3		Erfolgsrechnung der GB		Abgrenzungsbereich				KLR-Bereich	
4				Unternehmensbezogene		Betriebsbezogene		Betriebsergebnis-	
5				Abgrenzungsrechnung		Abgrenzungsrechnung		rechnung	
6	Konto-Nr.	Aufwendungen	Erträge	Aufwendungen	Erträge	Aufwendungen	Erträge	Kosten	Leistungen
7	5000		157 500,00						157 500,00
8	5710		2 250,00		2 250,00				
9	6000	60 000,00				22 500,00		37 500,00	
10	6020	15 000,00						15 000,00	
11	6160	37 500,00		37 500,00					
12	6200	30 000,00						30 000,00	
13	6300	18 000,00						18 000,00	
14	6500	15 000,00				15 000,00			
15	kalk. Abschreibungen						17 250,00	17 250,00	
16	6770	8 400,00				8 400,00			
17	6880	3 000,00		3 000,00					
18	6960	12 000,00				12 000,00			
19	7510	2 100,00		300,00		1 800,00			
20	kalk. Zinsen						4 800,00	4 800,00	
21		201 000,00	159 750,00	40 800,00	2 250,00	59 700,00	22 050,00	122 550,00	157 500,00
22			41 250,00		38 550,00		37 650,00	34 950,00	
23		201 000,00	201 000,00	40 800,00	40 800,00	59 700,00	59 700,00	157 500,00	157 500,00
24									
25	**Abstimmung der Ergebnisse**								
26	Betriebsergebnis						34 950,00		
27									
28	– Ergebnis aus betriebsbezogener Abgrenzungsrechnung						37 650,00		
29	– Ergebnis aus unternehmensbezogener Abgrenzungsrechnung						38 550,00		
30									
31									
32	**Gesamtergebnis im RK I**						41 250,00		

Excel-Tabelle 2

	A	B	C	D	E	F	G
1	**Betriebsabrechnungsbogen (BAB)**						
2	Kostenart	Betrag	Schlüssel	Kostenstellen			
3				Material	Fertigung	Verwaltung	Vertrieb
4	1	2	3	4	5	6	7
5							
6	6020	15 000,00	MES	1 500,00	12 000,00	300,00	1 200,00
7	6300	18 000,00	Gehaltslisten	300,00	1 800,00	15 300,00	600,00
8	kalk. AfA	17 250,00	Anlagekartei	1 350,00	7 500,00	1 950,00	6 450,00
9	kalk. Zinsen	4 800,00	5:3:2:2	2 000,00	1 200,00	800,00	800,00
10	Summe Gemeinkosten			5 150,00	22 500,00	18 350,00	9 050,00
11	Zuschlagsgrundlagen			37 500,00	30 000,00	95 150,00	95 150,00
12	Zuschlagssätze in %			13,73	75,00	19,285	9,511

Excel-Tabelle 3

	A	B	C	D	E	F	G	H
1			**MTB**					
2		%	Safari		Peak		Trail	
3			Stück	Summe	Stück	Summe	Stück	Summe
4	FM		100,00	15 000,00	158,00	14 220,00	120,00	8 280,00
5	MGK	13,73 %	13,73	2 059,95	21,70	1 952,83	16,48	1 137,09
6	FL		47,00	7 050,00	140,00	12 600,00	150,00	10 350,00
7	FGK	75,00 %	35,25	5 287,50	105,00	9 450,00	112,50	7 762,50
8			195,98	29 397,45	424,70	38 222,83	398,98	27 529,59
9	VwGK	19,29 %	37,80	5 669,30	81,90	7 371,27	76,94	5 309,08
10	VtGK	9,51 %	18,64	2 795,99	40,39	3 635,37	37,95	2 618,34
11			252,42	37 862,74	546,99	49 229,48	513,87	35 457,01
12								
13	Verkaufspreis		400,00	60 000,00	700,00	63 000,00	500,00	34 500,00
14			+ 147,58	↓	+ 153,01	↓	– 13,87	↓
15			*		*		*	
16			150		90		69	
17			+ 22 137,00	↓	+ 13 770,90	↓	– 957,03	↓
18				22 137,26		13 770,52		– 957,01
19								
20	**Betriebsergebnis:**		Grundlage: Stück		34 950,87			
21			Grundlage: Summe		34 950,77			
22								
23	* Differenzen ergeben sich durch Rundungen bei den Gemeinkostenzuschlagssätzen.							

1.1.3 Anforderungsbereich III

1. Obwohl das Unternehmen im vergangenen Monat einen Verlust von 41 250,00 EUR aufweist , liegt ein positives Betriebsergebnis von 34 950,00 EUR vor. Die Diskrepanz ist auf zwei Umstände zurückzuführen:
   - Im Bereich der nicht sachzielbezogenen Aufwendungen und Erträge liegt ein Minus von 38 550,00 EUR vor, das in erster Linie durch die hohen Aufwendungen für Fremdinstandsetzung an der vermieteten Lagerhalle entstanden ist sowie durch die Spende.
   - Im Bereich der betrieblichen außerordentlichen Aufwendungen und Erträge liegt ein Minus von 37 650,00 EUR vor, das insbesondere durch die Überschwemmung im Rohstofflager und die damit verbundenen Rechtsanwaltskosten sowie den Verlust aus dem Verkauf eines gebrauchten Pkw unter Buchwert entstanden ist.

   Das Betriebsergebnis dagegen ist positiv (34 950,00 EUR). Das zeigt, dass das Unternehmen bei der Verfolgung seines Sachziels, Produktion und Verkauf der Kinder-Mountainbikes, erfolgreich war.

2. Während die Modelle ‚Safari' und ‚Peak' jeweils einen Gewinn erwirtschaften, fährt das Modell ‚Trail' einen Verlust ein in Höhe von 13,87 EUR pro Stück. Dabei fällt auf, dass dieses Modell im Vergleich zu den beiden anderen MTBs relativ hohe Lohnkosten aufweist. Es ist also zu überlegen, ob und wie diese gesenkt werden können, z. B. durch kostengünstigere Fertigungsverfahren.
Nach entsprechender Analyse des Marktes kann auch eine Erhöhung des Verkaufspreises in Erwägung gezogen werden.
Sollten diese Maßnahmen nicht durchführbar sein, kann rein aus Sicht der VKR über eine Produktionseinstellung des Modells ‚Trail' nachgedacht werden. Allerdings ist dabei zu berücksichtigen, dass die danach anfallenden Fixkosten von den beiden übrigen Modellen mitgetragen werden müssen. Dies würde das Betriebsergebnis dieser beiden Modelle beeinträchtigen. Eine endgültige Entscheidung kann erst mithilfe der TKR (s. weitere Aufgaben) gefällt werden, da festgestellt werden sollte, ob Modell ‚Trail' einen positiven Deckungsbeitrag erwirtschaftet bzw. ob mit einer eventuellen Produktionseinstellung bereichsfixe Kosten abgebaut werden können.

1.2 Ausgangssituation Teilkostenrechnung

1.2.1 Anforderungsbereich I

1. Fixe Kosten verändern sich nicht bei Veränderungen des Beschäftigungsgrades. Sie bleiben in ihrer Gesamthöhe über einen Zeitraum und innerhalb einer bestimmten Kapazität gleich (Beispiele: Miete, Versicherungen, Gehälter, Heizungskosten, kalk. Abschreibungen).
Variable Kosten entstehen in Abhängigkeit von der Produktionsmenge bei Veränderungen der Beschäftigung (Beispiele: Fertigungsmaterial, Löhne).

2. Der Deckungsbeitrag ist der Beitrag zur Deckung der durch den Gesamtbetrieb verursachten fixen Kosten. Jeder Preis, der über den variablen Kosten liegt, erbringt einen Deckungsbeitrag:

   Verkaufspreis pro Einheit – variable Kosten pro Einheit = Deckungsbeitrag pro Einheit

3. Kurzfristige Preisuntergrenze sind die variablen Kosten. Auf den Ersatz der fixen Kosten kann kurzfristig verzichtet werden.
Langfristige Preisuntergrenze sind die gesamten Stückkosten, da langfristig nicht auf die Deckung der fixen Kosten verzichtet werden kann.

4. Der Break-even-Point (Gewinnschwelle) ist der Punkt, an dem die Gesamtkosten eines Produktes durch die Umsatzerlöse gedeckt sind. Wird dieser Punkt nicht erreicht, bewegt sich das Unternehmen in der Verlustzone; wird er überschritten, tritt es in die Gewinnzone ein.

5. Der relative Deckungsbeitrag, auch engpassbezogener Deckungsbeitrag genannt, ist der Deckungsbeitrag pro Zeiteinheit (Maschinenstunde, Maschinenminute).

6. Die TKR
   - rechnet nur die variablen Kosten, die durch das Produkt direkt verursacht werden, zu.
   - behandelt dadurch die in den Gemeinkosten enthaltenen Fixkosten nicht wie produktabhängige Kosten.
   - führt bei schwankender Beschäftigung nicht zu Fehleinschätzungen. In der VKR tritt bei rückläufiger Beschäftigung eine Unterdeckung ein wegen der höheren Fixkosten pro Stück. Bei steigender Beschäftigung kommt es durch die VKR zu einer Überdeckung.
   - erlaubt schnelle produktions- und absatzpolitische Entscheidungen, z. B. zu Preisuntergrenzen, Gewinnschwelle, Zusatzaufträgen, optimaler Maschinenbelegung.

7. a) derzeitige Produktions- und Absatzmenge: 68 % von 120 000,00 = 81 600,00

	EUR	
Erlöse	6 201 600,00	(76 · 81 600,00)
– variable Kosten	2 366 400,00	(29 · 81 600,00)
Deckungsbeitrag	3 835 200,00	
– fixe Kosten	3 000 000,00	
Betriebsergebnis	835 200,00	(Gewinn)

b) Preisuntergrenzen

langfristig: fixe und variable Kosten müssen gedeckt sein

(3 000 000,00 + 2 366 400,00) : 81 600,00 = 65,76 EUR

kurzfristig: nur die variablen Kosten sind gedeckt: 29,00 EUR

8. a) Selbstkosten pro Hose:

fixe Kosten pro Hose	40 000,00 : 1 600,00 =	25,00 EUR
+ variable Kosten		25,00 EUR
Selbstkosten pro Hose		50,00 EUR

b)

	EUR	
Erlöse	96 000,00	(60 · 1 600,00)
– variable Kosten	40 000,00	(25 · 1 600,00)
Deckungsbeitrag	56 000,00	
– fixe Kosten	40 000,00	
Betriebsergebnis	16 000,00	(Gewinn)

9. Deckungsbeiträge:

	EUR	
Modell 1	20 000,00	
Modell 2	22 500,00	
Modell 3	20 000,00	
Modell 4	30 000,00	
Summe Deckungsbeiträge	92 500,00	
– fixe Kosten	40 000,00	
Betriebsergebnis	52 500,00	(Gewinn)

1.2.2 Anforderungsbereich II

1. Mengenänderung Juli–August: 95 Paar

Kostenänderung Juli–August: 5 700,00 EUR (kann nur durch beschäftigungsabhängige variable Kosten entstanden sein)

also:

Variable Kosten pro Paar:	5 700,00 : 95	= 60,00 EUR
Fixe Kosten (am Beispiel Juli):	241 400,00 – (2 215 · 60)	= 108 500,00 EUR
Erlös pro Paar (am Beispiel Juli):	270 230,00 : 2 215	= 122,00 EUR

Break-even-Point: 122 x = 60 x + 108 500,00

x = 1 750,00

bzw. fixe Kosten : Deckungsbeitrag

108 500,00 : 62 = 1 750,00

Der BEP liegt bei 1 750 Paar.

2. neue Kapazitätsauslastung: 1 600 + 400 = 2 000 Stück (100 %)

		EUR
	Preis	42,50
–	variable Kosten	25,00
	positiver Deckungsbeitrag	17,50

Gewinn steigt um 17,50 · 400 = 7 000,00 EUR auf insgesamt 23 000,00 EUR

Der Zusatzauftrag sollte unter kostenrechnerischem Aspekt angenommen werden, da der Gewinn um 43,75 % gesteigert werden kann. Allerdings liegt die Auslastung bei 100 %, was u. U. zu erhöhten Kosten aufgrund der hohen Maschinenbelastung führen kann, und ohne Weiteres ist keine Erhöhung der Produktion möglich, falls z. B. andere Kunden höhere Aufträge erteilen. Ein weiteres Problem könnte u. U. die Tatsache bedeuten, dass das Versandhaus einen wesentlich günstigeren Preis erhält als andere Kunden.

3. relative Deckungsbeiträge pro Stunde:

	EUR	
Modell 1	75,00	(150 – 125) : 20 · 60
Modell 2	90,00	(270 – 225) : 30 · 60
Modell 3	120,00	(175 – 155) : 10 · 60
Modell 4	85,71	(200 – 150) : 35 · 60

Kapazität im Engpass: 45 000 Minuten

Reihenfolge:	1. Modell 3	10 000 Minuten
	2. Modell 2	15 000 Minuten
	3. Modell 4	20 000 Minuten Rest : 35 Min. = 571,43 Stück
	4. Modell 1	-----

Im Engpass können die Modelle 3 und 2 komplett gefertigt werden. Von Modell 4 können 571 Stück produziert werden. Modell 1 hat den geringsten relativen Deckungsbeitrag und fällt aus der Produktion.

1.2.3 Anforderungsbereich III

1. Bei 65,76 EUR (langfristige Preisuntergrenze) sind sowohl die variablen als auch die fixen Kosten gedeckt. Für den Trainingsanzug ‚Jörn‘ kann dieser Preis nur kurzfristig unterschritten werden bis 29,00 EUR, da dadurch auf eine Deckung der fixen Kosten ganz bzw. teilweise verzichtet wird. Dabei ist jedoch auf den kurzfristigen Liquiditätsbedarf zu achten, d. h., ausgabewirksame fixe Kosten müssen auch kurzfristig erzielt werden.
   Da es sich bei BRAUSE um ein Mehrproduktunternehmen handelt, richtet sich die Preisuntergrenze für dieses Produkt nach dem Erfolg anderer Produkte. Selbst wenn die variablen Kosten bei ‚Jörn‘ unterschritten werden, kann dies durch die positiven Deckungsbeiträge anderer Produkte ausgeglichen werden.

2. **Teilkostenrechnung**

		EUR	
	Verkaufspreis	49,90	
–	variable Kosten	– 38,50	(Fertigungsmat. + Fertigungslöhne + variable Gemeinkosten)
	Deckungsbeitrag	11,40	

Vollkostenrechnung

		EUR
	Fertigungsmaterial	12,00
+	Materialgemeinkostenzuschlag 15 %	1,80
	Fertigungslöhne	18,00
+	**Fertigungsgemeinkosten 120 %**	**21,60**
	Herstellkosten	53,40
+	Verwaltungsgemeinkosten 5 %	2,67
+	**Vertriebsgemeinkosten 25 %**	**13,35**
	Selbstkosten	69,42

Nach der VKR läge der geplante Einführungspreis von 49,90 EUR unter den kalkulierten Selbstkosten von 69,42 EUR und wäre daher abzulehnen. Die VKR trennt nicht zwischen fixen und variablen Kosten und damit werden die in den Gemeinkosten enthaltenen Fixkosten wie produktabhängige proportionale Kosten behandelt. Damit rechnet die VKR die fixen Kosten einzelnen Produkten zu, obwohl sie durch den Gesamtbetrieb verursacht werden.
Bei zunehmender Beschäftigung führt dies zu einer Kostenüberdeckung. Dadurch wird u. U. eine Preissenkung, die die Chance zu einer Markterweiterung bietet, nicht wahrgenommen.
Die TKR ermöglicht eine flexiblere, marktorientierte Preisgestaltung. Der anvisierte Preis von 49,90 EUR kann realisiert werden, denn das neue Produkt erzielt auch bei einem Preis von 49,90 EUR noch einen positiven Beitrag von 11,40 EUR zur Deckung der z. T. ohnehin anfallenden fixen Kosten. Nach erfolgreicher Einführung auf dem Markt kann dieser Beitrag durch eine Preiserhöhung noch gesteigert werden.

2 Übungsklausuren 12.1

Übungsklausur I

1. Bei der Auswertung der Kostenträgerzeitrechnung ist zu beachten, dass die produzierte Menge den entsprechenden Herstellkosten zugeordnet wird. Hinter den Herstellkosten der Produktion verbirgt sich die produzierte Menge. (Wäre in der Aufgabe die verkaufte Menge angegeben, müsste sie in Relation gesetzt werden zu den Herstellkosten des Umsatzes.) Die ermittelten Herstellkosten pro Stück werden in Bezug gesetzt zu den Herstellkosten des Umsatzes, um die Absatzmenge zu ermitteln. Diese wird benötigt, um die Selbstkosten pro Stück bzw. Umsatzerlöse pro Stück zu berechnen.

   Damit ergeben sich folgende Zahlen:

	MB 2000	MB 2001
Herstellk./St. = HK d. Prod. / Prod.menge	2 875 000 / 12 500 = 230,00 EUR	4 207 500 / 27 500 = 153,00 EUR
Absatzmenge = HK d. Ums. / HK/St.	2 685 250 / 230 = 11 675 Stück	4 247 280 / 153 = 27 760 Stück
Selbstk./St. = SK d. Ums. / Absatzmenge	3 222 300 / 11 675 = 276,00 EUR	5 096 736 / 27 760 = 183,60 EUR
Bestandsmehr./-mind.: Absatzmenge – Produktionsmenge	12 500 – 11 675 = 825 Stück (Mehrung)	27 500 – 27 760 = 260 Stück (Minderung)
Erlöse/St. = Umsatzerlöse / Absatzmenge	2 450 000 / 11 675 = 209,85 EUR	7 837 500 / 27 760 = 282,33 EUR
Erfolg[1] pro Stück gesamt	66,15 EUR Verlust 772 300,00 EUR Verlust	98,73 EUR Gewinn 2 740 764,00 EUR Gewinn
Wirtschaftlichkeitsfaktoren = Umsatzerlöse / Selbstkosten	2 450 000 / 3 222 300 = 0,76	7 837 500 / 5 096 736 = 1,54

Auswertung:
Der MB 2000 erwirtschaftet ein negatives Betriebsergebnis, die Wirtschaftlichkeit (0,76) ist kleiner als 1. Jedes MB 2000-Produkt erzielt einen Verlust von 66,15 EUR, da der Verkaufspreis nicht kostendeckend ist. Dadurch wird das Gesamtergebnis negativ beeinflusst.
Im Vergleich zum MB 2001 weist der MB 2000 relativ hohe Stückkosten auf. Dabei fällt insbesondere auf, dass die Lohnkosten und damit die gesamten Fertigungskosten mehr als doppelt so hoch sind wie beim MB 2001. Darüber hinaus könnte die Bestandsmehrung von 825 Stück beim MB 2000 Absatzschwierigkeiten vermuten lassen. Beim MB 2001 liegen außerordentlich hohe Materialkosten vor, was den Gewinn dieses Produktes negativ beeinflusst.

[1] Bei Erfolg pro Stück/gesamt kommt es zu Rundungsfehlern.

2. Um das Ergebnis des MB 2000 zu verbessern, sind folgende Konsequenzen denkbar:
   a) Die Lohnkosten müssen gesenkt werden. Dies kann durch die Umstellung auf ein weniger lohnintensives Produktionsverfahren erreicht werden, z. B. durch die Einführung einer automatisierten Fließfertigung. Durch die Umstellung auf Fließfertigung käme es aber unter Umständen zu einem Qualitätsverlust bei den Endprodukten, was sich negativ auf den erzielbaren Verkaufspreis auswirken würde. Darüber hinaus würde die Umstellung auf Fließfertigung dazu führen, dass Arbeitskräfte freigesetzt werden müssten. Eine Vermeidung dadurch bedingter Kündigungen könnte erreicht werden durch die Auflösung von Zeitarbeitsverträgen, die Nichtverlängerung befristeter Arbeitsverträge, die Umwandlung von Vollzeit- in Teilzeitstellen oder durch Vorruhestandsregelungen. Eine Alternative wäre die Verlagerung von Teilen der Produktion in sog. Billiglohnländer. Dabei wären jedoch die personellen Auswirkungen noch gravierender.
   b) Ebenfalls zur Kostensenkung beitragen könnte die Einführung von Akkordlöhnen. Hier würden die Mitarbeiter zwar einen höheren Stundenverdienst erzielen, dieser wäre aber abhängig von der Leistung, was zu einer Erhöhung der Produktivität und somit letztlich zu einer Verringerung der Stückkosten führen könnte. Allerdings ist zu bedenken, dass eine Voraussetzung für die Einführung eines Akkordlohnes die Beeinflussbarkeit des Arbeitstempos durch den Arbeitnehmer ist, welche bei einer Umstellung auf Fließfertigung (siehe Vorschlag 1) durch vorgegebene Taktzeiten nicht gegeben ist. Darüber hinaus würde ein Anreiz zu einem überhöhten Arbeitstempo geschaffen werden, was sich wiederum negativ auf die Qualität auswirkt. Daher wäre es vermutlich sinnvoller, Qualitätsprämien einzuführen, um möglichen negativen Auswirkungen auf die Produktqualität durch die Einführung von Fließfertigung entgegenzuwirken.
   c) Sofern die Bestandsmehrungen auf Absatzprobleme zurückzuführen sind, ist über verstärkte Marketingmaßnahmen zur Steigerung des Absatzes nachzudenken. Dies könnte geschehen über erhöhte Absatzwerbung oder mehr Sales Promotion.
   d) Eine Erhöhung des Verkaufspreises scheint kaum umsetzbar, da die Konkurrenz von Billiganbietern sehr groß ist und der MB 2000 aufgrund seiner vergleichsweise sehr geringen Materialkosten nicht zu den hochwertigeren Produkten der Magnus KG zählt.
   e) Sollten die o. a. Maßnahmen nicht greifen, ist aus der Sicht der VKR ggf. eine Produktelimination zur Verbesserung des Betriebsergebnisses unumgänglich. Dies führt allerdings zu einer Verkleinerung des Sortiments. Dadurch könnten bestimmte preisbewusstere Kunden wegfallen.

3. **Deckungsbeitragsrechnung**

	MB 2000 (in EUR)	MB 2001 (in EUR)	insgesamt (in EUR)
E	2 450 000,00	7 837 500,00	10 287 500,00
– K_v Einzelkosten	1 425 000,00	2 350 000,00	3 775 000,00
var. Gemeinkosten	600 915,00	804 286,80	1 405 201,80
BVÄ (var. K.)	– 72 012,50[1]	23 023,00	– 48 989,50
= DB	496 097,50	4 660 190,20	5 156 287,70
– K_f fixe Gemeink.			3 278 804,20
BVÄ (fixe K.)	– 133 737,50[1]	42 757,00	– 90 980,50
= Betriebsergebnis			1 968 464,00

Stückrechnung

	MB 2000	MB 2001
$e = \frac{E}{\text{Absatzmenge}}$	$\frac{2\,450\,000{,}00}{11\,675} = 209{,}85$ EUR	$\frac{7\,837\,500{,}00}{27\,760} = 282{,}33$ EUR
$db = \frac{DB}{\text{Absatzmenge}}$	$\frac{496\,097{,}50}{11\,675} = 42{,}49$ EUR	$\frac{4\,660\,190{,}20}{27\,760} = 167{,}87$ EUR
$k_v = \frac{K_v}{\text{Absatzmenge}}$	$\frac{1\,953\,902{,}50}{11\,675} = 167{,}36$ EUR	$\frac{3\,177\,309{,}80}{27\,760} = 114{,}46$ EUR

[1] Beachten Sie die Wirkung der Bestandsmehrungen bei der Deckungsbeitragsrechnung.

Beide Produkte erbringen einen positiven Deckungsbeitrag, sogar der MB 2000 mit 42,49 EUR. Um Marktanteile zu erobern, könnte z. B. der Preis von MB 2000 kurzfristig sogar auf 167,36 EUR gesenkt werden. Dann wären zwar nur die variablen Kosten gedeckt, allerdings würde durch MB 2001 immer noch ein Gesamtgewinn von 1 472 366,50 EUR erzielt.

Konsequenz:
Die Eliminierung von MB 2000 ist nicht sinnvoll, da fixe Kosten auch ohne die Produktion von MB 2000 anfallen und dann alleine von MB 2001 getragen werden müssten; es ist sogar eine vorübergehende weitere Preissenkung denkbar. Entscheidend ist der Gewinn des gesamten Sortiments. Einzelne Produkte, die Verlust bringen, sind u. U. sinnvoll, da sie Kunden anlocken.

VKR und TKR sind keine konkurrierenden, sondern sich ergänzende Systeme:

- TKR: Instrument für marktorientierte, kurzfristige Entscheidungen.
- VKR: langfristiges Konzept, d. h., langfristig ist eine Kostendeckung erforderlich.
  Nachteile:
  - Veränderungen der Beschäftigung werden nicht berücksichtigt.
  - Die fixen Bestandteile der Gemeinkosten werden durch die Gemeinkostenzuschlagssätze wie variable Kosten behandelt.

  Unentbehrlich z. B. für die Kalkulation bei Einzelfertigung

Übungsklausur II

1. vgl. Tabelle „Lösung zu Aufgabe 1", S. 122
2. vgl. Tabelle „Lösung zu Aufgabe 2", S. 123
3. vgl. Tabelle „Lösung zu Aufgabe 3", S. 123
4. Grundsätzlich unterscheidet man zwischen Preis-, Verbrauchs- und Beschäftigungsabweichungen. Preisabweichungen liegen z. B. dann vor, wenn Preissenkungen oder -erhöhungen bei Hilfs- und Betriebsstoffen zu einer niedrigeren bzw. höheren Belastung der Kostenstellen mit Gemeinkosten und somit zu veränderten Gemeinkostenzuschlagssätzen führen. Verbrauchsabweichungen entstehen, wenn geplante Materialverbrauchsmengen oder Fertigungszeiten über- oder unterschritten werden. Beschäftigungsabweichungen entstehen durch Schwankungen in der Ausbringungsmenge.

   Die Kostenunterdeckung in der Kostenstelle Material kann durch gestiegene Abschreibungen auf Lagerbestände oder die Lagereinrichtung entstanden sein. Auch gestiegene Gehälter für das im Lager tätige Personal oder höhere Versicherungskosten für das Lager bzw. die dort gelagerten Produkte können zu gestiegenen Materialgemeinkostensätzen geführt haben.

   Die Kostenüberdeckung in der Kostenstelle Fertigung kann auf gesunkene Preise für Hilfs- und Betriebsstoffe zurückzuführen sein. Auch ein geringerer Energieverbrauch im Bereich der Fertigung hätte niedrigere Fertigungsgemeinkosten zur Folge.

   Geringere Bearbeitungszeiten könnten in der Kostenstelle Verwaltung gesunkene Gehaltskosten verursacht haben, sodass auch dort die Gemeinkosten niedriger ausgefallen sind als geplant. Auch ein geringerer Verbrauch von Büromaterial würde zu sinkenden Verwaltungsgemeinkosten führen.

   Ähnlich verhält es sich in der Kostenstelle Vertrieb, wobei hier auch geringere Kosten für Marktforschung oder Werbemaßnahmen zu einem Rückgang der Vertriebsgemeinkosten geführt haben könnten.
5. Da die tatsächlich bei der Produktion angefallenen Gemeinkosten (IST-Kosten) niedriger waren als die im Vorfeld kalkulierten NORMAL-Kosten, fällt das Betriebsergebnis deutlich besser aus als das Umsatzergebnis. Sowohl für die Produktgruppe A als auch für die Produktgruppe B wurde insgesamt eine Kostenüberdeckung festgestellt, sodass die Regener GmbH letztlich einen höheren Gewinn erzielt als ursprünglich angenommen.

Lösungen zur Aufgabe 1: Kostenträgerzeitblatt (November 2011)								
	IST-Kostenrechnung				NORMAL-Kostenrechnung			
Kostenarten	Kosten insgesamt	IST-Zuschlagssätze	Kosten Produktgruppe A	Kosten Produktgruppe B	Kosten insgesamt	NORMAL-Zuschlagssätze	Kosten Produktgruppe A	Kosten Produktgruppe B
Material-Einzelkosten	85 000,00 EUR		52 000,00 EUR	33 000,00 EUR	85 000,00 EUR		52 000,00 EUR	33 000,00 EUR
Material-Gemeinkosten	9 640,00 EUR	11,34 %	5 896,80 EUR	3 742,20 EUR	9 350,00 EUR	11,00 %	5 720,00 EUR	3 630,00 EUR
Materialkosten	**94 640,00 EUR**		**57 896,80 EUR**	**36 742,20 EUR**	**94 350,00 EUR**		**57 720,00 EUR**	**36 630,00 EUR**
Fertigungs-Einzelkosten	46 000,00 EUR		34 000,00 EUR	12 000,00 EUR	46 000,00 EUR		34 000,00 EUR	12 000,00 EUR
Fertigungs-Gemeinkosten	88 450,00 EUR	192,28 %	65 375,20 EUR	23 073,60 EUR	92 000,00 EUR	200,00 %	68 000,00 EUR	24 000,00 EUR
Fertigungskosten	**134 450,00 EUR**		**99 375,20 EUR**	**35 073,60 EUR**	**138 000,00 EUR**		**102 000,00 EUR**	**36 000,00 EUR**
HK der Rechnungsperiode	**229 090,00 EUR**		**157 272,00 EUR**	**71 815,80 EUR**	**232 350,00 EUR**		**159 720,00 EUR**	**72 630,00 EUR**
	+ 10 000,00 EUR		+ 6 000,00 EUR	+ 4 000,00 EUR	+ 10 000,00 EUR		+ 6 000,00 EUR	+ 4 000,00 EUR
	– 14 000,00 EUR		– 9 000,00 EUR	– 5 000,00 EUR	– 14 000,00 EUR		– 9 000,00 EUR	– 5 000,00 EUR
HK der Produktion	**225 090,00 EUR**		**154 272,00 EUR**	**70 815,80 EUR**	**228 350,00 EUR**		**156 720,00 EUR**	**71 630,00 EUR**
	+ 16 000,00 EUR		+ 10 000,00 EUR	+ 6 000,00 EUR	16 000,00 EUR		+ 10 000,00 EUR	+ 6 000,00 EUR
	– 22 000,00 EUR		– 15 000,00 EUR	– 7 000,00 EUR	– 22 000,00 EUR		– 15 000,00 EUR	– 7 000,00 EUR
HK des Umsatzes	**219 090,00 EUR**		**149 272,00 EUR**	**69 815,80 EUR**	**222 350,00 EUR**		**151 720,00 EUR**	**70 630,00 EUR**
Verwaltungs-Gemeinkosten	21 340,00 EUR	9,74 %	14 539,09 EUR	6 800,06 EUR	22 235,00 EUR	10,00 %	15 172,00 EUR	7 063,00 EUR
Vertriebs-Gemeinkosten	8 480,00 EUR	3,87 %	5 776,83 EUR	2 701,87 EUR	13 341,00 EUR	6,00 %	9 103,20 EUR	4 237,80 EUR
SK des Umsatzes	**248 910,00 EUR**		**169 587,92 EUR**	**79 317,73 EUR**	**257 926,00 EUR**		**175 995,20 EUR**	**81 930,80 EUR**

Hinweis: Bei der IST-Kostenrechnung sind die Gemeinkosten insgesamt gegeben. Diese werden dann mithilfe der zu ermittelnden Gemeinkostenzuschlagssätze verurachungsgerecht auf die Produktgruppen verteilt. Bei der NORMAL-Kostenrechnung wurden im Rahmen der Vorkalkulation Gemeinkostenzuschlagssätze auf Basis von Werten der Vergangenheit festgelegt. Mithilfe dieser NORMAL-Kostenzuschlagssätze wurden die anfallenden und auf die Produktgruppen zu verteilenden Gemeinkosten prognostiziert. Durch den Vergleich der tatsächlich angefallenen Kosten (IST-Kosten) mit den im Vorfeld kalkulierten Kosten (NORMAL-Kosten) kann man erkennen, ob man mit zu hohen Kosten (Kostenüberdeckung) oder zu niedrigen Kosten (Kostenunterdeckung) kalkuliert hat.

Lösungen zur Aufgabe 2: (Kostenüber- bzw. -unterdeckung)

	Gemeinkosten insgesamt			Gemeinkosten der Produktgruppe A			Gemeinkosten der Produktgruppe B		
	IST	NORMAL	**Abweichung**	IST	NORMAL	**Abweichung**	IST	NORMAL	**Abweichung**
Material-Gemeinkosten	9 640,00 EUR	9 350,00 EUR	**–290,00 EUR**	5 896,80 EUR	5 720,00 EUR	**–176,80 EUR**	3 742,20 EUR	3 630,00 EUR	**–112,20 EUR**
Fertigungs-Gemeinkosten	88 450,00 EUR	92 000,00 EUR	**3 550,00 EUR**	65 375,20 EUR	68 000,00 EUR	**2 624,80 EUR**	23 073,60 EUR	24 000,00 EUR	**926,40 EUR**
Verwaltungs-Gemeinkosten	21 340,00 EUR	22 235,00 EUR	**895,00 EUR**	14 539,09 EUR	15 172,00 EUR	**632,91 EUR**	6 800,06 EUR	7 063,00 EUR	**262,94 EUR**
Vertriebs-Gemeinkosten	8 480,00 EUR	13 341,00 EUR	**4 861,00 EUR**	5 776,83 EUR	9 103,20 EUR	**3 326,37 EUR**	2 701,87 EUR	4 237,80 EUR	**1 535,93 EUR**
Summe	127 910,00 EUR	136 926,00 EUR	**9 016,00 EUR**	91 587,92 EUR	97 995,20 EUR	**6 470,28 EUR**	36 317,73 EUR	38 930,80 EUR	**2 613,07 EUR**

Während bei den Material-Gemeinkosten eine Kostenunterdeckung vorliegt (im Rahmen der Vorkalkulation wurden die Materialgemeinkosten zu niedrig angesetzt), liegt sowohl bei den Fertigungs- als auch bei den Verwaltungs- und Vertriebsgemeinkosten eine Kostenüberdeckung vor (die tatsächlich angefallenen Gemeinkosten waren niedriger als die im Vorfeld kalkulierten Gemeinkosten). Betrachtet man die Gesamtabweichung beider Produktgruppen, so stellt man fest, dass sowohl bei der Produktgruppe A als auch bei der Produktgruppe B die im Vorfeld kalkulierten Normalkosten zu hoch angesetzt waren, die tatsächlich angefallenen IST-Kosten also niedriger waren und somit eine Kostenüberdeckung vorliegt.

Lösungen zur Aufgabe 3: (Betriebs- und Umsatzergebnis)

	insgesamt	**Produktgruppe A**	**Produktgruppe B**
erzielte Umsatzerlöse	289 600,00 EUR	188 400,00 EUR	101 200,00 EUR
SK des Umsatzes (IST-Kostenrechnung)	248 910,00 EUR	169 587,20 EUR	79 317,73 EUR
Betriebsergebnis	**40 690,00 EUR**	**18 812,80 EUR**	**21 882,27 EUR**

	insgesamt	**Produktgruppe A**	**Produktgruppe B**
erzielte Umsatzerlöse	289 600,00 EUR	188 400,00 EUR	101 200,00 EUR
SK des Umsatzes (NORMAL-Kostenrechnung)	257 926,00 EUR	175 995,20 EUR	81 930,80 EUR
Umsatzergebnis	**31 674,00 EUR**	**12 404,80 EUR**	**19 269,20 EUR**

1 Preispolitik

1.1 Ausgangssituation Preispolitik

1.1.1 Anforderungsbereich I

1. Das Marktpotenzial gibt die maximale Aufnahmefähigkeit eines Marktes an. Dabei wird unterstellt, dass die denkbaren Käufer über das notwendige Einkommen verfügen und die notwendige Kaufbereitschaft aufweisen. Das Marktvolumen als Teilmenge des Marktpotenzials versucht die prognostizierbaren und realisierbaren Absatzmengen pro Periode in einem abgegrenzten Markt darzustellen. So ist für Handys denkbar, dass von der Zielgruppe Erwachsene 75 % bereit sind, ein Handy zu kaufen. Wenn nun die Gesamtzahl der Erwachsenen (Bevölkerungsstatistik) herangezogen wird, kann das Marktvolumen ermittelt werden. Der Marktanteil eines Unternehmens ist der prozentuale Anteil seines Umsatzes/ Absatzes am Marktvolumen.

2. Kosten-, nachfrage-, konkurrenzorientierte Preisbildung und Target Costing.

3. Preisdifferenzierung, Mischkalkulation, psychologische Preisfestsetzung, Hochpreispolitik, Niedrigpreispolitik, Marktabschöpfungspolitik, Markdurchdringungspolitik.

4.

958,60 EUR	(Selbstkosten pro Stück)
+ 383,44 EUR	(Gewinn)
= 1 342,04 EUR	(Barverkaufspreis)
+ 27,39 EUR	(Skonto)
= 1 369,43 EUR	(Zielverkaufspreis)
+ 152,16 EUR	(Sofortrabatt)
= 1 521,59 EUR	(Listenverkaufspreis)

5. Die Preisbildung eines Produktes ist grundsätzlich von den Kosten, der Konkurrenz und der Nachfrage abhängig. Eingeschlossen in diese Abhängigkeiten sind die betrieblichen Ziele. So erfordern Zielvorgaben wie z. B. die Erhöhung des Marktanteils oder das Zurückdrängen der Konkurrenz bestimmte preispolitische Verhaltenweisen. Daneben müssen auch gesetzliche Rahmenbedingungen beachtet werden. Bei der kostenorientierten Preisbildung spielen die Unterscheidungen zwischen fixen und variablen Kosten sowie zwischen Einzel- und Gemeinkosten eine wesentliche Rolle. Werden die fixen und variablen Kosten bei einem Einproduktunternehmen dem Kostenträger zugeordnet, ergeben sich hieraus die Selbstkosten. Die Preisgestaltung orientiert sich dann noch an den Gewinnerwartungen des Unternehmens. Bei Mehrproduktunternehmen ergibt sich die Schwierigkeit, dass Kostenarten für mehrere Produkte anfallen können. Diese Kosten werden Gemeinkosten genannt und über besondere Umlageverfahren den Produkten (Kostenträgern) zugerechnet. Bei den beschriebenen Möglichkeiten werden sämtliche Kosten in den Vordergrund der Überlegungen gestellt (Vollkostenrechnung). Konkurrenz- und Nachfrageaspekte können u. U. verloren gehen. Um in bestimmten Marktsituationen (z. B. Konkurrenzverdrängung, Einführung eines neuen Produktes) erfolgreich zu sein, bietet es sich an, die Preise im Rahmen der Teilkostenrechnung zu bilden. Hierbei spielen die variablen Kosten die überragende Rolle. Falls diese (und nur diese) erlöst werden, kann die Produktion (kurzfristig) aufrechterhalten werden. Man spricht von der (kurzfristigen) Preisuntergrenze. Liegt der Preis über den variablen Kosten, so ergibt sich ein Betrag, der dazu beiträgt, die verbliebenen Fixkosten teilweise zu decken (Deckungsbeitrag). Bei der konkurrenzorientierten Preispolitik kann man sich am Branchenpreis oder am Preisführer orientieren. Selbstverständlich dürfen die Kosten nicht außer Acht gelassen werden. Die nachfrageorientierte Preisbildung basiert auf den Preisvorstellungen potenzieller Kunden. Hier gilt es, mithilfe der Marktforschung den Produktnutzen der Käufer zu ermitteln, um hieran den Preis auszurichten.

6. Strategie der Marktdurchdringung; Strategie der Differenzierung.

1.1.2 Anforderungsbereich II

1. Unter dem Begriff Kontrahierungspolitik wird im Rahmen des absatzpolitischen Instrumentariums insbesondere die Preis- und Konditionenpolitik verstanden. Unternehmen haben zum Ziel, ihre Produkte zum „richtigen" Preis und zu den „richtigen" Verkaufsbedingungen (z. B. Rabatte, Zahlungsziele) zu verkaufen.

2. Mithilfe der Break-even-Analyse soll die Absatzmenge ermittelt werden, die erforderlich ist, um die angefallenen Kosten (Entwicklung, Produktion und Absatz) zu decken. Die Menge, bei der die Gesamtkosten durch die erwarteten Erlöse gedeckt werden, heißt Break-even-Point (Gewinnschwelle). Grundsätzlich gilt:

$$K_{fix} + k_v x = p \cdot x$$

(Gesamte Fixkosten + variable Kosten pro Stück entsprechen dem Umsatz des Break-even-Absatzes.)

Listenverkaufspreis: 1 521,59 EUR	Listenverkaufspreis: 1 520,00 EUR
$\text{Break-even-Absatz} = \frac{\text{Fixkosten}}{\text{Preis} - \text{variable}}$	$\text{Break-even-Absatz} = \frac{\text{Fixkosten}}{\text{Preis} - \text{variable Kosten}}$
$\frac{6\,150\,000{,}00 \text{ EUR}}{1\,521{,}59 \text{ EUR} - 548{,}60 \text{ EUR}} = 6\,320{,}72 \text{ Stück}$	$\frac{6\,150\,000{,}00 \text{ EUR}}{1\,520{,}00 \text{ EUR} - 548{,}60 \text{ EUR}} = 6\,331{,}07 \text{ Stück}$
Der Break-even-Absatz liegt demnach bei 6 321 Stück.	Der Break-even-Absatz liegt demnach bei 6 332 Stück.

3. Bei einer konkurrenzorientierten Preisbildung würde sich zum einen die Orientierung am Branchenpreis, zum anderen die Orientierung am Preisführer anbieten. Voraussetzung für die Orientierung am Branchenpreis ist, dass die Produkte weitgehend gleichartig sind und dass es mehrere oder viele Konkurrenten gibt. Diese Voraussetzungen sind auf dem betreffenden Markt gegeben. Damit ist grundsätzlich eine Orientierung am Branchenpreis möglich. Allerdings liegt dieser bei 1 410,00 EUR. Der ermittelte Listenverkaufspreis in Höhe von 1 521,59 EUR der Leon AG liegt um ca. 8 % höher. Unter der Annahme, dass der Branchenpreis bereits mögliche Rabatte beinhaltet, ist über die einkalkulierte Rabattgewährung eine Orientierung bereits zur Einführung des Produkts problemlos möglich. Bei einer Orientierung am Preisführer (hierfür liegen keine genauen Preisinformationen vor) müsste sich die Leon AG an dessen Preisen orientieren. Zumeist ist der Preisführer der Anbieter mit dem größten Marktanteil. In diesem Fall wäre dieser Anbieter die Firma Sharp. Unter der Annahme, dass die Leon AG Marktanteile im Segment der LCD-Fernseher hinzugewinnen will, bietet sich – wenn überhaupt – nur die Orientierung am Branchenpreis an, da die Leon AG in der Lage ist, diesen auch aus kostenrechnerischer Sicht anzubieten. Möglich ist auch eine Unterschreitung.

4. Grundlegende Annahme bei einer Preisdifferenzierungsstrategie ist die, dass ein gleiches Gut mit seinen gleichen Kosten zu unterschiedlichen Preisen angeboten werden kann. Hierzu werden die unterschiedlichen Präferenzen der Nachfrage für das Produkt sowie die unvollständige Markttransparenz ausgenutzt. Aus der Ausgangssituation lassen sich zunächst drei Ansatzpunkte für eine Differenzierungsstrategie herausfiltern. Erstens die unterschiedlich hohen Bruttomonatsverdienste zwischen Arbeitern und Angestellten, zweitens die unterschiedlich hohen Bruttomonatsverdienste der Arbeiter und Angestellten im früheren Bundesgebiet und in den neuen Ländern, drittens der unterschiedlich ausgeprägte Beratungsbedarf bei Arbeitern und Angestellten. Die unterschiedlich hohen Bruttomonatsverdienste von Arbeitern und Angestellten in Verbindung mit dem unterschiedlich ausgeprägten Beratungsbedarf können zu einer persönlichen Preisdifferenzierungsstrategie in Kombination mit einer sogenannten verdeckten Differenzierungsstrategie führen. Den unterschiedlichen Abnehmergruppen könnten unterschiedliche Preise angeboten werden. Aus den Kaufgewohnheiten ergibt sich, dass das Produkt (bei anderer Aufmachung) bei Discountern zu einem niedrigeren Preis für Arbeiter angeboten werden könnte, während es bei Einzelhändlern zu einem höheren Preis für Angestellte angeboten werden könnte. Eine weitere Differenzierungsstrategie bietet die Strategie der räumlichen Preisdifferenzierung. Die unterschiedlichen Einkommensverhältnisse in Ost und West könnten dazu auffordern, für diese Regionen auch unterschiedliche Preise zu setzen. Eine weitere Variante bietet die zeitliche Preisdifferenzierung. Hiernach wäre es möglich, dass in der Einführungsphase des Produkts ein niedrigerer Preis als in späteren Phasen gesetzt wird.

5. Bei der konkurrenzorientierten Preisbildung orientiert sich das Unternehmen unabhängig von der eigenen Kostenstruktur und den Nutzeneinschätzungen der Nachfrager an den Preisen der Konkurrenz (Orientierung am Branchenpreis, Orientierung am Preisführer). Beim Target Costing wird von einem erzielbaren Verkaufspreis am Markt ausgegangen. Hiervon wird der geplante Gewinn abgezogen. Es verbleiben die zulässigen Kosten des Produkts. Eine Gegenüberstellung der zulässigen Kosten mit den tatsächlich entstehenden Kosten bzw. bisher entstandenen Kosten führt häufig zu Differenzen. Durch geeignete Maßnahmen der Produktentwicklung (kostengünstigere Materialien, geänderte Produktionsverfahren) kann sich den zulässigen Kosten angenähert werden. Diese Kosten werden Target Costs genannt.

1.1.3 Anforderungsbereich III

1. Das Ziel „Ausbau der Marktanteile im Bereich LCD-Fernseher" kann mit den grundsätzlichen Preisstrategien Hochpreisstrategie, Niedrigpreisstrategie, Skimmingstrategie (Marktabschöpfungspolitik) und Penetrationsstrategie (Marktdurchdringungspolitik) erreicht werden. Jede Strategie für sich genommen muss mit anderen absatzpolitischen Maßnahmen abgestimmt werden und basiert letztendlich auch auf unternehmens- und produktpolitischen Grundsatzüberlegungen. So werden sich traditionsreiche Unternehmen, deren Zielgruppe Kunden mit hohen Ansprüchen sind, grundsätzlich nicht für eine Niedrigpreisstrategie entscheiden. Sollte sich die Leon AG für die Penetrationsstrategie entscheiden, würden besonders niedrige Einführungspreise verlangt werden, um so hohe Absatzmengen und große Marktanteile zu erreichen. Zu überlegen ist, wie hoch die kurzfristige Preisuntergrenze ist. Aus Überlegungen der Teilkostenrechnung ergibt sich, dass die variablen Kosten die kurzfristige Preisuntergrenze bilden. Diese belaufen sich auf 548,60 EUR (Selbstkosten pro Stück – fixe Kosten pro Stück). Da der Branchenpreis 1 410,00 EUR beträgt, könnte beispielsweise ein Einführungspreis in Höhe von 1 000,00 EUR realisiert werden. Es ergäbe sich dann ein Deckungsbeitrag (Erlös pro Stück – variable Kosten pro Stück) in Höhe von 451,40 EUR. Mit diesem Beitrag wird noch immer ein Gewinn pro Stück erreicht (451,40 EUR – 410,00 EUR). Die Break-even-Absatzmenge läge bei einer Menge von 13 625 Stück. Hierfür reichen auch die gegebenen Kapazitäten aus.

2. Die Unternehmensleitung schlägt einen Verkaufspreis in Höhe von 1 350,00 EUR vor. Dieser Preis liegt unterhalb des durchschnittlichen Branchenpreises in Höhe von 1 410,00 EUR. Allerdings sind bei diesem Preis sämtliche Verhandlungsspielräume wie Sofortrabatt und Skonto fast vollständig ausgereizt. Die Selbstkosten und der kalkulierte Gewinn werden jedoch auch bei diesem Preis vollständig gedeckt. Insofern kann dieser Preis durchaus realisiert werden. Allerdings sollte auf die verschiedenen Zielgruppen, z. B. Arbeiter und Angestellte mit ihren jeweiligen Preis- und damit verbundenen Nutzenvorstellungen, geachtet werden. Zudem muss auch bedacht werden, dass potenzielle Kunden relativ niedrige Preise mit minderwertiger Qualität verbinden könnten.

3. Die Hochpreispolitik zielt auf Abnehmer mit gehobenen Ansprüchen. Hierfür werden die Produkte als besonders exklusiv und qualitativ sehr hochwertig herausgestellt, um relativ hohe Marktpreise erzielen zu können. Die Niedrigpreispolitik hingegen zielt auf preisbewusste Abnehmer. Niedrige Preise sollen „die große Masse" erreichen. Die gleichzeitige Verfolgung beider Strategien ist möglich, jedoch müssen hierfür bestimmte Voraussetzungen bedacht werden. So sollten Kundengruppen mit unterschiedlich hohen (Preis-)Präferenzen für das Produkt existieren (hier gegeben: Arbeiter und Angestellte). Zudem sollte die Markttransparenz unvollkommen sein, damit die Nachfrage bei den höheren Preissetzungen erhalten bleibt. Hier kann das Unternehmen gestaltend eingreifen. So kann das gleiche Produkt mit anderer Aufmachung unterschiedliche Käuferschichten ansprechen. Dabei dürfen die Produkte aber grundsätzlich nicht mit dem gleichen Markennamen angeboten werden. Laut der Ausgangssituation spielen bei diesen Überlegungen auch die Vertriebskanäle eine Rolle. So könnten die billigeren Produkte über Discounter angeboten werden, die teureren über den Einzelhandel. Zudem sollten die Märkte voneinander zu trennen sein. Große Entfernungen verhindern Käufe des billigeren Produkts (z. B. wegen höherer Transportkosten). Kritisch ist allerdings anzumerken, dass mit zunehmender Nutzung des Internets die Markttransparenz immer größer wird und über den Weg von sogenannten Onlinebestellungen Preisdifferenzen ausgenutzt werden können. Umso mehr ist es erforderlich, dass auch im Bereich der räumlichen Preisdifferenzierung Produkte anders aufgemacht werden oder anders bezeichnet werden.

4. Anwendung des rechnerischen Verfahrens der Differenzkalkulation:

Selbstkosten	958,60 EUR	
Gewinn	99,80 EUR	10,41 %
Barverkaufspreis	1 058,40 EUR	
Skonto	21,60 EUR	2 %
Zielverkaufspreis	1 080,00 EUR	
Sofortrabatt	120,00 EUR	10 %
Listenverkaufspreis	1 200,00 EUR	

Um den anfangs kalkulierten Gewinn in Höhe von 383,44 EUR pro Stück erwirtschaften zu können, sollten zwei Möglichkeiten betrachtet werden. Einerseits muss im Rahmen der Konditionenpolitik darüber nachgedacht werden, ob die Rabattsätze gesenkt werden können. Jedoch, wenn keine Rabatte gewährt würden, ergäbe sich lediglich ein Gewinn in Höhe von 241,40 EUR. Aus diesem Grund muss über kostengünstigere Materialien, Produktionsverfahren und Vertriebswege nachgedacht werden.

2 Kommunikationspolitik

2.1 Ausgangssituation Kommunikationspolitik

2.1.1 Anforderungsbereich I

1. Der erreichte Umsatz lag in allen Jahren unter dem geplanten Umsatz. Außerdem lag der erreichte Umsatz in allen Jahren (mit Ausnahme von 2008) hinter den Umsatzzahlen der Branche zurück.
2. Lösungshinweis: Die Lösung der Aufgabe ist in einer geschlossenen Darstellung vorzunehmen. Eine stichwortartige Aufzählung reicht nicht aus.

Absatzwerbung	Verkaufsförderung	Public Relations	Sponsoring	Product-Placement
alle Maßnahmen, um Botschaften über menschliche Sinnesorgane an Personen heranzutragen, damit diese hinsichtlich ihrer Kaufentscheidungen beeinflusst werden	Analyse, Planung, Durchführung und Kontrolle zeitlich begrenzter Aktionen zur Umsatzsteigerung und zur Profilierung des Unternehmens im Markt	planmäßige, systematische und wirtschaftlich begründete Gestaltung der Beziehungen des Unternehmens zu den Interessenten des Unternehmens (Kunden, Lieferanten, Aktionäre, Arbeitnehmer, Gläubiger, Staat, Presse)	Förderung von Personen, Organisationen und Veranstaltungen durch die Bereitstellung von finanziellen Mitteln, Sachmitteln oder Dienstleistungen, um damit u. a. die Kommunikationsziele zu erreichen	Einbindung eines Produkts oder einer Dienstleistung durch visuelle und/oder verbale Platzierung in einem Spielfilm oder jeder anderen Programmform: Das Produkt oder die Dienstleistung wird als notwendige Requisite in den Handlungsablauf integriert.

3. ***Beispiel:***
   Wahrheit: Sachliche Information sollte im Vordergrund stehen, bestimmte Assoziationen können jedoch beim Kunden ebenfalls geweckt werden. Die Werbung darf allerdings keine Unwahrheiten enthalten.
   Wirtschaftlichkeit: Der durch die Werbung erwirtschaftete zusätzliche Ertrag muss höher sein als der Werbeaufwand. Kennziffern helfen bei der Erfolgskontrolle.
   Wirksamkeit: Über die exakte Bestimmung der Zielgruppe müssen Kaufwünsche verstärkt und die potenziellen Kunden letztlich zum Kauf geführt werden.
4. Mit Werbemitteln werden Werbebotschaften an die Konsumenten übermittelt. So können verschiedene Sinnesorgane eines Menschen einzeln oder zusammen genutzt werden.
   Beispiel:
   Kostproben; hier werden Geruchssinn, Geschmack und Optik zugleich angesprochen. Bei einem Plakat wird nur ein Sinnesorgan (Auge → Optik) angesprochen.
5. Der Inhalt eines Werbeplans besteht aus den Elementen Streukreis, Werbebotschaft, Werbemittel, Streuzeit, Streugebiet und Werbeintensität.
6. Bekanntmachung von Produkten, Wecken neuer Bedürfnisse, Imageförderung des Unternehmens, Unterstützung des Verkaufsaußendienstes

2.1.2 Anforderungsbereich II

1. Es sollte der Bekanntheitsgrad des Unternehmens sowie die Sympathie für Anbieter erhöht werden. Auch hierdurch sollte der Marktanteil gesteigert werden, denn die Umsätze des MP3-Players liegen unter den Erwartungen (Vorgaben) und den Branchenumsätzen in diesem Segment.
2. Bekanntheitsgrad des Unternehmens steigern: Öffentlichkeitsarbeit (Public Relations); Schaffung eines positiven Bildes bzw. Images des Unternehmens in der Öffentlichkeit: Dies kann erfolgen durch Sponsoring, Spenden, Engagements in Umweltschutzprojekten.
3. a) Das Produkt befindet sich zwischen Wachstums- und Reifephase. Dementsprechend zielt die Produktwerbung auf absatzerhöhende bzw. absatzsichernde Maßnahmen ab (z. B. Expansions- und Erinnerungswerbung). Zusätzlich kann der Versuch unternommen werden, Konkurrenten vom Markt fernzuhalten.

b) Bei der Produktwerbung steht das Produkt mit seinem Grund- und Zusatznutzen für den jeweiligen Kunden im Vordergrund. Bei der Imagewerbung steht das Unternehmen als Gesamtes im Mittelpunkt der Betrachtung. Dadurch soll eine dauerhafte Kundenbindung mittels Identifikation mit dem Unternehmen erfolgen.
Beispiele:
- Werbebotschaft Produktwerbung: Der MP3-Player xyz ist Dein idealer Begleiter: mobil, jung und frech.
- Werbebotschaft Imagewerbung: Leon AG, die Zukunft gehört uns!

2.1.3 Anforderungsbereich III

1.

Inhalte des Werbeplans	Erläuterung	Fallbezug
1. Streukreis	Personengruppe, die beworben werden soll	Bei der Leon AG als Produzentin von MP3-Playern ist primär das jüngere Publikum anzusprechen, im Alter zwischen 15–45 Jahren.
2. Werbebotschaft	**Was** soll durch Werbung mitgeteilt werden? **Wie** soll geworben werden? Botschaft?	Die Leon AG ist ein modernes, innovatives und flexibles Unternehmen. Durch Werbeanzeigen im Internet und entsprechenden Fachmagazinen. Die Leon AG ist genauso modern und erfolgreich wie ihre Kunden.
3. Werbemittel	Werbebotschaften werden über die Werbemittel übertragen.	Anzeigen im Internet Anzeigen in Fachzeitschriften Product-Placement in Kino oder Fernsehfilmen
4. Streuzeit	Beginn und Dauer der Werbung	Der Aufbau eines Images ist zeitintensiv. Wichtig ist dabei, dass die Botschaft über einen längeren Zeitraum die gleiche bleibt, damit sich die Kunden auch mit dem Unternehmen identifizieren.
5. Streugebiet	geografischer Raum der Werbung	Da keinerlei Anhaltspunkte in der Aufgabenstellung vorhanden sind, ist vom einheimischen Markt – Deutschland – auszugehen.
6. Werbeintensität	Häufigkeit der Werbung	am Anfang häufiger, danach stetige Werbung

2. Der Grundsatz der Wirksamkeit sagt aus, dass über die exakte Bestimmung der Zielgruppe Kaufwünsche verstärkt werden müssen. Im Rahmen einer Massenwerbung wird ein breiter, undifferenzierter Adressatenkreis angesprochen. Die hierin befindliche, vorher exakt zu definierende Zielgruppe wird nicht (immer) intensiv angesprochen. Dementsprechend kann der Streuverlust dieser Maßnahme hoch sein. Hinsichtlich eines beschränkten Werbebudgets müssen genaue Kosten-Nutzen-Analysen und entsprechende Controllingmaßnahmen durchgeführt werden

3 Übungsklausur 12.2

1. **Deutschland:** Nach anfänglichen Umsatzsteigerungen in den Jahren 2010 und 2011 tritt ab 2012 eine Verlangsamung des Wachstums ein. Die Prognose für 2013 sieht einen Rückgang vor.
   Frankreich: Die französische Umsatzentwicklung zeigt zweistellige Wachstumsraten, in der Tendenz jedoch rückgängig.
   China: Überproportionale Wachstumsraten in einem neuen Markt, jedoch in absoluten Zahlen gesehen auf vergleichsweise niedrigem Niveau.

2.

	Einführung	Wachstum	Reife	Sättigung	Degeneration
Preispolitik	hoher Einführungspreis wegen Marktneuheit oder niedriger Preis zur Marktdurchdringung (Gewinnung von Marktanteilen)	Preissenkung/ Preisanpassung wegen möglicher Konkurrenz (Nachahmer)	Preissenkung wegen zunehmender Konkurrenz	▬ weitere Preissenkungen sind notwendig ▬ Konkurrenz nimmt weiter zu	▬ Aktionspreise, Räumungspreise (weiterer Preisverfall) ▬ Deckungsbeiträge erwirtschaften
Kommunikationspolitik	Einführung des Produktes durch Bekanntmachung, hoher Werbeaufwand	Absatz durch unterstützende Werbemaßnahmen erhöhen, Werbeaufwand geringer als bei Einführung	Werbemaßnahmen zur Stabilisierung der Absatzzahlen, z. B. auf Individualität aufmerksam machen	neue Käufergruppen durch veränderte Werbebotschaften erschließen	Erinnerungswerbung

3. Im Gegensatz zur Einschätzung des Vorstandes erscheinen umfangreiche Marketingmaßnahmen angeraten. Nach den Jahren der Umsatzstagnation (2011, 2012) wird für das Jahr 2013 ein Umsatzrückgang prognostiziert. Dies könnte die Überlegung rechtfertigen, über eine aggressive Preispolitik verlorene Marktanteile zurückzugewinnen. Dementsprechend muss eine Orientierung an den Preisen vergleichbarer Produkte der Konkurrenz erfolgen. Dazu müssen umfangreiche Daten erhoben werden.

4. Die Kaufkraftstärke in Frankreich liegt geringfügig unter der in Deutschland, sodass in Abhängigkeit vom Image der Marke über eine geringe Preisreduktion nachgedacht werden kann, um ersten Konkurrenten den Einstieg in den Markt zu erschweren. Außerdem ist durch diese Maßnahme ein stärkerer Anstieg der Verkaufszahlen zu erwarten.
   In China ist das durchschnittliche Einkommen mit dem in Europa nicht zu vergleichen. Hier sollte der Preis den chinesischen Verhältnissen von Anfang an angepasst sein. Verluste auf diesem Markt können zunächst akzeptiert werden, um die Marke im Land zu etablieren.

5.

Art	Kostenorientierte Preisbildung	Nachfrageorientierte Preisbildung	Konkurrenzorientierte Preisbildung
Erläuterung	fixe und variable Kosten, die bei der Produkterstellung anfallen: Sie müssen gedeckt werden.	Orientierung an Nachfragegrößen Dabei sind die Preisvorstellungen der Kunden und Einkommensverhältnisse zu berücksichtigen.	möglich bei homogenen Produkten mögliche Formen: ▬ Orientierung am Branchenpreis ▬ Orientierung am Preisführer

6. $\frac{Kf(x)}{x} + kv(x) = \frac{12\,500\,000}{80\,000} + 80 = \mathbf{236{,}25\ EUR}$

7. Z. B. konkurrenzorientierte Preisbildung: Um direkt hohe Marktanteile zu erreichen, bietet sich ein Preis um 237,00 EUR an. Damit liegt man unterhalb der Preise der meisten Konkurrenten. Auch eine Orientierung am Preisführer ist denkbar. Hierzu sollte ein Preis knapp unterhalb von 268,00 EUR gewählt werden. Dann ist aber grundsätzlich im Rahmen der Kommunikationspolitik Wert auf die hohe Qualität und technische Ausstattung zu legen.

8. Zum Beispiel 260,00 EUR

   $260x = 12\,500\,000 + 80x$
   $\leftrightarrow x = 69\,445$ Stück

9. Schülerindividuelle Lösung

10. Exemplarische Lösung:

Elemente des Werbeplans	
Streukreis	Identifizierung potenzieller Käufer mithilfe von Marktforschungsmethoden
Streuzeit	Planung von Beginn und Dauer der Werbemaßnahmen
Streugebiet	geografischer Raum, in dem das Produkt beworben werden soll

Anwendung auf das Handy Connection Flex:
- Bei dem Handy Connection Flex handelt es sich um ein Business-Handy, was auf dem neuesten Stand der Technik und Softwareentwicklung ist und umfangreiche Möglichkeiten u. a. für Geschäftsreisende bietet, z. B. Sprachaufzeichnungen, Bluetooth-Schnittstelle etc.
- Dementsprechend können als Streukreis (Zielgruppe) Geschäftsleute identifiziert werden.
- Ein geeigneter Beginn der Werbemaßnahme könnte der Auftakt einer Fachmesse (z. B. Cebit) sein. Falls die Fachmesse im Herbst stattfindet, könnten die kommunikationspolitischen Maßnahmen hinsichtlich des Handys Connection Flex z. B. bis Weihnachten andauern.
- Da es sich bei dem Handy um ein Business-Handy handelt und viele Fachmessen internationalen Charakter besitzen, bietet sich als Streugebiet zunächst eine europaweite Werbung an.

Gliederungsvorschlag:

Einleitung

Problem beschreiben: Kernaussagen des Vorstandes (weiterer Absatzzuwachs für das Handy Connection Plus in Deutschland; keine weiteren Marketingmaßnahmen erforderlich)

Marktbeschreibung

Connection Plus in Deutschland befindet sich im Sättigungsbereich; Prognose für 2013 abnehmend. Notwendigkeit für Marketingmaßnahmen entgegen der Vorstandsaussage begründet.

Marketingmaßnahmen

Preispolitik
Das Handy Connection Plus soll verbilligt angeboten werden, ohne dass es ein Billighandy darstellt (Imagewahrung). Eventuell werden Verluste auf dem Heimatmarkt durch Gewinne insbesondere in Frankreich aufgefangen (Mischkalkulation).

Produktpolitik
Produktvariation durch Zusatzfunktionen und/oder Zusatznutzen

Fazit

Jahrgang 13.1

1 Finanzierungsarten

2 Langfristige und kurzfristige Finanzierung von Investitionen und Sicherheiten im Rahmen der Fremdfinanzierung

2.1 Ausgangssituation langfristige Fremdfinanzierung von Investitionen

2.1.1 Anforderungsbereich I

1. Innen- und Außenfinanzierung, Fremd-, Einlagen- und Selbstfinanzierung durch Kapitalfreisetzung

2. Bei einer Außenfinanzierung werden einem Unternehmen Finanzmittel von außen durch die Eigentümer (z. B. Erhöhung des Eigenkapitals durch Ausgabe neuer Aktien bzw. zusätzliche Einlagen der Gesellschafter) oder durch Kreditgeber (z. B. Aufnahme von Fremdkapital durch Bankkredite oder Ausgabe von Unternehmensanleihen) zugeführt.
Im Rahmen einer Innenfinanzierung stammen die finanziellen Mittel zur Finanzierung von Investitionen durch nicht ausgeschüttete Gewinne, Auflösung von Rückstellungen, Abschreibungen oder den Verkauf von Anlagegegenständen über ihrem Buchwert.

3. Offene Selbstfinanzierung (Gewinnthesaurierung) und stille Selbstfinanzierung (Auflösung stiller Rücklagen)

4. - Ausgabe von Schuldverschreibungen/Anleihen
   - Kredite/Bankdarlehen
   - Leasing

5.

Vorteile	Nachteile
- Kapital wird nur befristet zur Verfügung gestellt. - Feste Zinsvereinbarungen garantieren konstanten Ertrag auch in Zinsänderungsphasen. - keine Verlustbeteiligung - Im Falle einer Insolvenz hat der Kreditgeber Ansprüche aus der Insolvenzmasse, ggf. auch ein Aus- bzw. Absonderungsrecht.	- kein Mitspracherecht im Unternehmen - keine Gewinnbeteiligung in guten Geschäftsjahren

Kreditgeber		Kreditnehmer	
Vorteile	Nachteile	Vorteile	Nachteile
- Kapital wird nur befristet zur Verfügung gestellt. - Feste Zinsvereinbarungen garantieren konstanten Ertrag auch in Zinsänderungsphasen. - keine Verlustbeteiligung - Im Falle einer Insolvenz hat der Kreditgeber Ansprüche aus der Insolvenzmasse, ggf. auch ein Aus- bzw. Absonderungsrecht.	- kein Mitspracherecht im Unternehmen - keine Gewinnbeteiligung in guten Geschäftsjahren	- konstanter, kalkulierbarer Zinsaufwand - keine Machtteilung durch direkte Beteiligung der Kapitalgeber - Schonung des Eigenkapitals	- Zinsaufwand auch in ertragsschwachen Zeiten - Verschlechterung der Kreditwürdigkeit - Rückzahlung des geliehenen Kapitals - evtl. Stellung von Sicherheiten

6.

Eigenfinanzierung	Fremdfinanzierung
▬ Kapital steht dem Unternehmen unbegrenzt zur Verfügung. ▬ Gewinnbeteiligung ▬ Bilanzposition: Eigenkapital	▬ Kapital muss nach Ablauf der Vertragslaufzeit zurückgezahlt werden. ▬ Zins- und ggf. Tilgungszahlungen ▬ Bilanzposition: langfristiges Fremdkapital

7. a) Laufzeit:
kurzfristige Kredite (Laufzeit von 6 Monaten bis zu einem Jahr)
mittelfristige Kredite (Laufzeit von 1 bis 5 Jahren)
langfristige Kredite (Laufzeit von über 5 Jahren)
Anmerkung: In der Literatur können die in Jahren ausgedrückten Laufzeiten voneinander abweichen. Die genannten Zeiträume dienen nur als Orientierung.

b) Tilgung:
Festdarlehen (Tilgung in einer Summe am Ende der Laufzeit), Abzahlungsdarlehen (Tilgung jährlich in einer immer gleich hohen Summe über die gesamte Laufzeit) und Annuitätendarlehen.

8.

Jahr	Restdarlehen in EUR	Zinsen in EUR	Tilgung in EUR	Gesamtbetrag in EUR
1	150 000,00	9 750,00	0,00	9 750,00
2	150 000,00	9 750,00	0,00	9 750,00
3	150 000,00	9 750,00	0,00	9 750,00
4	150 000,00	9 750,00	150 000,00	159 750,00
Gesamtsumme		39 000,00		189 000,00

Die Kosten des Kredites betragen über die Gesamtlaufzeit betrachtet 39 000,00 EUR (Zinsen).

9. a)

Jahr	Restdarlehen in EUR	Zinsen in EUR	Tilgung in EUR	Gesamtbetrag in EUR
1	150 000,00	8 625,00	25 000,00	33 625,00
2	125 000,00	7 187,50	25 000,00	32 187,50
3	100 000,00	5 750,00	25 000,00	30 750,00
4	75 000,00	4 312,50	25 000,00	29 312,50
5	50 000,00	2 875,00	25 000,00	27 875,00
6	25 000,00	1 437,50	25 000,00	26 437,50
		30 187,50		

30 187,50 EUR	Zinskosten über die Gesamtlaufzeit
2 250,00 EUR	einmalige Bearbeitungsgebühr
32 437,50 EUR	Gesamtkosten

b)

$$\text{eff. Zinssatz} = \frac{\text{durchschnittliche Kreditkosten}}{\text{durchschnittl. Kreditbetrag*}} \cdot 100$$

$$\frac{32\,437{,}50 \text{ EUR} : 6 \text{ Jahre}}{87\,500} \cdot 100$$

$$\text{effektiver Zinssatz} = 6{,}17857\,\% \approx 6{,}18\,\%$$

*Nebenrechnung:

$$\text{durchschnittl. Kreditbetrag} = \frac{\text{Kredit} + \text{Restrate}}{2} = \frac{150\,000 + 25\,000}{2} = 87\,500$$

10.

Aktiva	Bilanz Passiva
I Anlagevermögen	I Eigenkapital
II Umlaufvermögen **Bankguthaben +**	II Fremdkapital **langfristige Fremdfinanzierung +**

11. dingliche Sicherheit: Die Sicherheit liegt im Wert einer Sache/Gegenstand, z. B. Immobilie (Grundschuld), Kfz (Sicherungsübereignung).

    persönliche Sicherheit: Die Sicherheit liegt in der Bonität einer Person, z. B. Bürgschaft.

12.

Grundschuld	Sicherungsübereignung
Bei einer Grundschuld handelt es sich um ein Pfandrecht an einem Grundstück. Dieses Pfandrecht wird in das Grundbuch (Abt. III) eingetragen.	Übertragung von Eigentumsrechten an einer beweglichen Sache durch Einigung und Besitzkonstitut zur Absicherung eines Darlehens

13.

Sicherungsübereignung		
	Vorteile	**Nachteile**
aus Sicht der Bank	– einfache und kostengünstige Form der Sicherheitenstellung	– Gefahr der Doppelübereignung des Sicherungsgutes – Gefahr eines Preisverfalls oder Verwertungsschwierigkeiten – Gefahr, dass das Sicherungsgut zerstört, gestohlen oder beschädigt wird – Gefahr, dass das Sicherungsgut in anderer Weise für Kredite haftet, z. B. durch ein gesetzliches Pfandrecht oder Grundpfandrecht
aus Sicht des Kunden	– einfache und unkomplizierte Stellung von Kreditsicherheiten – Das Sicherungsgut bleibt im Besitz des Kunden und er kann damit weiter arbeiten.	– Erfüllung von hohen Auflagen wie z. B. Versicherungen, Wartung etc. – ständige Überwachung durch die Bank – Das Sicherungsgut kann nicht mehr als Sicherheit für andere Kredite dienen.

2.1.2 Anforderungsbereich II

1. Es handelt sich hierbei um eine Buchgrundschuld in Form einer Sicherungsgrundschuld (= Fremdgrundschuld).
2. Bei einer Außenfinanzierung wird dem Unternehmen Geld von den Eigentümern bzw. durch Kreditgeber zur Verfügung gestellt. Dies kann entweder in Form einer Einlagen- bzw. Beteiligungsfinanzierung oder einer Fremdfinanzierung erfolgen.
   Bei einer Einlagen- bzw. Beteiligungsfinanzierung wird einem Unternehmen durch die Aufnahme neuer Eigentümer oder durch den Zuschuss von frischem Geld durch die Alteigentümer das Eigenkapital zur Verfügung gestellt.
   Im Gegensatz dazu wird bei einer Fremdfinanzierung ein Kredit aufgenommen. Das Fremdkapital kann von Banken u. a. im Rahmen eines Darlehensvertrages zur Verfügung gestellt werden oder durch die Ausgabe (Emission) von Unternehmensanleihen (Industrieobligationen).

3. a) Der effektive Zinssatz der Angebote 1 und 2 ist gleich, dafür unterscheiden sie sich im Nominalzinssatz und in der Höhe des Auszahlungsbetrages. Die Differenz zwischen dem vollständigen Auszahlungsbetrag (100 % des Darlehens) und dem tatsächlichen Auszahlungsbetrag (hier: 98,75 %) bezeichnet man als Damnum, auch Auszahlungsdisagio.
   b) Hierbei handelt es sich um eine Art der Zinsvorauszahlung. Dadurch wird die laufende Verzinsung gesenkt. Das Damnum gilt aber als Darlehenskosten und ist somit in der Berechnung des Effektivzinssatzes miteinzubeziehen.
   c) Geringere monatl. Belastungen führen zur Schonung der Liquidität, längere steuerliche Berücksichtigung.
   Nachteil: Höhere Gesamtkosten aufgrund der Dauer der Finanzierung

4. a) Die Windpark AG bleibt nach der Sicherungsübereignung des Lkw unmittelbare Besitzerin des Schwertransporters und darf ihn uneingeschränkt einsetzen. Außerdem ist sie wirtschaftliche Eigentümerin. Sie darf das Fahrzeug bilanzieren und abschreiben.
   Die Bank ist fiduziarische (= treuhänderische) Eigentümerin. Sie besitzt ein eingeschränktes Verwertungsrecht. Das Fahrzeug darf erst dann von der Bank veräußert werden, wenn die Nordex AG den Kredit nicht zurückzahlt. Sollte aus dem Verkauf mehr als die Kreditsumme erlöst werden, steht der Restbetrag der Windpark AG zu.
   Im Falle einer Insolvenz der Windpark AG hat die Bank das Recht, das Sicherungsgut aus der Insolvenzmasse herauszuholen, um es dann anderweitig verwerten zu lassen (= Absonderungsrecht).
   b) Durch die Vereinbarung eines Besitzkonstituts in Form eines Leihvertrages zwischen Bank und Kunde bleibt die Windpark AG weiterhin auch Halterin des Transporters und Nutzerin.
   c) Die Bank kann das Fahrzeug im Sinne einer Zwangsversteigerung nur unter der Bedingung verwerten, wenn die Windpark AG ihren Kredit nicht zurückzahlt. Eine beliebige Zugriffsmöglichkeit der Bank auf das Fahrzeug, auch wenn es zur Rückzahlung anderer Kredite dienen sollte, besteht daher nicht.

5. Im Rahmen der gewöhnlichen Bürgschaft hat der Bürge die Möglichkeit einer „Einrede der Vorausklage". Sollte der Kreditnehmer seiner Bank die Raten oder den Kredit nicht zurückzahlen können, so kann die Bank den Bürgen erst dann zur Zahlung der Schuld heranziehen, wenn sie nachweisen kann, dass eine Zwangsvollstreckung in das bewegliche Vermögen des Kreditnehmers ohne Erfolg geblieben ist.
   Bei einer selbstschuldnerischen Bürgschaft verzichtet der Bürge auf diese „Einrede der Vorausklage". Er haftet also wie der Bürge selbst und ist zur sofortigen Zahlung verpflichtet. Kaufleute haften grundsätzlich selbstschuldnerisch, wenn die Bürgschaft für sie ein Handelsgeschäft ist.

6. Eine Grundschuld ist ein Pfandrecht an einem Grundstück. Es handelt sich dabei um eine abstrakte Form einer Sicherheit. Sie besteht auch dann, wenn gar keine Forderung vorhanden ist.
   Eine Hypothek ist ebenfalls ein Pfandrecht an einem Grundstück. Allerdings dient sie zur Sicherung einer ganz bestimmten Forderung. Die Höhe der Hypothek ist somit auch abhängig von der Höhe der Forderung.

7. Im Falle einer Zwangsversteigerung werden immer diejenigen Grundpfandrechte, die in der Abteilung III eines Grundbuches eingetragen sind, als Erstes bedient, die als Erstes eingetragen sind. Die Reihenfolge der Rückzahlung hängt somit von der Reihenfolge der Eintragung im Grundbuch ab. Die erstrangig eingetragene Grundschuld wird auch als Erstes bedient.

2.1.3 Anforderungsbereich III

1.

Annuitätendarlehen 1		Annuitätendarlehen 2	
Pro	**Kontra**	**Pro**	**Kontra**
Langfristige Zinsbindung gibt Schutz vor Zinsänderungen.		geringerer Zinssatz für kurzfristige Zinsbindung	höhere Zinsänderungsrisiken
Geringe Tilgung bedeutet geringe monatliche Belastung.	Geringe Tilgung bedeutet längere Laufzeit des Gesamtdarlehens bis zur endgültigen Abzahlung.	schnelle Rückzahlung des Darlehens	hohe monatliche Belastung

Beurteilung: schriftliche Ausformulierung mit Begründung

2. Problematik: Das Grundstück wurde auf 680 000,00 EUR geschätzt. Die erstrangige Grundschuld deckt 250 000,00 EUR, die danach einzutragende Grundschuld würde 400 000,00 EUR abdecken (= insgesamt 650 000 EUR). Die Hausbank der Windpark AG möchte aber an erster Stelle des Grundbuches eingetragen werden, um im Falle einer Zwangsversteigerung als Erstes bedient zu werden.

   Lösungsvorschlag: Die Deutsche Bank AG als erstrangig eingetragene Gläubigerin verzichtet auf ihren Rang und willigt ein, dass eine Grundschuld zugunsten der Hausbank der Windpark AG im Range vorgeht.

3 Leasing als Sonderform der Finanzierung

3.1 Ausgangssituation Leasing als Sonderform der Finanzierung

3.1.1 Anforderungsbereich I

1. Leasing als Vollamortisations- oder Teilamortisationsverträge, Leasing mit Restwertabsicherung, Leasing mit Kilometerabrechnung, Mobilien- oder Immobilienleasing, Operate-Leasing, Finanzierungsleasing, direktes oder indirektes Leasing.

2.

	Operate-Leasing	Finanzierungsleasing
Merkmal	jederzeit kündbare Verträge mit kurzen Vertragslaufzeiten	Unkündbare Verträge über eine längere Laufzeit, Grundmietzeit liegt zwischen 60–90 % der betriebsgewöhnlichen Nutzungsdauer.
Amortisation	Eine Amortisation des Leasingobjektes ist nicht vorgesehen.	Das Leasingobjekt hat sich nach der Grundmietzeit voll amortisiert.
Risiko	Die Risiken, dass das Leasingobjekt gestohlen wird, defekt oder technisch veraltet ist, liegen beim Leasinggeber.	Risiken werden durch Vertragsklauseln möglichst auf den Leasingnehmer übertragen. Er wird zum Abschluss entsprechender Versicherungen verpflichtet.

3. Mobilienleasing, direktes Leasing, Finanzierungsleasing in Form eines Teilamortisationsvertrags mit Kilometerabrechnung.

4. **Leasing mit Restwertabsicherung** (i. d. R. nur Pkw-Leasing)
   - Im Leasingvertrag wird ein im Voraus kalkulierter Rücknahmewert des Fahrzeugs vereinbart.
   - Leasinggeber nimmt das Fahrzeug nach der Grundmietzeit wieder zurück und veräußert es.
   - Evtl. realisierte Gewinne werden zwischen Leasingnehmer und Leasinggeber geteilt.
   - Evtl. entstandene Verluste muss der Leasingnehmer allein tragen.

   Leasing mit Kilometerabrechnung (i. d. R. nur Pkw-Leasing)
   - Ausgang ist eine fest vereinbarte Kilometerleistung.
   - Hält sich der Leasingnehmer an die Kilometerleistung, so muss er nur im Falle einer Beschädigung aufkommen. Das Restwertrisiko trägt dafür der Leasinggeber.
   - Wird die Kilometerleistung überschritten, so muss der Leasingnehmer einen im Voraus vereinbarten Satz pro gefahrenen Kilometer bezahlen.
   - Wird die Kilometerleistung unterschritten, kann eine Rückzahlung vereinbart werden.

5. **Leasing:**

242,60 EUR · 48 Mon.	= 11 644,80 EUR
zzgl. Sonderzahlung	+ 5 000,00 EUR
	16 644,80 EUR

Die Gesamtkosten des Leasingvertrages belaufen sich auf 16 644,80 EUR.

Kredit:

105,44 EUR Zinsen · 48 Mon.	= 5 061,29 EUR
zzgl. Gebühren	+ 536,00 EUR
=	5 597,29 EUR

Die reinen Kreditkosten betragen 5 597,29 EUR.

3.1.2 Anforderungsbereich II

1. Durch eine Kreditfinanzierung kann man als Barzahler auftreten und einen Barzahlerrabatt beim Händler erhalten. Ansonsten ist man als Leasingkunde an den Listenpreis gebunden.

2. Bedeutung des Leasings für den Leasingnehmer:
   - Leasingraten können in voller Höhe als Betriebsausgaben geltend gemacht werden, sofern das Leasingobjekt steuerrechtlich dem Leasinggeber zuzuordnen ist. Dadurch vermindert sich der zu versteuernde Gewinn des Unternehmens und somit die Höhe der Steuerlast.
   - Der Leasingnehmer wird mit konstanten Kosten belastet. Daher sind die Ausgaben für die Zukunft planbar. Die Leasingraten werden im Optimalfall vom Leasingobjekt selber erwirtschaftet.
   - Der Leasinggegenstand muss nicht, wie bei einer Anschaffung, auf einmal bezahlt werden. Dadurch wird die Liquidität des Leasingnehmers geschont sowie die eingeräumten Kreditlinien der Banken.
   - Der Leasingnehmer hat die Möglichkeit, durch Leasing ständig mit dem neuesten Stand der Technologie mitzuhalten. Das Risiko des Veraltens des Leasingobjektes wird somit auf den Leasinggeber abgewälzt.
   - Das Leasing führt zu einer Schonung des Bilanzbildes, da weniger Verbindlichkeiten bilanziert werden müssen.

3. Vor- und Nachteile Leasing/Kreditaufnahme

	Kredit	Leasing
Vorteile	– Ausnutzung von Barzahlerrabatten – Erweiterung des Anlagevermögens als zusätzliche Sicherheiten – Eigentümer nach Rückzahlung des Kredites	– schont Liquidität – neuester technologischer Stand – positive Auswirkung auf Eigenkapitalquote
Nachteile	– hohe monatliche Belastungen – evtl. veraltete Technologien im Unternehmen	– keine Bilanzierung des Anlagegutes – Der Leasingvertrag kann während der Laufzeit nicht gekündigt werden. – Inspektionen bei einer Vertragswerkstatt sind vertraglich verbindlich vorgeschrieben (Zwang).

4. Bilanzielle Vorteile der Leasingfinanzierung:
   - Durch eine Leasingfinanzierung wird das Eigenkapital geschont, d. h., die Eigenkapitalquote bleibt konstant. Dies hat in Zeiten von BASEL II (Mindeststandards für strengere Vorschriften für Banken zur Genehmigung und Auszahlung von Krediten an Unternehmen) eine sehr große Bedeutung, da die Kreditlinie für bedeutendere Anschaffungen geschont wird.
   - Im Rahmen einer Fremdfinanzierung erhöht sich – bei konstantem Eigenkapital – der Verschuldungsgrad des Unternehmens. Dadurch sinkt auch die Eigenkapitalquote. Eine Fremdfinanzierung hätte somit negative Auswirkungen auf die Bonitätsbeurteilung einer Unternehmung.

5.

Jahr	Leasing	Kredit		
	Aufwand	Abschreibung (linear)	Zinsen	Aufwendungen
1	2 911,20 EUR	4 466,67 EUR	1 265,28 EUR	5 731,92 EUR
2	2 911,20 EUR	4 466,67 EUR	1 265,25 EUR	5 731,92 EUR
3	2 911,20 EUR	4 466,67 EUR	1 265,25 EUR	5 731,92 EUR
4	2 911,20 EUR	4 466,67 EUR	1 265,25 EUR	5 731,92 EUR
5		4 466,67 EUR		4 466,67 EUR
6		4 466,65 EUR		4 466,67 EUR
Σ	11 644,80 EUR	26 800,00 EUR		31 861,02 EUR

Beim Leasing kann man nur die Leasingraten als Aufwand ansetzen.
Bei einer Kreditfinanzierung muss man neben den Zinsen noch die Abschreibungen (hier: linear über die betriebsgewöhnliche Nutzungsdauer von 6 Jahren gem. AfA-Tabelle) berücksichtigen.
Daher ist der Aufwand bei einer Kreditfinanzierung höher als bei einer Leasingfinanzierung.

Mögliche Folgen:
- auf die Preiskalkulation: Erfolgt eine Finanzierung per Kredit, so hat dies zur Folge, dass die Preise für Produkte der Unternehmung tendenziell höher sein müssen als bei einer Leasingfinanzierung.
- auf die Gewinnsituation: Die Kreditfinanzierung führt zu geringeren Jahresüberschüssen.

3.1.3 Anforderungsbereich III

1. Das Für und Wider der jeweiligen Finanzierungsform ist noch einmal schriftlich darzulegen (Argumente siehe Musterlösungen zu den vorherigen Aufgaben der Anforderungsbereiche I und III) und eine begründete Entscheidung zu treffen.

2. Beim Leasing sind die abfließenden monatlichen Beträge höher als bei der Kreditfinanzierung.
Da jedoch bei einer Kreditfinanzierung das Objekt beim Kreditnehmer zu bilanzieren ist, ist es dort auch abzuschreiben. Neben den Zinszahlungen fließen auch die Abschreibungen als betriebsbedingte Aufwendungen in die Preiskalkulation mit ein. Tendenziell kommt es dadurch zu höheren Preisen. Bei kleinen Unternehmen hat es eine größere preisliche Auswirkung als bei großen Konzernen.

4 Beteiligungsfinanzierung bei der AG

4.1 Ausgangssituation Kapitalerhöhung gegen Einlagen

4.1.1 Anforderungsbereich I

1.

Art der Kapitalerhöhung	Beschreibung
ordentliche Kapitalerhöhung	Erhöhung des Grundkapitals (des gezeichneten Kapitals) durch Ausgabe neuer Aktien. Hierdurch wird dem Unternehmen frisches Kapital von außen zugeführt.
Kapitalerhöhung aus Gesellschaftsmitteln	Erhöhung des Grundkapitals (des gezeichneten Kapitals) durch Umwandlung von Rücklagen. Die Anleger erhalten Berichtigungsaktien.
bedingte Kapitalerhöhung	Kapitalerhöhung durch die Umwandlung von Wandelanleihen in Aktien bzw. durch die Ausübung von Aktienoptionen aus Optionsanleihen. Die Höhe dieser Art der Kapitalerhöhung hängt davon ab, ob die Besitzer der Wandel- bzw. Optionsanleihen von ihrem Wandel- bzw. Optionsrecht Gebrauch machen.
genehmigte Kapitalerhöhung	Der Vorstand einer AG lässt sich durch die Hauptversammlung genehmigen, innerhalb von 5 Jahren eine Kapitalerhöhung bis max. 50 % des Grundkapitals durchzuführen.

2. Ordentliche Kapitalerhöhung, neue Aktien voll dividendenberechtigt, altes Grundkapital beträgt 42 Mio. EUR, neues Grundkapital beträgt 56 Mio. EUR, die Kapitalerhöhung umfasst 14 Mio. EUR, Nennwert der Aktien = 1,00 EUR

3. Es handelt sich um eine ordentliche Kapitalerhöhung, durch Ausgabe neuer, junger Aktien. Durch die Ausgabe junger Aktien fließt neues Kapital in die Unternehmung.

4. 2/3-Mehrheit durch die Hauptversammlung (qualifizierte Mehrheit)

5. Bezugsverhältnis = altes Grundkapital : Kapitalerhöhung

42 Mio. EUR : 14 Mio. EUR = 3 : 1

6. Das Bezugsverhältnis sagt aus, für wie viele alte Aktien es eine neue Aktie gibt.

7. $$\text{Mittelkurs} = \frac{\text{Anzahl der Altaktien} \cdot \text{Börsenkurs} + \text{Anzahl der neuen Aktien} \cdot \text{Ausgabepreis}}{\text{Gesamtzahl der Aktien nach durchgeführter Kapitalerhöhung}}$$

$$\frac{42 \text{ Mio. EUR} \cdot 24{,}00 \text{ EUR} + 14 \text{ Mio. EUR} \cdot 16{,}00 \text{ EUR}}{56 \text{ Mio. EUR}} = \underline{\underline{22{,}00 \text{ EUR}}}$$

$$\text{Bezugsrechtswert} = \text{Börsenkurs der Altaktie} - \text{Mittelkurs}$$
$$= 24{,}00 \text{ EUR} - 22{,}00 \text{ EUR} = \underline{\underline{2{,}00 \text{ EUR}}}$$

$$\text{Alternative Berechnung: } \frac{\text{Kurs der Altaktie} - \text{Kurs der jungen Aktie}}{\text{Bezugsverhältnis} + 1}$$

8. Die Aktie notiert mit 22,00 EUR ex BR.

9.

	Dividende der jungen Aktie	= 0,75 EUR
–	Dividende der alten Aktie	= – 1,50 EUR
=	Dividendennachteil	= – 0,75 EUR

$$\text{Bezugsrechtswert} = \frac{\text{Kurs der Altaktie} - \text{Kurs der jungen Aktie} - \text{Dividendennachteil}}{\text{Bezugsverhältnis} + 1}$$

$$= \frac{24{,}00\ \text{EUR} - 16{,}00\ \text{EUR} - 0{,}75\ \text{EUR}}{\frac{3}{1} + 1} = \underline{\underline{1{,}81\ \text{EUR}}}$$

Antwort: Der Wert des Bezugsrechts reduziert sich um 0,19 EUR.

10.

Aktiva	Bilanz in Mio. EUR		Passiva
Anlagevermögen	75	Gezeichnetes Kapital	56
Umlaufvermögen	308	Kapitalrücklagen	246
		Gewinnrücklagen	4
		Rückstellungen	12
		Sonstige Passiva	65
	383		383

Erläuterung:
- Die Position **„gezeichnetes Kapital"** verändert sich um 14 Mio. EUR (14 Mio. Stück neuer Aktien à 1,00 EUR Nennwert).
- Die Position **„Kapitalrücklagen"** wächst um 210 Mio. EUR. Hier wird das Agio eingestellt. Der Preis einer neuen Aktie beträgt 16,00 EUR. Davon werden 1,00 EUR Nennwert abgezogen, sodass ein Agio (Aufgeld) in Höhe von 15,00 EUR pro Aktie übrig bleiben (15,00 EUR · 14 Mio. Aktien = 210 Mio. EUR).
- Insgesamt wächst die Passivseite um 224 Mio. EUR. Es handelt sich dabei um das Geld, welches dem Unternehmen direkt zufließt (Bankgebühren bleiben unberücksichtigt). Dieses Geld erhält die i-Cells AG auf dem Konto Bankguthaben (Aktivseite, Umlaufvermögen) gutgeschrieben.

4.1.2 Anforderungsbereich II

1. Das Bezugsrecht auf junge Aktien aus einer ordentlichen Kapitalerhöhung steht jedem Aktionär gem. § 186 AktG zu. Durch die Kapitalerhöhung verliert ein Altaktionär seinen prozentualen Anteil am Grundkapital. Außerdem führt eine Kapitalerhöhung stets zu einem Kursverlust der Aktie (= Verwässerungseffekt). Um den Altaktionären jedoch die Möglichkeit einzuräumen, den gleichen prozentualen Anteil am Grundkapital sowohl vor als auch nach der Kapitalerhöhung zu halten, werden die neuen Aktien den Altaktionären zu einem Vorzugspreis als Erstes zum Kauf angeboten. Die Differenz zwischen dem Börsenkurs der Altaktie sowie dem Vorzugspreis der neuen Aktie bezeichnet man als Bezugsrechtswert. Er stellt den Verlustausgleich dar, den der Börsenkurs der Aktie nach Durchführung der Kapitalerhöhung haben wird.

2. Der Mittelkurs ist der rechnerische Börsenwert aller Aktien (alte und neue) nach der durchgeführten Kapitalerhöhung. Er ist deshalb geringer als der Börsenkurs der Altaktie vor der Kapitalerhöhung, weil sich der Wert der Rücklagen (Wert der offenen und stillen Reserven) nach der Kapitalerhöhung auf mehr Aktien verteilt. Somit ist der Anteil der Reserven nach der Kapitalerhöhung pro Aktie geringer, was sich im niedrigeren Wert ausdrückt.

3. Herr Schneider besitzt 200 Aktien und somit 200 Bezugsrechte. Er benötigt 3 Bezugsrechte, um 1 junge Aktie unter Zuzahlung von 16,00 EUR erwerben zu können.
   Daraus ergeben sich für ihn drei Möglichkeiten:
   a) Verkauf aller Bezugsrechte zum Bezugsrechtswert von 2,00 EUR = 400,00 EUR.
   b) Bezug von 66 jungen Aktien zum Vorzugspreis von 16,00 EUR (= 1 056,00 EUR) und Verkauf von 2 Bezugsrechten (· 2,00 EUR) = 4,00 EUR
   Zuzahlung insgesamt: 1 056,00 EUR – 4,00 EUR = 1 052,00 EUR
   c) Opération blanche (siehe Lösung zu Aufgabe 4)

4. Opération blanche = Teilnahme an der Kapitalerhöhung ohne zusätzlichen Einsatz von Geldmitteln.
   1. Schritt:
   200 Bezugsrechte · 2,00 EUR Bezugsrechtwert = 400,00 EUR
   2. Schritt:
   Zum Bezug einer neuen Aktie muss man bezahlen:
   16,00 EUR (Preis der neuen Aktie) + 3 Bezugsrechte (à 2,00 EUR = 6,00 EUR) = 22,00 EUR
   3. Schritt:
   400,00 EUR : 22,00 EUR = 18,1818 EUR

   Herr Schneider kann ohne Einsatz zusätzlicher Mittel 18 junge Aktien beziehen und erhält einen Überschuss von 4,00 EUR (22,00 EUR · 18 Stück = 396,00 EUR).

4.1.3 Anforderungsbereich III

1. Anleihenemission statt Kapitalerhöhung (mögliche Pro- und Kontra-Argumente)

Pro	Kontra
▬ Abwicklung wäre einfacher, da die Hauptversammlung nicht befragt werden müsste. ▬ Höhere Eigenkapitalrenditen wären leichter zu erzielen. ▬ Evtl. kann eine angespannte Börsensituation dazu führen, dass Aktien nicht mehr oder nur zu schlechten Kursen abgesetzt werden können. ▬ Im Insolvenzfall ist Fremdkapital vorrangig als Eigenkapital zurückzuzahlen.	▬ Rückzahlung der Anleihe sowie jährliche Zinsen in Höhe von 525 000,00 EUR ▬ Negative Auswirkung auf die Eigenkapitalquote führt evtl. zu schlechteren Bonitätsbeurteilungen bei Banken.

   Abschließendes Schülerurteil, abhängig von den genannten Argumenten.

2. Lösungsvorschlag zur Veränderung des Bezugsangebots:
   a) Börsensituation:
      Da das Bezugsangebot noch von einem alten Preis von 24,00 EUR pro Altaktie ausgegangen ist, kann hier eine Anpassung in Form einer Preisreduktion der jungen Aktien vorgenommen werden. Außerdem könnte man eine höhere Dividendenzahlung in den kommenden Jahren in Aussicht stellen.
   b) Dividendenkontinuität der Altaktionäre:
      Eine Möglichkeit wäre, die Dividendenberechtigung für die neuen Aktien im Jahr der Kapitalerhöhung auszuschließen. So könnte der Bilanzgewinn nur auf die Altaktionäre verteilt werden. Die jungen Aktien könnten dafür zu einem niedrigeren Preis angeboten werden.

3. Auswirkungen auf die Bilanzkennzahlen:
   Die Eigenkapitalquote steigt und damit sinkt die Fremdkapitalquote. Somit sinkt auch der Verschuldungsgrad des Unternehmens, dies ist tendenziell eine positive Entwicklung.
   - Das gestiegene Eigenkapital hat auch eine tendenzielle Verbesserung des Anlagedeckungsgrades I und II zur Folge. Anlagevermögen und Teile des Umlaufvermögens sind in zunehmendem Maße durch Eigenkapital gedeckt, tendenziell eine positive Entwicklung.
   - Durch die Kapitalerhöhung steigen auch die liquiden Mittel (Aktivseite, Umlaufvermögen). Dies hat wiederum tendenziell positive Auswirkungen auf die Liquidität des Unternehmens.

5 Selbstfinanzierung

5.1 Ausgangssituation Offene und verdeckte Selbstfinanzierung

5.1.1 Anforderungsbereich I

1. I. Kapitalanteile
   II. Gewinnrücklagen
      1. gesetzliche Rücklage
      2. Rücklage für eigene Anteile
      3. satzungsmäßige Rücklagen
      4. andere Gewinnrücklagen
   III. Gewinnvortrag/Verlustvortrag
   IV. Jahresüberschuss/Jahresfehlbetrag

2. Als **gezeichnetes Kapital** wird das Kapital bezeichnet, auf das die Haftung der Gesellschafter für die Verbindlichkeiten der Kapitalgesellschaft gegenüber den Gläubigern beschränkt ist. Es ist mit dem Nennbetrag (auch: Nominalbetrag) anzusetzen. Bei einer Kapitalgesellschaft wird dieses Kapital als **Grundkapital** bezeichnet, bei der GmbH als **Stammkapital**.

3.

	7 250 000,00 EUR	Jahresüberschuss
–	362 500,00 EUR	gesetzliche Rücklagen
=	6 887 500,00 EUR	
–	2 066 250,00 EUR	satzungsmäßige Rücklagen
=	**4 821 250,00 EUR**	**Bilanzgewinn**

4. Vorüberlegung:
   5 000 000,00 EUR gezeichnetes Kapital → 5 000 000 Aktien zu 1,00 EUR Nennwert

   Berechnung:
   4 821 250,00 EUR (Bilanzgewinn) : 5 000 000 Aktien = 0,96425 EUR pro Aktie

   Auf jede Aktien entfallen rechnerisch 0,96425 EUR an Dividende.

5. Bei einer Selbstfinanzierung erfolgt die Finanzierung von Investitionen ohne Mithilfe von außen. Die erforderlichen Mittel werden von der Unternehmung alleine aufgebracht.
   Eine gesetzlich erzwungene Selbstfinanzierung besteht darin, dass ein Unternehmen gemäß gesetzlicher Vorgaben dazu verpflichtet ist, Rücklagen zu bilden (gesetzliche Rücklagen, § 150 AktG).
   Eine freiwillige Selbstfinanzierung besteht darin, dass die Anteilseigner eines Unternehmens beschließen, Teile des Gewinns zurückzulegen, um das Kapital für spätere Investitionen zu verwenden (z. B. satzungsmäßige Rücklagen).

6. Stille Reserven können durch Unterbewertung von Aktiva oder durch Überbewertung von Passiva gebildet werden.

5.1.2 Anforderungsbereich II

1. Die Grundproblematik besteht darin, dass eine Dividende in Höhe von 0,96425 EUR nicht ausgeschüttet werden kann (es gibt keine fünf Nachkommastellen bei Währungen). Dabei ist die Entscheidung zu treffen, ob lediglich 0,96 EUR oder 0,97 EUR auszuschütten sind.

   Schüttet das Unternehmen 0,96 EUR pro Aktie aus (5 000 000 Aktien zu 0,96 EUR), werden insgesamt 4 800 000,00 EUR an die Aktionäre überwiesen. Das ist weniger, als der Bilanzgewinn beträgt (Differenz in Höhe von 21 250,00 EUR). Dieser Differenzbetrag kann entweder in die anderen Rücklagen eingestellt werden oder als Gewinnvortrag mit in das nächste Geschäftsjahr genommen werden.

   Schüttet das Unternehmen 0,97 EUR pro Aktie aus (5 000 000 Aktien zu 0,97 EUR), werden insgesamt 4 850 000,00 EUR an die Aktionäre überwiesen. Dies sind 28 750,00 EUR mehr, als der Bilanzgewinn beträgt. Hier kann der Betrag ebenfalls in das nächste Geschäftsjahr übertragen werden, als Verlustvortrag.

Jahrgang 13.1

2. Ein möglicher Zielkonflikt besteht darin, dass zwar freiwillige Rücklagen gebildet werden, jedoch zur Finanzierung von Investitionsvorhaben Fremdkapital aufgenommen wird. Bis zu einem gewissen Grad kann dies sinnvoll sein (siehe Leverage-Effekt). Der Hauptzielkonflikt liegt jedoch in der Frage, ob Rücklagen gebildet werden sollen oder das Geld besser an die Anteilseigner ausgeschüttet wird (Shareholder oder Stakeholder Value). Die Beantwortung hängt von der vom Unternehmen verfolgten Strategie ab.

3. Die stillen Reserven stellen für das Unternehmen Liquiditäts- und Zinsvorteile dar, da das Kapital dem Unternehmen zinslos zur Verfügung steht. Werden stille Reserven auch in der Steuerbilanz anerkannt, führen sie zu einem geringeren Gewinnausweis und damit zu Steuerersparnissen.
Mit Auflösung der stillen Reserven entstehen außerordentliche Erträge, die den zu versteuernden Gewinn in der Periode der Auflösung erhöhen und somit zu einer Erhöhung der Steuerlast führen.

4. Die Vorteile einer verdeckten Selbstfinanzierung liegen zum einen darin, dass sich das Unternehmen kein Fremdkapital von außen beschaffen muss. Dadurch wird die Liquidität nicht verschlechtert, Eigen-, Fremdkapitalquote sowie der Verschuldungsgrad bleiben gleich, was bei einer Bonitätsprüfung von Vorteil wäre.

   Durch diese Vorgehensweise können außerdem hohe Gewinne vor der Konkurrenz verborgen werden. Ein Nebeneffekt besteht darin, dass die hohen Gewinne nicht im Jahr ihrer Entstehung, sondern in später liegenden Jahren aufgelöst werden können.

5.1.3 Anforderungsbereich III

1. Schülerindividuelle Antwort
Anbei einige Grundüberlegungen, die in der Schülerantwort angesprochen/aufgegriffen werden können:

FÜR	WIDER
Zinsen sind auf einem historischen Tief. Finanzierungskosten sehr niedrig – Ausnutzen der Situation	zusätzliche Aufwendungen durch Zinsen, die in Zukunft den Gewinn schmälern können
Höheres Fremdkapital kann durch den Leverage-Effekt eine verbesserte Eigenkapitalrentabilität bewirken.	Durch Kreditaufnahme ist das Unternehmen nicht mehr in allen seinen Entscheidungen frei – Kapitalgeber können mitreden.
Höhere Dividendenausschüttung führt zur Steigerung der Attraktivität der Aktie der Windkraft AG und somit der Zufriedenheit der Aktionäre.	Verschlechterung von Bilanzkennzahlen, die wiederum die Bonitätseinschätzung von Geldgebern negativ beeinflussen können
Ein hoher Börsenkurs verhindert eine feindliche Übernahme durch einen Konkurrenten.	geringeres Sicherheitspolster in wirtschaftlich schlechten Zeiten

2. Shareholder Value-Strategie: Vorstand richtet das Unternehmen danach aus, dass der Wert der Aktien und die Dividendenausschüttungen gesteigert werden. Dabei werden die Belange der Belegschaft und des sozialen Umfeldes eines Unternehmens dem Diktat dieser Strategie unterworfen.
Vorschläge für den Vorstand:

   - Auflösung von Rücklagen
   - Auflösung von stillen Rücklagen
   - Verlustvortrag für nächstes Geschäftsjahr
   - Kreditaufnahme zur Finanzierung von Sonderausschüttungen

   (Einige dieser Lösungsvorschläge sollten in einer Klausur näher ausgeführt und kritisch beleuchtet werden.)

6 Finanzierung aus Kapitalfreisetzung

6.1 Ausgangssituation Finanzierung aus Kapitalfreisetzung

6.1.1 Anforderungsbereich I

1. Kapazität pro Maschine und Jahr 1 000 Stück, lineare bilanzielle Abschreibung

Jahr	Anzahl Maschinen	Gesamtkapazität in Stück bezogen auf die Restzeit	Periodenkapazität in Stück	Buchwert am Jahresanfang in EUR	AfA in EUR	Restbuchwert am Jahresende in EUR	Zugang/ Abgang	Freies Kapital in EUR
2007	10	40 000	10 000	100 000,00	25 000,00	75 000,00	2/0	5 000,00
2008	12	38 000	12 000	95 000,00	30 000,00	65 000,00	3/0	5 000,00
2009	15	38 000	15 000	95 000,00	37 500,00	57 500,00	4/0	2 500,00
2010	19	39 000	19 000	97 500,00	47 500,00	50 000,00	5/10	0,00
2011	14	40 000	14 000	100 000,00	35 000,00	65 000,00	3/2	5 000,00
2012	15	38 000	15 000	95 000,00	37 500,00	57 500,00	4/3	2 500,00

2. Der Kapazitätserweiterungseffekt wird durch die Erhöhung der Anlagenanzahl deutlich. Festzustellen ist aber, dass die Gesamtkapazität in Stück, bezogen auf die Restlaufzeit, nicht über den ursprünglichen Wert hinausgeht. Dieses findet seine Ursache darin, dass ältere Anlagen weniger Kapazitäten bis zu ihrem Ausscheiden aufweisen können.

3. Durch die erfolgswirksame Buchung der Abschreibungen (Aufwandsbuchungen) wird einerseits der Jahresüberschuss gemindert, was eine geringere Steuerbemessungsgrundlage zu Folge hat (geringere Steuerlast), andererseits vermindern sich die Fähigkeit der Rücklagenbildung sowie die Gewinnausschüttung an die Gesellschafter. Zudem fließen die in die Verkaufspreise einkalkulierten Abschreibungshöhen über die Umsatzerlöse in das Unternehmen zurück (falls kalkulierte Abschreibung = bilanzielle Abschreibung).

4. Pensionsrückstellungen, Steuerrückstellungen, Prozesskosten, Garantieverpflichtungen

5.

			Soll	Haben
Buchung der Rückstellungen				
7000 Gewerbesteuer	an 3800	Steuerrückstellung	700 000,00	700 000,00
Kontenabschluss zum 31.12.				
8020 GuV	an 7000	Gewerbesteuer	700 000,00	700 000,00
3800 Steuerrückstellung	an 8010	SBK	700 000,00	700 000,00

6. a) Nachzahlungsbetrag 700 000,00 EUR

			Soll	Haben
Buchung der Auflösung				
3800 Steuerrückstellung	an 2800	Bank	700 000,00	700 000,00

b) Nachzahlungsbetrag 400 000,00 EUR

			Soll	Haben
Buchung der Auflösung				
3800 Steuerrückstellung	an 2800	Bank	700 000,00	400 000,00
	an 5490	periodenfremde Erträge		300 000,00

c) Nachzahlung 900 000,00 EUR

			Soll	Haben
Buchung der Auflösung				
3800 Steuerrückstellung			700 000,00	
6990 periodenfremde Aufwendungen	an 2800	Bank	200 000,00	900 000,00

6.1.2 Anforderungsbereich II

1. Die Höhe der bilanziellen Abschreibung ergibt sich aus steuerrechtlichen Vorgaben (AfA-Tabelle). Die hier vorgegebenen Abschreibungsdauern ergeben bei linearer Abschreibungsmethode die Höhe der anzusetzenden Abschreibung. Dabei geht man von Anschaffungskosten/Herstellungskosten aus. Die Höhe der kalkulatorischen Abschreibung verteilt die zukünftigen Wiederbeschaffungskosten auf individuell geschätzte Nutzungsdauern.

2. Durch die schwankenden Periodenkapazitäten wird in diesem Modell angenommen, dass sich die Absatzleistung entsprechend anpasst. Andernfalls kommt es zur Erhöhung von Lagerbeständen an fertigen Erzeugnissen.

3. Die Abschreibungen fließen über die Umsatzerlöse zurück. Es wird ferner davon ausgegangen, dass sich die Wiederbeschaffungskosten der abzuschreibenden Anlagegüter im Zeitablauf nicht ändern. Der Kapazitätserweiterungseffekt ergibt sich nur dann, wenn die erwirtschafteten Abschreibungsbeträge in Neu- bzw. Ersatzinvestitionen gleicher Art investiert werden. Periodenschwankungen hinsichtlich der produzierten Stückzahlen müssen vom Markt jederzeit aufgenommen werden. Es besteht zudem außerdem ausreichend Raum für weitere Anlagen.

4. Rücklagen sind Bestandteile des Eigenkapitals und werden aus dem Gewinn eines Unternehmens gebildet. Eine Auflösung ist jederzeit möglich. Man unterscheidet zwischen erzwungenen und freiwilligen Rücklagen.

   Rückstellungen sind Bestandteil des Fremdkapitals und werden als Aufwendungen in der GuV gebucht. Dabei handelt es sich um Aufwendungen für Verbindlichkeiten, deren Höhe und Fälligkeit nicht bekannt sind und geschätzt werden. Sie werden aufgelöst, wenn der Grund der Entstehung wegfällt.

5. Die Auswirkungen liegen in der Reduzierung des Gewinns/Jahresüberschusses. Dadurch sinken die Rentabilitätskennzahlen, es können geringere Rücklagen gebildet werden und der Ausschüttungsbetrag reduziert sich ebenfalls.

6.1.3 Anforderungsbereich III

1. Aufgrund der oben beschriebenen Grundannahmen ist die Anwendung des Lohmann-Ruchti-Effekts in der Realität wenig praktikabel. Vor allem vor dem Hintergrund der schwankenden Produktions- und der damit verbundenen Absatzmengen erscheint eine rein auf Rechengrößen basierende Planung der Kapazitäten wenig realistisch. Der notwendige Raumbedarf für weitere Anlagen wird unterschätzt. Auch die Annahme, dass die Höhe der bilanziellen Abschreibung der kalkulatorischen Abschreibung entspricht, ist realitätsfern.

2. Die GuV-Rechnung weist höhere Abschreibungsbeträge als die Kostenrechnung auf. Somit werden entsprechend niedrigere Preise kalkuliert. Dadurch stehen weniger liquide Mittel als steuerrechtlich möglich zur Finanzierung neuer Anlagen zur Verfügung. Insofern findet eine Umfinanzierung nur in Höhe der Abschreibungsrückflüsse (kalkulatorische Abschreibungen) statt. Es ergeben sich durch den höheren bilanziellen Abschreibungsbetrag stille Reserven, da der Gewinnausweis niedriger ist, als er „eigentlich" sein könnte.

   Beispiel:

Bilanzielle Abschreibung = 100 Geldeinheiten	
Kalkulatorische Abschreibung = 60 Geldeinheiten	*Stille Reserve = 40 Geldeinheiten (nicht verwendeter Gewinn)*

7 Finanzcontrolling

7.1 Ausgangssituation Finanzcontrolling

7.1.1 Anforderungsbereich I

1. Prognoseprobleme bei:
   - Einnahmen und Ausgaben
   - wirtschaftlichen und politischen Bedingungen, die den Markt bestimmen können, z. B. Finanzmarktkrise, Erhöhung der Rohstoffpreise, Nachfragerückgang
   - Ausgaben, die sich nicht immer proportional zu den Mengen verhalten.

2. Die Einnahmen werden zu optimistisch angenommen, die Zeitintervalle für die jeweiligen Planungen sind zu groß geplant, sodass die Einnahmen und Ausgaben nur ungenau berücksichtigt werden.

3.
	10 000 000,00 EUR (Gesamtkapital)	· 5 %	=	500 000,00 EUR
–	8 000 000,00 EUR (Anleihe)	· 4,85 %	=	388 000,00 EUR
=	Gesamtertrag			112 000,00 EUR

2 000 000,00 EUR (Eigenkapital) = 100 %
112 000,00 EUR (Gewinn) = x %
x = 5,60 %

7.1.2 Anforderungsbereich II

1. Mithilfe eines Finanzplans werden Ausgaben und Einnahmen mehrerer zukünftiger Perioden einander gegenübergestellt. Die hier verwendeten Daten basieren auf Annahmen und Prognosen. Damit soll die Liquidität eines Unternehmens geplant und eine mögliche Zahlungsunfähigkeit (Insolvenz) vermieden werden.

2.

	April	Mai	Juni
Anfangsbestand	18 500,00 EUR	13 500,00 EUR	– 900,00 EUR
Zahlungseingänge/Forderungseingänge	55 000,00 EUR	45 000,00 EUR	43 000,00 EUR
Zinsen	3 000,00 EUR	0,00 EUR	1 500,00 EUR
verfügbare Mittel	**76 500,00 EUR**	**58 500,00 EUR**	**43 600,00 EUR**
Betriebsmittel	26 000,00 EUR	23 000,00 EUR	20 000,00 EUR
Werkstoffe	2 500,00 EUR	2 000,00 EUR	1 600,00 EUR
Personal	30 000,00 EUR	30 000,00 EUR	30 000,00 EUR
Steuern	1 000,00 EUR	900,00 EUR	800,00 EUR
Kredite	3 500,00 EUR	3 500,00 EUR	3 500,00 EUR
Summe Ausgaben	**63 000,00 EUR**	**59 400,00 EUR**	**55 900,00 EUR**
Saldo Konto	13 500,00 EUR	– 900,00 EUR	– 12 300,00 EUR

Anmerkung: Die Abschreibungen (siehe Aufgabenstellung) werden **nicht** berücksichtigt, da sie keine Ausgaben darstellen.

3. Liquiditätsengpässe können unabhängig von einem Finanzplan immer auftreten. Dabei geht es darum, dass ein Unternehmen kurzfristig nicht liquide genug ist, um die offenen Rechnungen zu begleichen. Daher ist es grundsätzlich immer ratsam, Liquiditätsreserven bereitzustellen bzw. jederzeit zur Verfügung zu haben. Bei den Liquiditätsreserven ist es grundsätzlich wichtig, wie hoch und wie schnell sie verfügbar gemacht werden können, um eine auftretende Unterdeckung abfangen zu können.

4. Durch die zusätzliche Aufnahme von Fremdkapital kann die Eigenkapitalrentabilität gesteigert werden. Dies gilt nur solange, wie die Gesamtkapitalrentabilität höher ist als der Fremdkapitalzinssatz.

Die folgende Tabelle macht das deutlich:

	derzeitige Situation: 80 % Fremdkapital	Annahme 1: 90 % Fremdkapital	Annahme 2: 70 % Fremdkapital
Fremdkapital	8 000 000,00 EUR	9 000 000,00 EUR	7 000 000,00 EUR
Investitionsrendite – Fremdkapitalverz.	500 000,00 EUR 388 000,00 EUR 112 000,00 EUR	500 000,00 EUR 436 500,00 EUR 63 500,00 EUR	500 000,00 EUR 339 500,00 EUR 160 500,00 EUR
Eigenkapital- rentabilität	$\frac{112\,000{,}00 \text{ EUR} \cdot 100}{2\,000\,000{,}00 \text{ EUR}}$ **5,6 %**	$\frac{63\,500{,}00 \text{ EUR} \cdot 100}{1\,000\,000{,}00 \text{ EUR}}$ **6,35 %**	$\frac{160\,500{,}00 \text{ EUR} \cdot 100}{3\,000\,000{,}00 \text{ EUR}}$ **5,35 %**

Die Ergebnisse zeigen, dass
- die Eigenkapitalrentabilität steigt, wenn sich der Anteil an Fremdkapital erhöht.
- die Eigenkapitalrentabilität sinkt, wenn sich der Anteil an Fremdkapital verringert.

7.1.3 Anforderungsbereich III

1. Ist im Monat April noch genügend Liquidität/Guthaben auf dem Konto des Unternehmens, so sieht es für die folgenden Monate Mai und speziell Juni schlechter aus. Dies ist insbesondere darauf zurückzuführen, dass die Zahlungs- bzw. Forderungseingänge im Verhältnis zu den Ausgaben stärker zurückgehen.
   Vorschlag an den Vorstand:
   a) Reduktion der Ausgaben durch Reduktion der Kosten (Personalabbau)
   b) Erhöhung der Zahlungs- bzw. Forderungseingänge durch verstärkte Kundenaquisition, Marketingmaßnahmen oder ein verbessertes Forderungsmanagement
   c) Kurzfristige Kreditaufnahme zur Überbrückung der bevorstehenden Liquiditätsengpässe

2. Folgende Maßnahmen sind möglich:
   - restriktive Vorratspolitik/Einkaufspolitik (geringe Lagerhaltung, Verzicht auf optimale Bestellmengen, Abbau von Mengenreserven)
   - Kontrolle der Debitoren (Verbesserung des Mahnwesens, Veränderung der Zahlungsbedingungen oder Kündigung von Kundenbeziehungen, die nicht pünktlich zahlen)
   - Ausweitung der Kreditorendauer (volle Ausnutzung der Zahlungsziele, Verbesserung der Zahlungsbedingungen durch Verhandlungen)
   - Reduktion der Gemeinkosten
   - Kürzung bei Investitionen
   - Kürzungen von Dividenden
   - Verkauf überflüssiger Anlagegegenstände

8 Gliederung und Bewertung von Aktiva und Passiva

8.1 Ausgangssituation Gliederung und Bewertung von Aktiva und Passiva

8.1.1 Anforderungsbereich I

1.

allgemeine Bewertungsgrundsätze (gem. § 252 HGB)	
Nennung	**Beschreibung**
Bilanzidentität	Die Eröffnungsbilanz eines Geschäftsjahres muss mit der Schlussbilanz des Vorjahres als Ganzes in einzelnen Position und in Werten übereinstimmen.
Fortführung der Unternehmenstätigkeit (going concern)	Es ist grundsätzlich bei der Bewertung von einer Fortführung des Unternehmens auszugehen.
Einzelbewertung	Jedes Gut und jede Verbindlichkeit sind zum Bilanzstichtag einzeln zu bewerten. Eine Verrechnung von Forderungen und Verbindlichkeiten ist nicht erlaubt (Saldierungsverbot). Dennoch sind unter bestimmten Bedingungen Bewertungsvereinfachungsverfahren vorgesehen.
Gläubigerschutz	Ziel der Handelsbilanz ist es, den Gläubiger vor Verlusten zu schützen. Der Gläubigerschutz wird wie folgt umgesetzt: – **Allgemeines Vorsichtsprinzip:** Dabei handelt es sich um den wichtigsten Grundsatz der Bewertung. Er wird vordringlich dort benötigt, wo es sich bei der Wertfeststellung um Schätzungen handelt. Besteht hinsichtlich der Werte Zweifel bezüglich ihrer Höhe, so sind Erträge und Aktiva niedriger bzw. Aufwendungen und Verbindlichkeiten höher zu bewerten. – **Realisationsprinzip:** Es dürfen nur die Gewinne ausgewiesen werden, die tatsächlich am Abschlussstichtag realisiert wurden. – **Imparitätsprinzip**: Nicht realisierte Gewinne **dürfen nicht** berücksichtigt werden, nicht realisierte Verluste **müssen** berücksichtigt werden.
Grundsatz der Periodenabgrenzung	Aufwendungen und Erträge sind nach dem Verursacherprinzip in dem Jahr zu berücksichtigen, in dem sie entstanden bzw. angefallen sind. Der Zeitpunkt der Zahlung (Geldeingang bzw. Geldausgang) ist dabei nicht von Bedeutung.
Grundsatz der Bewertungsstetigkeit	Zur Vergleichbarkeit von Jahresabschlüssen sollen einmal gewählte Bewertungsmethoden beibehalten werden. Das gilt dort, wo ein Wahlrecht für unterschiedliche Bewertungsmethoden gegeben ist.

2.

Kaufpreis, netto	80 000,00
Montage, netto	3 000,00
Fracht, netto	1 000,00
	84 000,00

3. Eine Zuschreibung, wie sie z. B. im Fall der wieder voll eingesetzten Verpackungsmaschine nötig ist, hat Auswirkungen auf
   a) den Erfolg, da sie als Ertrag im GuV gebucht wird und damit den Gewinn und das Eigenkapital erhöht;
   b) das Vermögen, da sich der Buchwert des Anlagegutes, und damit das gesamte Anlagevermögen, erhöht.

4.

Kauf	05.04.2010	+ 450 Stück
Kauf	07.06.2010	+ 680 Stück
Verkauf	06.09.2010	– 330 Stück
Σ	31.12.2010	**800 Stück**

Zum Bilanzstichtag liegen 800 Aktien im Depot.

Kaufdatum	Stück	Preis	insgesamt
05.04.2010	450	25,35 EUR	11 407,50 EUR
07.06.2010	680	23,25 EUR	15 810,00 EUR
Σ	**1 130**		**27 217,50 EUR**

Der durchschnittliche Erwerbskurs beträgt: 24,09 EUR (27 217,50 EUR : 1 130 Stück).

5. <u>Kostenträgerstückrechnung</u>:

				Wertobergrenze:	Wertuntergrenze:
Fertigungsmaterial		90 000,00		90 000,00	90 000,00
+ Materialgemeinkosten	5 %	4 500,00	60 %[1]	2 700,00	2 700,00
Fertigungslöhne		120 000,00		120 000,00	120 000,00
+ Fertigungsgemeink.	200 %	240 000,00	60 %[1]	144 000,00	144 000,00
Herstellungskosten		454 500,00			
+ Verwaltungsgemeink.	2 %	9 090,00	80 %[1]	7 272,00	
+ Vertriebsgemeink.	4 %	18 180,00			
Selbstkosten		481 770,00			
+ Gewinnzuschlag	22 %	105 989,40			
Verkaufpreis, netto		587 759,40		363 972,00	356 700,00

6. Laut § 256a HGB ist die Verbindlichkeit zum Devisenkassa<u>mittelkurs</u> am Abschlussstichtag zu bewerten. Dieser beträgt 1,4062 USD. Damit sind die Verbindlichkeiten aus dem Kauf von Zucker in Brasilien zum 31.12.2011 mit 76 340,00 : 1,4062 = 54 288,15 EUR anzusetzen.

7. Rückstellungen werden gebildet für Aufwendungen,
   - deren Entstehung feststeht,
   - deren Betrag und/oder Fälligkeit noch nicht feststeht.

   Der Betrag (Erfüllungsbetrag) kann daher nur geschätzt werden. Dabei müssen künftige Preis- und Kostensteigerungen berücksichtigt werden.

   Der Betrag muss aber dem abgelaufenen Geschäftsjahr zugerechnet werden, um den Erfolg periodengerecht ermitteln zu können.

8. § 253 (2) HGB sagt aus: „Rückstellungen mit einer Restlaufzeit von mehr als einem Jahr sind mit dem ihrer Restlaufzeit entsprechenden durchschnittlichen Marktzinssatz der vergangenen sieben Geschäftsjahre[2] abzuzinsen." Der durchschnittliche Marktzinssatz wird von der Deutschen Bundesbank ermittelt und monatlich bekannt gegeben.

   Durch die Abzinsung der Rückstellung erhält man den Barwert.

   Beispiel:
   Ein Unternehmen bildet 2011 eine Rückstellung mit einem geschätzten Erfüllungsbetrag in 3 Jahren von 250 000,00 EUR. Es wird angenommen, dass der Zinssatz im Dezember 2011 3,5 % beträgt und dass der Erfüllungsbetrag und der Abzinsungssatz konstant bleiben.

   Barwert: Rückstellungsbetrag x 1 / (1 + p)^n

31.12.2011:	*250 000,00 EUR · 0,9019427*	=	*225 485,67 EUR*
31.12.2012:	*250 000,00 EUR · 0,9335107*	=	*233 377,67 EUR*
31.12.2013:	*250 000,00 EUR · 0,9661835*	=	*241 545,87 EUR*

   Zum 31.12.2011 ist eine Rückstellung zu bilden in Höhe von 225 485,67 EUR.
   Von Jahr zu Jahr ist die Rückstellung jeweils zu erhöhen, damit sie dem aktuellen Barwert entspricht, also: zum 31.12.2012 wird die Rückstellung um 7 892,00 EUR erhöht (von 225 485,67 EUR auf 233 377,67 EUR).

---

[1] In § 255(2) HGB heißt es, dass zu den Herstellungskosten „angemessene Teile der Materialgemeinkosten, der Fertigungskosten ..." gehören. Da sich lt. Aufgabenstellung 60 % der MGK und der FGK konkret auf die Herstellung der Produkte beziehen, wird davon ausgegangen, dass diese 60 % angemessen sind. Bei den Verwaltungsgemeinkosten sind dies lt. Aufgabe 80 %. Diese entfallen bei der Wertuntergrenze, da sie lt. § 255(2) HGB einbezogen werden ‚dürfen' (aber nicht müssen).

[2] Bei Pensionsrückstellungen 15 Jahre.

8.1.2 Anforderungsbereich II

1. a) Das Grundstück muss nach HGB im Jahresabschluss 2009 mit 210 000,00 EUR bewertet werden, da es sich um eine **vorübergehende** Wertminderung handelt. Eine Aktiengesellschaft hat in diesem Fall, im Gegensatz zu Einzelunternehmen und Personengesellschaften, kein Bewertungswahlrecht.[1]
   b) Im Jahresabschluss 2010 darf das Grundstück nach HGB trotz der Wertsteigerung weiterhin nur mit 210 000,00 EUR bewertet werden (Anschaffungskostenprinzip), da der Gewinn noch nicht realisiert wurde (Realisationsprinzip). Es entsteht dadurch eine stille Reserve.

2. § 253 (1) HGB: „Vermögensgegenstände sind höchstens mit den Anschaffungs- oder Herstellungskosten, vermindert um Abschreibungen (...) anzusetzen."

Anschaffungskosten	84 000,00	
AfA 2005	12 000,00	
	72 000,00	Bewertung im Jahresabschluss 2005
AfA 2006	12 000,00	
Buchwert	60 000,00	
AfA 2007	12 000,00	
Buchwert	48 000,00	
AfA 2008	12 000,00	
außerplanm. AfA	35 999,00	
Erinnerungswert	1,00	Bewertung im Jahresabschluss 2008

   Im Jahresabschluss 2010 ist die Maschine mit 12 000,00 EUR zu bewerten, weil sie bei erneuter Nutzung zu den um planmäßige Abschreibungen verminderten Anschaffungskosten zu bewerten ist, also: 84 000,00 – (6 · 12 000,00) = 12 000,00

3. Die Lösung baut auf die Aufgabe 4 aus Anforderungsbereich I auf.
   Der durchschnittliche Erwerbskurs beträgt: 24,09 EUR (27 217,50 EUR : 1 130 Stück).
   Der Börsenkurs liegt bei 26,39 EUR. Bei Wertpapieren herrscht das strenge Niederstwertprinzip. Daher ist zum Anschaffungspreis zu bewerten. Hier liegen mehrere Anschaffungen vor, sodass von einem gewogenen Durchschnittskurs ausgegangen werden kann.

4. Der Höchstwertansatz führt dazu, dass
   - die fertigen Erzeugnisse in der Bilanz mit einem höheren Wert angesetzt werden. Dadurch erhöht sich das Umlaufvermögen und damit steigt das Gesamtvermögen.
   - der Mehrbestand an fertigen Erzeugnissen höher ausfällt (bzw. der Minderbestand geringer). Dies hat Auswirkungen (über das Konto Bestandsveränderungen) auf das GuV-Konto. Es entsteht ein höherer Gewinn. Dadurch erhöht sich das Eigenkapital und damit steigt das Gesamtkapital.

5. Da das HGB dem Bilanzierenden eine Reihe von Wahlrechten einräumt, kann er die Bilanz und die GuV-Rechnung so gestalten, wie es seinen Zielen und Interessen entspricht. Das Bewertungswahlrecht bei den unfertigen und fertigen Erzeugnissen gehört zu den wichtigen Instrumenten einer solchen Bilanzpolitik.

   Die Wahl des Höchstwertansatzes bei den unfertigen und fertigen Erzeugnissen könnte – zusammen mit anderen Maßnahmen – den Grund haben, dass
   - die BRAFO AG aufgrund des erhöhten Gewinns und der erhöhten Eigenkapitalquote eine Verbesserung ihrer Kreditwürdigkeit erzielen möchte.
   - die BRAFO AG vor einer Kapitalerhöhung steht und das eigene Unternehmen möglichst positiv darstellen möchte, um die eigene Aktie für potenzielle Aktionäre interessant zu machen.

6. Der geschätzte Betrag wird 2010 einerseits als Rückstellung auf der Passivseite der Bilanz erfasst. Andererseits wird er als Aufwand erfasst und wirkt sich im GuV-Konto auf der Sollseite in der Weise aus, dass
   - sich die Aufwendungen um 45 000,00 EUR erhöhen,
   - sich der Gewinn um 45 000,00 EUR verringert, ohne dass Liquidität abfließt,
   - sich die Steuerschuld entsprechend verringert.

---

[1] Nach dem BilMoG sind seit dem 01.01.2010 außerplanmäßige Abschreibungen im Anlagevermögen für alle Rechtsformen nur noch bei voraussichtlich dauerhafter Wertminderung zulässig. Nur bei Finanzanlagen sind außerplanmäßige Abschreibungen bei vorübergehender Wertminderung zulässig – unabhängig von der Rechtsform.

Damit verbessert sich die Liquidität und die Zahlung der entsprechenden Steuerschuld wird auf das nächste Geschäftsjahr verschoben.
Der Finanzierungseffekt ist in diesem Fall gering, da bereits im Januar die Rechnung bezahlt wird. Bei z. B. Pensionsrückstellungen ist der Finanzierungseffekt wesentlich größer, da sie langfristiger sind und es sich um deutlich höhere Beträge handelt.

7. Wenn der Grund für die Bildung der Rückstellung wegfällt, muss die Rückstellung aufgelöst werden (§ 249 (2) HGB).
Rechnet man aus dem Rechnungsbetrag die 19 % USt heraus, so erhält man einen Nettobetrag von 41 200,00 EUR. Dieser Betrag ist um 3 800,00 EUR geringer als die gebildete Rückstellung. Bei Bezahlung der Rechnung wird die Rückstellung nun aufgelöst durch die Buchung:

3900 Sonstige Rückstellungen	45 000,00		
2600 Vorsteuer	7 828,00		
		an 2800 Bank	49 028,00
		5490 Periodenfremde Erträge	3 800,00

In diesem Fall ist eine stille Reserve in Höhe von 3 800,00 EUR gebildet worden, da die Zahlungsverpflichtung (netto) um 3 800,00 EUR geringer war als die gebildete Rückstellung.
Dieser periodenfremde Ertrag erhöht im Jahresabschluss die Habenseite des GuV-Kontos. Dadurch entsteht ein höherer Gewinn.

8. a) Problem: Der noch nicht gebuchte erfolgswirksame Vorgang stellt für das alte Geschäftsjahr einen Aufwand dar, auch wenn erst im nächsten Geschäftsjahr bezahlt wird.

Buchungen

31.12.2012:	6700 Mietaufwand	an	4890 sonstige Verbindlichkeiten	2 100,00	2 100,00
03.01.2013:	4890 sonstige Verbindlichkeiten	an	2800 Bankguthaben	2 100,00	2 100,00

b) Problem: Der Aufwand bezieht sich sowohl auf das alte als auch auf das neue Geschäftsjahr.

Buchungen

31.12.2012:	6700 Mietaufwand	an	4890 sonstige Verbindlichkeiten	2 800,00	2 800,00
15.04.2013:	4890 sonstige Verbindlichkeiten			2 800,00	
	6700 Mietaufwand	an	2800 Bankguthaben	5 600,00	8 400,00

c) Problem: Für eine **erhaltene** Lieferung/Leistung darf die Vorsteuer nur dann im alten Geschäftsjahr gebucht werden, wenn auch die Rechnung im alten Geschäftsjahr vorliegt.

Buchungen:

31.12.2012:	6160 Fremdinstandsetzung	an	4890 sonstige Verbindlichkeiten	650,00	650,00
05.01.2013:	4890 sonstige Verbindlichkeiten			650,00	
	2600 Vorsteuer	an	4400 Verb. aus LL	123,50	773,50
10.01.2013:	4400 Verb. aus LL	an	2800 Bankguthaben	772,50	772,50

d) Problem: Der noch nicht gebuchte erfolgswirksame Vorgang stellt für das alte Geschäftsjahr einen Ertrag dar, auch wenn erst im nächsten Geschäftsjahr gezahlt wird.

Buchungen:

31.12.2012:	2690 sonstige Forderungen	an	5400 Mietertrag	6 000,00	6 000,00
10.01.2013:	2800 Bankguthaben	an	2690 sonstige Forderungen	6 000,00	6 000,00

e) Problem: Der Ertrag bezieht sich sowohl auf das neue als auch auf das alte Geschäftsjahr.

Buchungen:

31.12.2012:	2690 sonstige Forderungen	an	5400 Mietertrag	6 400,00	6 400,00
08.02.2013:	2800 Bankguthaben	an	2690 sonstige Forderungen	9 600,00	6 400,00
			5400 Mietertrag		3 200,00

f) Problem: Der schon erfasste erfolgswirksame Vorgang stellt einen Aufwand für das neue Geschäftsjahr dar.

Buchungen

20.12.2012:	6900 Versicherungsbeiträge	an	2800 Bankguthaben	360,00	360,00
31.12.2012:	2900 ARA	an	6900 Versicherungsbeiträge	360,00	360,00
01.01.2013:	6900 Versicherungsbeiträge	an	2900 ARA	360,00	360,00

g) <u>Problem:</u> Der schon erfasste erfolgswirksame Aufwand gehört teilweise in das alte und teilweise in das neue Geschäftsjahr.

Buchungen

01.11.2012:	6900 Versicherungsbeiträge	an	2800 Bankguthaben	300,00	300,00
31.12.2012:	2900 ARA	an	6900 Versicherungsbeiträge	250,00	250,00
01.01.2013:	6900 Versicherungsbeiträge	an	2900 ARA	250,00	250,00

h) <u>Problem:</u> Der schon gebuchte Ertrag bezieht sich ausschließlich auf das neue Geschäftsjahr.

Buchungen

27.12.2012:	2800 Bankguthaben	an	5400 Mietertrag	450,00	450,00
31.12.2012:	5400 Mietertrag	an	4900 PRA	450,00	450,00
01.01.2013:	4900 PRA	an	5400 Mietertrag	450,00	450,00

i) <u>Problem:</u> Der schon gebuchte Ertrag gehört teilweise in die alte und teilweise in die neue Geschäftsperiode.

Buchungen

01.11.2012:	2800 Bankguthaben	an	5400 Mietertrag	4 500,00	4 500,00
31.12.2012:	5400 Mietertrag	an	4900 PRA	3 000,00	3 000,00
01.01.2013:	4900 PRA	an	5400 Mietertrag	3 000,00	3 000,00

8.1.3 Anforderungsbereich III

1. Der durchschnittliche Erwerbskurs (gewogener Durchschnitt) beträgt 24,09 EUR, der Börsenkurs am 31.12. beläuft sich auf 26,38 EUR. Anzusetzen sind aufgrund des Niederstwertprinzips 24,09 EUR. Damit findet ein noch nicht realisierter Gewinn, der bei Ansatz des Börsenkurses entstünde, keine Berücksichtigung bei der Bewertung. Damit wird dem Imparitätsprinzip entsprochen. Einerseits wird dem Grundsatz der Vorsicht (unter der Prämisse des Gläubigerschutzprinzips) Genüge getan, andererseits werden z. B. dem Anleger die wahren Vermögensverhältnisse verschleiert.

2. Vorsichts- und Gläubigerschutzprinzip besagen, dass Vermögensgegenstände eher niedriger und Schulden eher höher bewertet werden müssen. Angesichts der zunehmenden Globalisierung der Märkte ist das Bestreben nach (internationalem) Kapital hoch. Unterschiedliche Bewertungsrichtlinien (HGB, IFRS, US-GAAP) verhindern eine objektive Vergleichbarkeit von Vermögen und Schulden eines Unternehmens im internationalen (globalen) Vergleich. Die Anwendung international anerkannter Bewertungsrichtlinien versucht dem entgegenzuwirken.

3. Es werden stille Reserven gebildet, wenn am Fälligkeitstag der Verbindlichkeit (20.01.2011) der Dollarkurs gefallen (bzw. der Eurokurs gestiegen) ist gegenüber dem maßgeblichen Kurs am Bilanzstichtag.

   Beispiel:
   Ist der Dollarkurs gefallen, sodass der Mittelkurs am Fälligkeitstag (20.01.2011) z. B. bei 1,4550 USD liegt, beträgt die Höhe der Verbindlichkeit 76 340,00 : 1,4550 = 52 467,35.
   Da sie am Bilanzstichtag 54 288,15 betrug, hat sich eine stille Reserve in Höhe von 1 820,80 EUR gebildet.

Jahrgang 13.1

9 Übungsklausuren 13.1

Übungsklausur I

Situation I

Vorberechnungen:

Rechnungsbetrag (brutto)	35 700,00 EUR
davon 2 % Skonto	714,00 EUR
Überweisung innerhalb von 10 Tagen nach Rechnungserhalt (35 700,00 EUR – 714,00 EUR).	34 986,00 EUR

1. **Möglichkeit: Ausnutzen des Lieferantenkredites**

   Kosten des Lieferantenkredites in Höhe des Skontos = **714,00 EUR**

2. **Möglichkeit: Ausnutzen der Kreditlinie**

   Kosten einer Kreditlinienausnutzung:
   Kreditbetrag 34 986,00 EUR, Laufzeit 20 Tage, Zinssatz 15 %

Zinsformel:

$$\text{Zinsen} = \frac{\textit{Kapital} \cdot \textit{Laufzeit} \cdot \textit{Zinssatz}}{360 \cdot 100}$$

$$= \frac{34\,986 \text{ EUR} \cdot 20 \text{ Tage} \cdot 15}{360 \cdot 100}$$

$$= \underline{\mathbf{291{,}55 \text{ EUR}}}$$

Schlussfolgerung: Das Ausnutzen der Kreditlinie der Hausbank ist günstiger als das Ausnutzen des Lieferantenkredites. Die Saltwater Yachtbau AG sollte ihre Kreditlinie bei der Hausbank in Anspruch nehmen, um das Skonto des Lieferanten ausnutzen zu können. Die Saltwater Yachtbau AG hätte dadurch eine Ersparnis in Höhe von 422,45 EUR (714,00 EUR – 291,55 EUR).

Situation II

1. Darlehen: Abzahlungsdarlehen
   Leasing-Vertrag: Financial-Leasing, Vollarmortisation, Mobilien-L.

2. Liquiditätsbetrachtung Kredit:

	Anfangsbetrag	Tilgung	Zinsen	Endbetrag	Belastung
1. Jahr	360 000,00 EUR	60 000,00 EUR	27 000,00 EUR	300 000,00 EUR	87 000,00 EUR
2. Jahr	300 000,00 EUR	60 000,00 EUR	22 500,00 EUR	240 000,00 EUR	82 500,00 EUR
3. Jahr	240 000,00 EUR	60 000,00 EUR	18 000,00 EUR	180 000,00 EUR	78 000,00 EUR
4. Jahr	180 000,00 EUR	60 000,00 EUR	13 500,00 EUR	120 000,00 EUR	73 500,00 EUR
5. Jahr	120 000,00 EUR	60 000,00 EUR	9 000,00 EUR	60 000,00 EUR	69 000,00 EUR
6. Jahr	60 000,00 EUR	60 000,00 EUR	4 500,00 EUR	0,00 EUR	64 500,00 EUR
			94 500,00 EUR		454 500,00 EUR

Liquiditätsbetrachtung Leasing:

	Gebühr	Leasingrate	Gesamt
1. Jahr	18 000,00 EUR	140 400,00 EUR	158 400,00 EUR
2. Jahr		140 400,00 EUR	140 400,00 EUR
3. Jahr		140 400,00 EUR	140 400,00 EUR
4. Jahr		140 400,00 EUR	140 400,00 EUR
5. Jahr		5 000,00 EUR	5 000,00 EUR
6. Jahr		5 000,00 EUR	5 000,00 EUR
			0,00 EUR
			589 600,00 EUR

Der Kredit ist hinsichtlich der Liquiditätsbelastung am günstigsten.

Erfolgswirksamkeit	Kredit			Leasing
	Zinsen	AfA	Gesamt	
1. Jahr	27 000,00 EUR	60 000,00 EUR	87 000,00 EUR	158 000,00 EUR
2. Jahr	22 500,00 EUR	60 000,00 EUR	82 500,00 EUR	140 400,00 EUR
3. Jahr	18 000,00 EUR	60 000,00 EUR	78 000,00 EUR	140 400,00 EUR
4. Jahr	13 500,00 EUR	60 000,00 EUR	73 500,00 EUR	140 400,00 EUR
5. Jahr	9 000,00 EUR	60 000,00 EUR	69 000,00 EUR	5 000,00 EUR
6. Jahr	4 500,00 EUR	60 000,00 EUR	64 500,00 EUR	5 000,00 EUR
Gesamt			**454 500,00 EUR**	**589 600,00 EUR**

3. Aufzählung und Gegenüberstellung der Vor- und Nachteile von Kredit und Leasing:

	Kredit	Leasing
Vorteile	– Eine Kreditfinanzierung ist günstiger als eine Leasingfinanzierung. – Das zu finanzierende Gut ist im Eigentum des Unternehmens und kann von ihm bilanziert werden.	– Leasinggegenstände sind häufig auf dem neuesten Stand der Technik – genaue Kalkulationsgrundlage aufgrund fester Raten – Verringerung des Kapitalbedarfs – keine Sicherheiten erforderlich – Leasingkosten werden aus den erwirtschafteten Erträgen der Maschine bezahlt – steuerliche Abzugsfähigkeit der Raten – Verbesserung von Bilanzkennzahlen, z. B. Eigenkapital- und Fremdkapitalquote – Sonderleistungen/Service des Leasinggebers
Nachteile	– Sicherheiten werden gebunden – Verschlechterung von Bilanzkennzahlen	– hohe Fixkosten aufgrund der Raten – Leasing ist meistens teurer als eine Kreditfinanzierung – vertraglich lange Bindungen beim Financial Leasing

Situation III

1. Voraussetzung: ¾ Mehrheit der HV

genehmigte Kapitalerhöhung	Eine von der Hauptversammlung im Voraus genehmigte Kapitalerhöhung: Der Vorstand kann den Termin für die Kapitalerhöhung innerhalb der folgenden fünf Jahre selber entscheiden. Die genehmigte Kapitalerhöhung kann dann in Form einer Kapitalerhöhung gegen Ausgabe neuer, junger Aktien (gegen Einlagen) erfolgen.
ordentliche Kapitalerhöhung (auch: Kapitalerhöhung gegen Einlagen; gewöhnliche Kapitalerhöhung)	Durch die Ausgabe neuer, junger Aktien wird das Eigenkapital einer AG erhöht. Dabei haben die Aktionäre ein gesetzlich garantiertes Vorkaufsrecht (Bezugsrecht). Gegen Zuzahlung eines Vorzugspreises können Altaktionäre neue Aktien erwerben. Durch den Vorzugspreis sollen möglichst viele Altaktionäre zur Zeichnung junger Aktien bewogen werden.

2.

12 Mio. EUR altes Grundkapital	= 2 400 000 Aktien · 35,75 EUR	=	85 800 000,00 EUR
2 Mio. EUR Kapitalerhöhung	= 400 000 Aktien · 30,00 EUR	=	12 000 000,00 EUR
14 Mio. EUR neues Grundkapital	= 2 800 000 Aktien	=	97 800 000,00 EUR

Mittelkurs = 34,93 EUR
Wert des Bezugsrechts = 35,75 EUR – 34,93 EUR = 0,82 EUR
Bezugsverhältnis = 6/1

Herr M. hat 123 Aktien = 123 Bezugsrechte

1. Möglichkeit: Herr M. erhält den Barwert-/Bargeldausgleich = 123 Bezugsrechte · 0,82 EUR = 100,86 EUR.
2. Möglichkeit: Herr M. bezieht 20 neue Aktien zum Preis von 30,00 EUR (600,00 EUR) und verkauft die restlichen Anteile (3 Stück) = 2,46 EUR.

3.
   1. Erhöhung des Grundkapitals um 2 Mio. EUR
   2. Erhöhung der Kapitalrücklage um 10 Mio. EUR – Emissionskosten 0,75 Mio. EUR
      Annahme: Emissionskosten verringern die Kapitalrücklage
   3. Geldkonten erhöhen sich um 12 Mio. EUR – Emissionskosten 0,75 Mio. EUR = 11,25 Mio.

Aktiva	Bilanz vor der Kapitalerhöhung		Passiva
Anlagevermögen	43,00	gezeichnetes Kapital	14,00
Umlaufvermögen		Kapitalrücklage	17,25
1. Forderungen	20,00	Gewinnrücklagen	
2. Geldkonten	16,25	1. gesetzl. Rücklagen	4,00
		2. andere Gewinnrücklagen	24,00
		übrige Passiva	20,00
	79,25		79,25

Situation IV

Rechtsfolgen der Sicherungsübereignung	
Saltwater (Kreditnehmerin)	**SK (Kreditgeberin)**
– Die Saltwater AG bleibt unmittelbare Besitzerin der Anlage und kann sie täglich nutzen. – Sie muss den Anlagegegenstand in ihrer Bilanz aufnehmen.	Die SK wird treuhänderische Eigentümerin und mittelbare Besitzerin. Sie hat die rechtliche Herrschaft über die Anlage. Im Falle der Nichtzahlung kann sie die Anlage zwangsversteigern lassen.

Sicherungsübereignung	
Vorteile	**Nachteile**
– Die Saltwater AG kann mit dem sicherungsübereigneten Gut sofort arbeiten. – Die Übereignung ist nach außen nicht erkennbar.	Bei Zahlungsverzug kann der Kreditgeber den übereigneten Gegenstand sofort verwerten.

Sicherungsalternativen	Beurteilung
Bürgschaft	Eine Bürgschaft ist nicht geeignet, da die Saltwater AG eine Kapitalgesellschaft ist. Wer sollte für sie bürgen?
Grundschuld	Grundschuld stellt durchaus eine Alternative dar. Aber sie ist durch die Bestellung der Grundschuld und die Eintragung im Grundbuch sehr zeitaufwendig und teuer.

Übungsklausur II

Situation I

1. Zu beschreibende, alternative Finanzierungsmöglichkeiten können sein:
   - offene Selbstfinanzierung durch Auflösung von Rücklagen
   - Finanzierung aus Rückstellungsgegenwerten
   - Finanzierung aus dem laufenden Gewinn
   - Mischfinanzierung unter Ausnutzung des Leverage-Effektes (Finanzierung durch Fremdkapitalaufnahme über Banken und Eigenkapital)
   - andere Lösungen

2. a) Die Abschreibungsgegenwerte werden in die Verkaufspreise der Produkte einkalkuliert und fließen dem Unternehmen kontinuierlich über die Umsatzerlöse zu. Diese liquiden Mittel stehen dem Unternehmen zusätzlich zur Verfügung. Sie können für eine bestimmte Maschine über die Abschreibungsdauer angespart werden oder zum Zeitpunkt ihres Zugangs in die Neuanschaffung anderer Maschinen investiert werden. Als zusätzlichen Effekt hat man durch die Abschreibungen und deren gewinnmindernde Wirkung eine geringere Steuerlast. Die so erzielten Einsparungen können ebenfalls in Neuanschaffungen investiert werden.

   b) Abschreibungen der Maschinen und Wiederbeschaffung:

Maschine	2010	2011	2012	2013
M1	20 000,00 EUR	20 000,00 EUR	20 000,00 EUR	–
M2	20 000,00 EUR	20 000,00 EUR	20 000,00 EUR	–
M3	20 000,00 EUR	20 000,00 EUR	20 000,00 EUR	–
M4		20 000,00 EUR	20 000,00 EUR	20 000,00 EUR
M5			20 000,00 EUR	20 000,00 EUR
M6				20 000,00 EUR
M7				20 000,00 EUR
Abschr. Investition	60 000,00 EUR 60 000,00 EUR	80 000,00 EUR 60 000,00 EUR	100 000,00 EUR 120 000,00 EUR	
übrig	0,00 EUR	20 000,00 EUR	0,00 EUR	

   c) Der Kapitalerweiterungseffekt besteht darin, dass die Anzahl der Maschinen (hier: 3 Stück) sich um eine Maschine (2009) bzw. um eine weitere Maschine (2010) erhöht. Die Gesamtkapazität steigt von 3 auf 5 Maschinen. Die Maschinen wurden ohne Fremdkapital aufzunehmen finanziert.
   Vorteile: Durch die Kapitalfreisetzung wird die Liquidität des Unternehmens geschont (es müssen keine Fremdkapitalzinsen und Tilgung bezahlt werden). Außerdem können sich dadurch die Bilanzkennzahlen, speziell sowohl die der Eigen- und Fremdkapitalquote als auch des Verschuldungsgrades verbessern. Bei konstanter Erlössituation kann ein höherer Jahresüberschuss erwirtschaftet werden, sodass sich die Rentabilitätskennzahlen ebenfalls verbessern. Als weiteren Vorteil ist die Unabhängigkeit der Unternehmensführung von fremden Kapitalgebern zu sehen.
   Nachteile: Diese Form der Finanzierung funktioniert, wenn durch die Erlöse tatsächlich auch die Höhe der Abschreibungsaufwendungen verdient werden können. Außerplanmäßige Abschreibungen durch zum Beispiel einen Totalschaden an einer der zuerst angeschafften Maschinen sind nicht einkalkuliert.

Situation II

1. Beschreibung: Innenfinanzierung + Selbstfinanzierung + durch Gewinnthesaurierung (offene Selbstfinanzierung)

	3 850 000,00	JÜ
–	175 000,00	Verlustvortrag
=	3 675 000,00	
–	183 750,00	gesetzliche Rücklagen
=	3 491 250,00	
–	1 571 062,50	satzungsmäßige Rücklagen
=	1 920 187,50	

2. 1. Möglichkeit: Einbehaltung und Erhöhung der Rücklagen
   2. Möglichkeit: Ausschüttung in Form einer Dividende (0,38 EUR pro Aktie) und 20 187,50 EUR in den Gewinnvortrag

Situation III

1. Es handelt sich dabei um Rückstellungen, die zum Bilanzstichtag zu bewerten und zu passivieren sind (Passivierungspflicht gem. § 249 Abs. 1 Satz 1 HGB).
   6160 Fremdinstandsetzung an 3900 sonstige Rückstellungen 18 000,00 EUR

2. **Rücklagen** sind Bestandteile des Eigenkapitals und werden aus Teilen des Jahresüberschusses freiwillig oder erzwungenermaßen gebildet. Bis auf die gesetzlichen Rücklagen kann ein Unternehmen frei über die Gelder zu Investitionszwecken verfügen. **Rückstellungen** gelten als Verbindlichkeiten für Aufwendungen, deren Höhe und Fälligkeiten nicht bekannt sind. Sie gelten damit bilanztechnisch als Fremdkapital.

3. Buchungssätze:

3900	sonstige Rückstellungen				15 500,00 EUR	
2600	Vorsteuer	an	2800	Bank	2 945,00 EUR	18 445,00 EUR
3900	sonstige Rückstellungen	an	5490	periodenfremde Erträge	2 500,00 EUR	

4. Rückstellungen haben dann einen Finanzierungseffekt, wenn sie einem Unternehmen langfristig zur Verfügung stehen. Insbesondere durch die Bildung von Pensionsrückstellungen werden Teile des Gewinns langfristig im Unternehmen belassen, um zukünftige Pensionsansprüche der Mitarbeiter damit zu begleichen. Mit diesem Geld kann das Unternehmen – bis zur Auszahlung der Pensionen – arbeiten. Es handelt sich damit um langfristiges Fremdkapital.

   Im vorliegenden Fall hat der Betrag in Höhe von 18 000,00 EUR keinen Finanzierungseffekt, da es sich hierbei nur um eine kurzfristige Rückstellung handelt. Dieser Betrag könnte höchstens zum Ausgleich sehr kurzfristiger Liquiditätsengpässe verwendet werden, da dieser Betrag bis zu seiner Verfügung bzw. Überweisung auf dem Bankkonto des Unternehmens liegt.

Jahrgang 13.2

1 Ursachen und Phänomene des Wandels

1.1 Ausgangssituation Ursachen und Phänomene des Wandels

1.1.1 Anforderungsbereich I

1. Zwei technologische Voraussetzungen ebneten den Weg für die Globalisierung:
   a) die **Weiterentwicklung der Informations- und Kommunikationstechnologie**. Dadurch wurde die Logistik beschleunigt und vereinfacht, da per Computer immer größere Datenmengen schneller erfasst und per Internet weltweit verarbeitet werden konnten.
   Per Handy konnten die Beteiligten noch flexibler eingesetzt werden und noch schneller reagieren.
   b) die **Entwicklung des Containers**. Dies ermöglichte eine wesentlich schnellere Be- und Entladung, einen flexibleren Transport auf dem See-, Straßen- und Schienenweg sowie eine problemlosere Lagerung. Verbunden mit der Entwicklung von Containerschiffen, die schneller sind und größere Kapazitäten aufweisen, wurde der Transport über längere Strecken wirtschaftlicher. Dies trifft prinzipiell auch für den Luftverkehr zu – jedoch wegen der Kostensituation nicht im gleichen Umfang.

2. Zu Beginn der 90er Jahre des letzten Jahrhunderts kam es zum Zusammenbruch der planwirtschaftlichen Systeme Osteuropas. Im Zuge der anschließenden marktwirtschaftlichen Neuorientierung öffneten sich die Märkte dieser Länder, was vor allem im Bereich der Beschaffung vielen westeuropäischen Unternehmen kostengünstige Produktionsmöglichkeiten bot, aber auch im Absatzbereich von Bedeutung ist. Mit der Öffnung Chinas entstand ein weiterer gigantischer Markt, der sowohl als Absatzmarkt der Zukunft – zusammen mit Indien – sehr bedeutsam ist als auch als kostengünstiger Produktionsstandort.

3. - günstigere Produktion in Ländern mit geringeren Arbeitskosten
   - Erschließung neuer Märkte
   - größere Nähe zu Kunden auf den neuen Märkten
   - mögliche Importbeschränkungen werden umgangen durch Produktion vor Ort
   - Synergieeffekte durch Zusammenarbeit in Forschung, Entwicklung, Verwaltung u. a.
   - geringere Fixkosten durch erhöhte Produktionszahlen
   - Risikominimierung durch Standbeine in verschiedenen Ländern mit unterschiedlicher wirtschaftlicher Lage

4. In beiden Fällen handelt es sich um einen Unternehmenszusammenschluss auf der Grundlage einer Kapitalbeteiligung. Bei einem Konzern jedoch bleiben die beteiligten Unternehmen rechtlich selbstständig (verschiedene Firmen), während sie bei einer Fusion ihre rechtliche Selbstständigkeit verlieren und zu einem Unternehmen verschmelzen (gemeinsame Firma).

5. VW beabsichtigt, einen 20 %-Anteil am japanischen Automobilhersteller Suzuki zu erwerben. Damit würde VW nach dem Kauf von Anteilen an Porsche (2009) und Scania (2008) elf Marken umfassen und seinem Ziel näherrücken, bis 2018 zur Nummer Eins der weltweiten Autobauer aufzusteigen. Zusätzlich würde diese Beteiligung VW den Zugang auf den sehr lukrativen Automarkt Indien erleichtern und seine Position in Südostasien insgesamt stärken. Technologisch profitieren beide Unternehmen von dieser Zusammenarbeit.

6. - Hybridfahrzeuge (Kombination aus Verbrennungs- und Elektromotor)
   - rein batteriebetriebene Elektrofahrzeuge
   - Elektrofahrzeuge mit einer Wasserstoffbrennzelle

1.1.2 Anforderungsbereich II

1.

Konzentration	*Beispiel*
horizontal	*Mehrere Möbelgeschäfte schließen sich zusammen.*
vertikal	*Ein Sägewerk, eine Möbelfabrik, ein Möbelgroßhändler und drei Möbelgeschäfte schließen sich zusammen.*
diagonal	*Eine Möbelfabrik, ein Textilkaufhaus und eine Bierbrauerei schließen sich zusammen.*

2. Unter Direktinvestitionen versteht man grenzüberschreitende Beteiligungen am Kapital oder an Stimmrechten einer Unternehmung von 10 % oder mehr. Diese haben im Rahmen der Globalisierung stark zugenommen. Lagen sie in den 70er Jahren weltweit noch bei durchschnittlich 24 Mrd. Dollar jährlich, lagen sie Anfang des 21. Jahrhunderts bei 918 Mrd. Dollar im Schnitt pro Jahr. Knapp die Hälfte entfiel davon auf die EU. Fast zwei Drittel aller Direktinvestitionen betrafen 2006 die Dienstleistungsbranche. Die ausländischen Direktinvestitionen in Deutschland und die deutschen Direktinvestitionen im Ausland nahmen von 2002–2006 bzw. 2003–2006 ständig zu.

3. Der indische Automarkt steigt rasant. VW hat zwar in Indien eine neue Fabrik gebaut, verzeichnet derzeit aber noch geringe Absatzzahlen, z. B. im Vergleich zur Situation in China (Marktanteil rund 20 %). Die Konzernleitung möchte die Absatzzahlen massiv erhöhen. Da in Indien vor allem Klein- und Kleinstwagen in sehr großen Stückzahlen verkauft werden können, wird VW 2011 den Kleinstwagen „Up" auf den Markt bringen.

4. Über die Beteiligung an Suzuki
   - erhält VW einen besseren Zugang zum indischen Automarkt (Suzuki-Tochter Maruti hat dort einen Marktanteil von über 50 %),
   - stärkt VW seine Position auf dem japanischen Kleinstwagen-Markt.

   Mit der Beteiligung kommt VW wieder einen Schritt dem von Vorstandschef Winterkorn ausgegebenen Ziel näher, bis 2018 Nummer Eins im weltweiten Automarkt zu werden. Der derzeitige Branchenführer Toyota kann Suzuki ohne die Zustimmung von VW nicht mehr übernehmen.

   In Indien kann VW über Suzuki noch das Billigsegment unter dem Modell ‚Up' abdecken – als Konkurrenz zum indischen Tata Nano. Zusätzlich profitiert VW von der Tatsache, dass Suzuki auch Motorräder anbietet, die in einem Schwellenland wie Indien stark nachgefragt werden.

   VW profitiert somit – wie umgekehrt Suzuki auch – technologisch von dieser Zusammenarbeit und stärkt seine Position in Indien und Südostasien.

5. Die VW-Aktionäre haben auf dem Wege einer genehmigten Kapitalerhöhung den Vorstand dazu ermächtigt, innerhalb von 5 Jahren 135 Mio. Vorzugsaktien auszugeben. Dies entspricht nach derzeitigem Börsenkurs 8,6 Mrd. EUR. Somit wäre die Finanzierung kein Problem, denn für eine 20%ige Beteiligung bezahlt VW zwischen 1,5 und 1,8 Mrd. EUR.

1.1.3 Anforderungsbereich III

1. In seinem Kommentar im Kölner Stadt-Anzeiger vom 10. Dezember 2009 beurteilt F. Siering das Bündnis von VW und Suzuki wie folgt: „Während Opel am Gängelband von General Motors japst und ums Überleben kämpft, scheint dem VW-Konzern die Autokrise relativ wenig anhaben zu können. Piech und Co. haben genug finanziellen Spielraum, um sich erst die Sportwagen-Schmiede Porsche einzuverleiben und sich jetzt an Suzuki zu beteiligen. VW steht nicht zuletzt deshalb besser da als die meisten Konkurrenten, weil die Wolfsburger in China stark sind. Und das ist das Resultat langfristiger Markteroberung. Auf dem anderen Riesenmarkt der Zukunft, nämlich Indien, hatte VW bislang wenig zu bestellen. Dort ist Suzuki mit seinen kleinen Billigautos erheblich erfolgreicher. Der Einstieg bei den Japanern macht also Sinn. Und der Markensammler Piech wird sich mittelfristig kaum mit einer Minderheitsbeteiligung zufriedengeben. VW wächst Schritt für Schritt zur Welt AG heran. (...)
   Diese Ehe könnte halten, weil die Partner gut zusammenpassen und das VW-Management mit der Integration weiterer Marken bisher umsichtig zu Werke ging."
   Quelle: F. Siering: Keine Ehe im Himmel. Kommentar zum Bündnis von VW und Suzuki, in: Kölner Stadt-Anzeiger, 10.12.2009, S. 11

2. „Sicherlich gibt es Einzelbeispiele, in denen Multis mit korrupten und antidemokratischen Regimes zusammengearbeitet oder menschenunwürdige Arbeits- und Sozialbedingungen geboten haben. Doch handelt es sich dabei um einige wenige schwarze Schafe. Wissenschaftlich fundierte Studien geben einen anderen Trend wieder: Multis, die in Entwicklungsländern aktiv sind, bieten den heimischen Arbeitskräften in der Regel höhere Löhne und bessere Arbeitsbedingungen als die Unternehmen in inländischem Besitz. Sie investieren schon aus Eigeninteresse weniger in Ländern mit schwachen demokratischen Rechten und sozialen Kernarbeitsnormen (wie dem Verbot von Kinder- und Zwangsarbeit), sondern bevorzugt in Ländern, in denen das politische und soziale Umfeld „stimmt". Schließlich ist nichts schädlicher für das Image und den Verkaufserfolg als eine schlechte Presse. Tatsächlich geht ein Großteil der Direktinvestitionen – nach den Industrieländern – in die relativ hoch entwickelten Schwellenländer Mexiko, Brasilien, Russland, Hongkong, Singapur sowie in die neuen EU-Länder.
   Gewiss verstehen es die Großkonzerne, im internationalen Geschäft Einfluss zu nehmen und sich die günstigsten Investitionsstandorte zu sichern. Gleichwohl zeigen beispielsweise die staatlichen Rechtsmittel gegen zu starke Machtkonzentration nach wie vor Wirkung, wie die kartellrechtlichen Verfahren gegen Wirtschaftsgiganten wie Microsoft beweisen, das seine Konkurrenz behinderte, und General Electric, dessen Fusion mit dem US-Unternehmen Honeywell von der Europäischen Kommission verboten wurde."
   Quelle: J. Matthes: Globalisierung – Chancen und Risiken (II), in: Wirtschaft und Unterricht, Informationen aus dem Institut der deutschen Wirtschaft Köln für Pädagogen, Nr. 5/2006, S. 2

   Es finden sich jedoch auch Meinungen, die in eine andere Richtung gehen. So weist z. B. Greenpeace in Artikeln darauf hin, dass die Finanzkraft der größten multinationalen Unternehmen die ganzer Staaten übersteigt und ihr Einfluss auf die Politik so groß ist, dass sie Maßnahmen zum Umwelt- oder auch Verbraucherschutz verhindern können. Die 15 größten Unternehmen der Welt kontrollieren, gemessen an ihrem Umsatz, mehr Wirtschaftsleistung als die 60 ärmsten Staaten der Welt. Allein der Umsatz von Exxon Mobil, dem weltweit größten Ölkonzern und umsatzstärksten Industrieunternehmen der Welt, liegt mit 370 Mrd. US-Dollar (2006) über dem Bruttoinlandsprodukt Dänemarks oder Griechenlands. Am Beispiel der Ölkonzerne beschreibt Greenpeace, wie Staaten in die Ölabhängigkeit geraten, da Direktinvestitionen ausländischer Unternehmen die staatliche Entwicklungshilfe übersteigen. Dies geschieht häufig auf Kosten der Umwelt und der ortsansässigen Bevölkerung.
   vgl.: Greenpeace: Erdöl – Schmiermittel der Globalisierung vom 13.01.2005, unter: www.greenpeace.de/themen/oel/umweltkiller_oel/artikel/erdoel_schmiermittel_der_globalisierung, abgerufen am 06.01.2010

3. „Viele Globalisierungskritiker unterstellen, dass die Entwicklungsländer angesichts der Dominanz der Industrieländer und Multis wirtschaftlich unter die Räder geraten. In Wirklichkeit gilt: Je stärker sich ein Land in die internationale Arbeitsteilung einklinkt, desto größer sind seine Chancen auf mehr Wachstum und höheren Wohlstand. Fest steht nach einer Studie des Instituts der deutschen Wirtschaft (IW Köln): Diejenigen Entwicklungsländer, die im Verlauf der achtziger Jahre stärker an der Globalisierung teilgenommen haben, konnten ihre Wirtschaftsleistung je Einwohner in den neunziger Jahren insgesamt um 75 Prozent steigern – die Staatengruppe, die sich dem Weltmarkt weniger zu- oder gar abgewandt hat, kam demgegenüber nur auf ein Plus von knapp 30 Prozent."
   Quelle: J. Matthes: Globalisierung – Chancen und Risiken (II), in: Wirtschaft und Unterricht, Informationen aus dem Institut der deutschen Wirtschaft Köln für Pädagogen, Nr. 5/2006, S. 3 f.

   Der Autor weist darauf hin, dass die Unternehmen der Entwicklungsländer von größeren Absatzmöglichkeiten profitieren und die Bevölkerung von den damit verbundenen fallenden Preisen und dem Wissenszufluss, sofern bereits ein ausreichender Bildungsstand vorhanden ist. Allerdings sei es für eine erfolgreiche Integration auf dem Weltmarkt zwingend notwendig, dass die Entwicklungsländer hohe Inflationsraten senken, Staatsdefizite abbauen, Eigentumsrechte und Rechtssysteme stärken, Korruption bekämpfen und Bürokratie abbauen.
   vgl.: J. Matthes: Globalisierung – Chancen und Risiken (II), in: Wirtschaft und Unterricht, Informationen aus dem Institut der deutschen Wirtschaft Köln für Pädagogen, Nr. 5/2006, S. 4

2 Übungsklausur 13.2

1. Aufgrund des Kostendrucks bei den Autoherstellern liegt der entscheidende Vorteil in der Tatsache, dass WEMEKA in Osteuropa kostengünstiger produzieren kann (s. Aufgabe 2), was direkt zur Konkurrenzfähigkeit des Unternehmens und indirekt auch zur Sicherung von Arbeitsplätzen in Deutschland (z. B. Entwicklung, Vertrieb, Verwaltung) beiträgt. Vorteilhaft könnte auch sein, dass WEMEKA u. U. näher an Kunden ist, die ebenfalls in Osteuropa produzieren, wie z. B. Skoda.

   Nachteile entstehen zum einen an den deutschen Standorten, da zu erwarten ist, dass hier Arbeitsplätze in der Produktion abgebaut werden müssen. Am osteuropäischen Standort ist zunächst mit umfangreichen Investitionen zu rechnen, da die Produktion dort erst aufgebaut werden muss. Es muss dann genügend qualifiziertes Personal zur Verfügung stehen, um auch hinsichtlich der Arbeitsproduktivität und Qualität konkurrenzfähig zu sein. Da die meisten Produkte nicht an Kunden in der Nähe ausgeliefert werden, ist davon auszugehen, dass erhöhte Transportkosten und -risiken anfallen.

   In einem Spiegel-Artikel aus dem Jahr 2007 wird über diese Probleme berichtet: „So werden die Anlaufzeiten einer ausländischen Produktionsstätte fast immer unterschätzt und sind häufig doppelt so hoch wie geplant. (...) Das Personal für die Anlaufphase bezahlt fast immer der deutsche Stammsitz, der sich dadurch künstlich verteuert. (...) Auch die Lieferantensuche ist weit komplizierter, als viele Verlagerer zunächst wahrhaben wollen. Vieles muss umständlich von Deutschland herbeigeschafft werden. Zudem wirken ganz profane Dinge wie mangelnde Loyalität zum Unternehmen oder hohe Krankenstände nachhaltig negativ."

   Quelle: J. Tietz: Rolle rückwärts, in: Der Spiegel 39/2007, S. 68

   „Nachdem die Wissenschaftler des ISI (Fraunhofer-Institut für System- und Innovationsforschung – Anm. des Autors) alle Sparpotenziale in der Heimat sowie Zusatzkosten für den Auslandsstandort einbezogen hatten, stieg die Rendite für den deutschen Standort auf 13,2 Prozent, die im Ausland sank auf 15,8 Prozent. ‚Für einen Vorteil von rund 2,5 Prozentpunkten sollte man nicht ernsthaft über eine Verlagerung nachdenken', sagt der ISI-Forscher Kinkel. Er warnt vor allzu schnellen Fluchtplänen."

   Quelle: J. Tietz: Rolle rückwärts, in: Der Spiegel 39/2007, S. 68

2. Christoph Schröder schreibt dazu: „Im Jahr 2010 lagen die durchschnittlichen Arbeitskosten des westdeutschen Verarbeitenden Gewerbes bei 36,28 Euro je Stunde (...). Damit sind die westdeutschen Bundesländer der sechstteuerste Standort innerhalb des IW-Vergleichs. An der Spitze liegt Norwegen (49,54 Euro), das seinen Abstand zu den übrigen Ländern gegenüber dem Vorjahr durch die Aufwertung der norwegischen Krone wesentlich vergrößert hat. Durch den starken Franken ... haben die Arbeitskosten der Schweiz (40,87 Euro) ebenfalls die 40-Euro-Marke überschritten. ... Dennoch bleibt Belgien mit 39,31 Euro der teuerste Standort in der EU. (...)

   Gegenüber den meisten großen Industrieländern hat Westdeutschland einen deutlichen Kostennachteil. Lediglich gegenüber Frankreich hält er sich noch in Grenzen. ... Kanada, Italien, Japan und die USA produzieren dagegen um rund 30 Prozent günstiger als die westdeutsche Industrie. Das Vereinigte Königreich hat sogar einen Kostenvorteil von 36 Prozent. Um genau 40 Prozent niedriger als in Westdeutschland ist das Kostenniveau in Ostdeutschland (21,76 Euro). ... Zumeist im unteren Drittel der Kostenrangliste aller Standorte liegen die neuen EU-Mitgliedsländer. Ausnahmen sind beispielsweise Slowenien, Zypern und Malta, die mit Arbeitskosten zwischen 13,44 Euro und 11,83 Euro noch vor Portugal (10,45 Euro) platziert sind.

   Das Kostenniveau in der Tschechischen Republik (9,32 Euro) hat das von Portugal, dem günstigsten Standort in der EU-15, mittlerweile fast erreicht. Aber auch die Slowakische Republik (8,00 Euro), Estland (7,15 Euro) und Ungarn (7,02 Euro) schließen mit großen Schritten auf: In diesen Ländern lagen die Arbeitskosten je Arbeitnehmerstunde im Jahr 2000 bei unter 3 Euro (Slowakische Republik und Estland) bis 3,60 Euro (Tschechische Republik und Ungarn). ... Am Ende des Arbeitskosten-Rankings mit Blick auf die EU-Länder liegen Rumänien (3,50 Euro) und Bulgarien (2,62 Euro). (...)

Der internationale Vergleich der Arbeitskosten zeigt nicht nur enorme Unterschiede im Niveau, sondern auch bei deren Komponenten. Dänemark liegt beim Direktentgelt an zweiter Stelle, während es bei den Personalzusatzkosten nur den vierzehnten Platz einnimmt. Westdeutschland nimmt dagegen sowohl beim Direktentgelt als auch bei den Personal-zusatzkosten mit dem jeweils fünften Platz eine vordere Position ein ... . Im internationalen Vergleich sind in Westdeutschland nach der Schweiz die im Verdienst enthaltenen Komponenten der Personalzusatzkosten am höchsten, also das Entgelt für arbeitsfreie Zeit und Sonderzahlungen: Sie belaufen sich auf 7,58 Euro je Stunde. Dieser Betrag ergibt sich als Differenz der gesamten Bruttolöhne und -gehälter und dem Direktentgelt. Eine wichtige Erklärung für die deutsche Position ist der hohe Urlaubsanspruch.

Quelle: Chr. Schröder: Industrielle Arbeitskosten im internationalen Vergleich, in: iwTrends 4/2011, Seite 5ff unter: www.iwkoeln.de/de/infodienste/iw-nachrichten/beitrag/60142?related articles.p=2# related-articles, abgerufen am: 03.05.2012

Betrachtet man allein die Arbeitskosten, so liegen Rumänien und Bulgarien am unteren Ende der Tabelle. Allerdings haben beide Länder lt. Fortschrittsbericht der EU-Kommission vom 23. Juli 2008 noch einen Nachbesserungsbedarf, wenn es um Probleme wie Korruption, organisiertes Verbrechen und Justizreform geht. Darüber hinaus liegen beide verkehrstechnisch ungünstig für die Belieferung von Autoherstellern in Westeuropa. Geografisch wesentlich günstiger liegen dagegen Länder wie Polen, die Slowakische Republik, Ungarn und die Tschechische Republik, die auch relativ geringe Arbeitskosten aufweisen.

Um eine endgültige Entscheidung für ein Land treffen zu können, ist es jedoch wichtig, auch Informationen über die Produktivität zu haben, also die Wertschöpfung (Leistung) pro geleistete Stunde. So weist z. B. der Standort Deutschland zwar hohe Arbeitskosten auf – aber auch eine hohe Produktivität.

Um beides zu berücksichtigen, werden die sog. Lohnstückkosten berechnet, die das Verhältnis von Arbeitskosten und Produktivität wiedergeben. Die nachfolgende Übersicht zeigt z. B., dass ein Land wie Norwegen, das im europäischen Vergleich besonders hohe Arbeitskosten aufweist, bei den Lohnstückkosten wesentlich günstiger abschneidet aufgrund seiner außerordentlich hohen Produktivität.

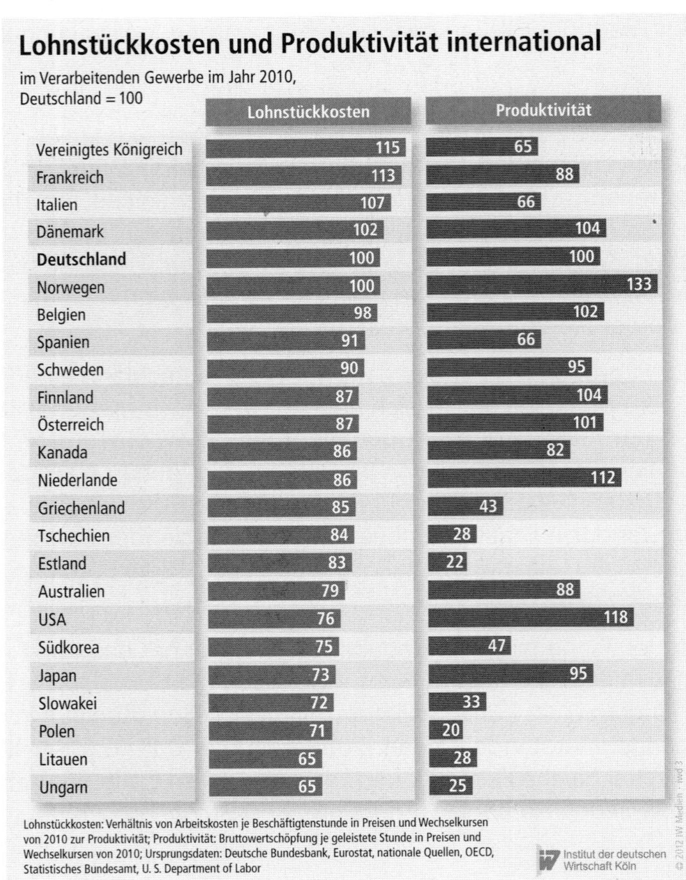

Lohnstückkosten: Verhältnis von Arbeitskosten je Beschäftigtenstunde in Preisen und Wechselkursen von 2010 zur Produktivität; Produktivität: Bruttowertschöpfung je geleistete Stunde in Preisen und Wechselkursen von 2010; Ursprungsdaten: Deutsche Bundesbank, Eurostat, nationale Quellen, OECD, Statistisches Bundesamt, U. S. Department of Labor

Für eine Verlagerung nach Osteuropa sind somit Länder wie Polen, Ungarn und Slowakei von besonderem Interesse, da sie im Bereich der Lohnstückkosten günstig abschneiden, politisch stabil sind und verkehrsgünstig liegen. Allerdings wäre noch zu klären, wie hoch die Gesamtsteuerbelastung für Unternehmen in diesen Ländern ist.

3. Ein Kauf des südkoreanischen Herstellers Rondai ist aus mehreren Gründen vorteilhaft:
   - WEMEKA stellt metallische Katalysatoren her. Diese haben zwar einen höheren Wirkungsgrad, sind jedoch auch teurer und damit für Klein- und Kleinstwagen weniger geeignet. In den Wachstumsmärkten der Zukunft wird es jedoch gerade eine hohe Nachfrage nach Klein- und Kleinstwagen geben und damit wird auch die Nachfrage nach keramischen Katalysatoren stark ansteigen. Daher benötigt WEMEKA ein Standbein in diesem Sektor. WEMEKA kann das Know-how von Rondai nutzen und das Risiko eines Nachfragerückgangs bei metallischen Katalysatoren abfedern.
   - Laut Prognose entwickelt sich Asien bis 2015 zum absatzstärksten Kontinent. Der Motor dieser Entwicklung wird China sein, wo die Neuzulassungen bis 2020 explosionsartig um rund 740 % gegenüber dem Jahr 2000 zunehmen werden. Aber auch in Indien werden die Neuzulassungen in diesem Zeitraum um über 400 % zunehmen. Mit Rondai ist WEMEKA somit direkt auf dem entscheidenden Wachstumsmarkt der nächsten Jahre vertreten. Damit ist die Nähe zu den Kunden gewährleistet, was erhebliche logistische Vorteile bietet.
   - Angesichts der starken Konzentrationsprozesse auf dem Weltmarkt vermindert der Kauf des südkoreanischen Herstellers das Risiko, selbst von einem Unternehmen übernommen zu werden und damit seine Eigenständigkeit zu verlieren. Denn je größer ein Unternehmen wird, desto geringer wird die Gefahr, von einem anderen Unternehmen ‚geschluckt' zu werden.

4. Dazu schreibt J. Matthes: „Die in Deutschland weit verbreitete These vom Ende der Erwerbstätigkeit widerspricht der Erfahrung anderer Länder. So sind in den Industrieländern seit 1985 – also in der Phase beschleunigter Globalisierung – rund 76 Millionen neue Arbeitsplätze entstanden. Das entspricht einem Zuwachs von (...) rund 23 Prozent. Deutschland konnte nur eine Beschäftigungszunahme von knapp 11 Prozent erreichen, die USA dagegen 32 Prozent. (...)
   Die Erfolgsformel heißt Strukturwandel, denn Tatsache ist: In den Industrieländern werden Arbeitsplätze im Niedriglohnbereich abgebaut oder ins billigere Ausland verlagert. Auf der anderen Seite entsteht bei hinreichend flexiblen Arbeits- und Produktmärkten aber auch neue Beschäftigung, vor allem in wissens- und technologieintensiven Branchen. (...) Um die nächsten Sprossen auf der Technologieleiter erklimmen zu können, ist es für Deutschland und andere Industrienationen entscheidend, die Bildung der Bevölkerung auf höchstem Niveau zu halten. (...)
   Richtig ist auch: Nicht alle Geringqualifizierten mögen es schaffen, sich in hinreichendem Maße auf die neuen Aufgaben der Wissensgesellschaft einzustellen. Doch auch für sie entstehen bei geeigneten Arbeitsmarktbedingungen Arbeitsplätze. So etwa bei denjenigen Dienstleistungen, die nicht einem hohen internationalen Wettbewerbs- oder Rationalisierungsdruck ausgesetzt sind – etwa in den Zukunftsbranchen Freizeit und Gesundheit, die naturgemäß an den Standort Deutschland gebunden sind."

   Quelle: J. Matthes: Globalisierung Chancen und Risiken (II), in: Wirtschaft und Unterricht, Informationen aus dem Institut der deutschen Wirtschaft Köln für Pädagogen, Nr. 5/2006, S. 2 f.

Musterklausur

Situation I

1.

a)

Gesamtkosten 2009:	6 500 000,00 EUR	Produktionsmenge 2009:	10 000 Stück
Gesamtkosten 2010:	6 175 000,00 EUR	Produktionsmenge 2010:	9 200 Stück
Differenz:	325 000,00 EUR	Differenz:	800 Stück

Da die Fixkosten bei unveränderten Produktionskapazitäten konstant (eben fix!) bleiben, muss der Gesamtkostenrückgang auf eine Veränderung der variablen Kosten zurückzuführen sein. Die variablen Kosten wiederum weisen einen proportionalen Verlauf auf, was bedeutet, dass die variablen Stückkosten konstant sind und somit in unveränderter Höhe anfallen. Die variablen Stückkosten lassen sich folglich durch eine einfache Subtraktion des Gesamtkostenrückgangs durch den Produktionsmengenrückgang ermitteln:

$$\frac{325\,000{,}00 \text{ EUR}}{800 \text{ Stück}} = \mathbf{406{,}25 \text{ EUR (variable Stückkosten)}}$$

Variable Kosten 2009: 10 000 Stück · 406,25 EUR/Stück = 4 062 500,00 EUR

Die Ermittlung der fixen Kosten stellt nunmehr kein größeres Problem mehr dar:

Gesamtkosten 2009:	6 500 000,00 EUR
– variable Kosten 2009:	– 4 062 500,00 EUR
= fixe Kosten:	**2 437 500,00 EUR**

Kontrollrechnung:

Variable Kosten 2010: 9 200 Stück · 406,25 EUR = 3 737 500,00 EUR

Gesamtkosten 2010:	6 175 000,00 EUR
– variable Kosten 2010	3 737 500,00 EUR
= fixe Kosten:	**2 437 500,00 EUR**

b) Verkaufspreis (alt):

$$\frac{6\,950\,000{,}00 \text{ EUR}}{10\,000 \text{ Stück}} = 695{,}00 \text{ EUR/Stück}$$

oder

$$\frac{6\,394\,000{,}00 \text{ EUR}}{9\,200 \text{ Stück}} = 695{,}00 \text{ EUR/Stück}$$

Stückdeckungsbeitrag (db), alt: 695,00 EUR – 406,25 EUR = **288,75 EUR**

Da die variablen Stückkosten konstant sind, kann der neue Stückdeckungsbeitrag wie folgt ermittelt werden:

Stückdeckungsbeitrag (db), neu: 495,00 EUR – 406,25 EUR = **88,75 EUR**

c) **Break-even-Point (alt):**

$$\begin{aligned} 2\,437\,500{,}00 + 406{,}25\,x &= 695{,}00\,x \\ 2\,437\,500{,}00 &= 288{,}75\,x \\ \mathbf{x} &= \mathbf{8\,441{,}56} \end{aligned}$$

Break-even-Point (neu):

$$\begin{aligned} 2\,437\,500{,}00 + 406{,}25\,x &= 495{,}00\,x \\ 2\,437\,500{,}00 &= 88{,}75\,x \\ \mathbf{x} &= \mathbf{27\,464{,}79} \end{aligned}$$

2. Die Geschäftsleitung der Henrik Electronics AG möchte durch eine kurzfristige Preissenkung um 200,00 EUR (= 28,78 %) den Konkurrenten Marktanteile abnehmen und so langfristig die eigene Marktposition verbessern.

Musterklausur

Da die variablen Stückkosten für die Produktion der LCD-Fernseher bei 406,25 EUR liegen, wird bei einem Verkaufspreis von 495,00 EUR zumindest noch ein positiver Deckungsbeitrag von 88,75 EUR erzielt. Die kurzfristige Preisuntergrenze (in Höhe der variablen Stückkosten) wird also nicht unterschritten.

Allerdings müsste die Henrik Electronics AG nunmehr 27 465 LCD-Fernseher jährlich produzieren und verkaufen, um ein positives Betriebsergebnis zu erzielen. Dies würde eine Verdreifachung des gegenwärtigen Absatzes bedeuten und wäre bei den augenblicklichen Produktionskapazitäten (12 000 Stück/Jahr) nicht zu verwirklichen.

Wenn die Henrik Electronic AG sich also zu dieser Preissenkung entschließen würde, müsste sie zumindest kurzfristig ein negatives Betriebsergebnis im Bereich der LCD-Fernseher akzeptieren. Aus betriebswirtschaftlicher Sicht wäre dies nur dann vertretbar, wenn es ihr tatsächlich gelingen würde, Mitbewerber aus dem Markt zu drängen, um dann später den Preis für LCD-Fernseher wieder anzuheben. Allerdings muss man davon ausgehen, dass eine zu einem späteren Zeitpunkt erfolgende „Preiswiederanhebung" von den Nachfragern nur schwer akzeptiert werden würde, zumal gerade bei technischen Geräten der Markt weiter sinkende Preise im Zuge des technischen Fortschritts erwartet.

Insgesamt wäre eine Preissenkung in diesem Ausmaß also mit sehr hohen Risiken für das Unternehmen verbunden. Der Vorschlag der Geschäftsleitung ist also kritisch zu beurteilen und abzulehnen. Es wäre zu prüfen, ob sich mit einer moderateren Preissenkung ein ähnlicher Effekt erzielen ließe.

Weiterführende (nicht geforderte) Zusatzlösung:

Bei der hier vorhandenen Produktionskapazität von 12 000 Stück würde ein Stückdeckungsbeitrag von zumindest 206,13 EUR dazu führen, dass kein negatives Betriebsergebnis entstehen würde, wenn sich die produzierte Menge auch absetzen ließe. Eine Preissenkung auf nur 609,38 EUR (= langfristige Preisuntergrenze bei einer Absatzmenge von 12 000 Stück) wäre demnach mit deutlich geringeren Risiken für die Henrik Electronics AG verbunden.

Rechnerischer Beleg:

Fixkosten: / „Ziel-Break-even-Point":

$$\frac{2\,437\,500{,}00 \text{ EUR}}{12\,000 \text{ Stück}} = 203{,}125 \text{ EUR} \rightarrow 203{,}13 \text{ EUR (erforderlicher db)}$$

Variable Stückkosten:	406,25 EUR
+ erforderlicher db:	203,13 EUR
= langfristige Preisuntergrenze	609,38 EUR

Umsatzerlöse: 12 000 Stück · 609,38 EUR =	7 312 560,00 EUR	
Fixe Kosten (unverändert) =	2 437 500,00 EUR	
Variable Kosten: 12 000 Stück · 406,25 EUR =	4 875 000,00 EUR	
Betriebsergebnis:	60,00 EUR	(leicht positiv durch Rundungsdifferenz)

Musterklausur

Situation II

1. Eine mögliche preispolitische Strategie für den LCD-Fernseher ist zunächst, die Preise bis zum Zeitpunkt eines möglichen Umsatzrückganges zu halten. Erst dann müsste über eine Preissenkung nachgedacht werden. Möglich in diesem Zusammenhang ist die kostenorientierte Preisbildung. Außerdem kann durch eine Preisdifferenzierung (z. B. räumliche Preisdifferenzierung) eine sogenannte Abschöpfung durchaus vorhandener Umsatzpotenziale (Konsumentenrenten) nachgedacht werden.

   Für die LED-Fernseher gibt es mehrere Möglichkeiten. Zu nennen ist die sogenannte Marktdurchdringungspolitik. Zur Erreichung eines höheren Marktanteils werden relativ niedrige Preise kalkuliert. Alternativ dazu ist auch eine Hochpreispolitik möglich, bei der neue und technisch innovative Produkte über die Preissetzung im Vergleich zu Konkurrenzprodukten hervorgehoben werden.

Ein möglicher Werbeplan für die LED-Fernseher sollte folgende Punkte berücksichtigen:

Streukreis:	Technisch interessierte und vermögende Kunden.
Werbebotschaft:	Ein möglicher Zusatznutzen bei LED-Fernsehern könnte in folgenden Aspekten besonders heraus gehoben werden: bessere Bildqualität, weniger Stromverbrauch und ein schöneres Design.
Werbemittel/ Werbeträger:	Gerade in der Einführungsphase sind entsprechende Fachzeitschriften besonders geeignet. Zu nennen sind beispielsweise Test- und Computerzeitschriften.
Streuzeit:	Weil das Produkt bereits eingeführt ist, kann die Marketingaktion sofort beginnen. Die Dauer hängt vom Erfolg der Maßnahmen und vom Werbebudget ab.
Streugebiet:	Im gesamten Absatzgebiet.
Werbeintensität:	Die Häufigkeit der Werbemaßnahmen richtet sich einerseits nach der Erscheinungshäufigkeit der Werbeträger, andererseits ebenfalls nach dem Werbebudget. Sonderfaktoren, wie z. B. große Sportereignisse, sind zusätzlich zu berücksichtigen.
Werbebudget:	Da eine starke Forcierung der kommunikationspolitischen Maßnahmen erfolgen sollte, ist das Werbebudget für die LED-Fernseher zu maximieren.

2. Die LCD-Fernseher (Cash Cows) sind ein wesentlicher Umsatz- und auch Gewinnträger. Erst durch sie ergeben sich Finanzierungsspielräume für preis- und kommunikationspolitische Maßnahmen, die die LED-Fernseher betreffen. Solange die LED-Fernseher nicht wesentliche Marktanteilssteigerungen aufweisen, sollten die LCD-Fernseher im Sortiment verbleiben. Erst bei signifikanten Produktionsengpässen für die LED-Fernseher sollte über eine Produktelimination der LCD-Fernseher nachgedacht werden.

Situation III

1. Das AktG schreibt zwingend die Bildung von gesetzlichen Rücklagen vor, solange, bis die Kapitalrücklage und die gesetzliche Rücklage zusammen 10 % des Grundkapitals betragen. Die Höhe der gesetzlichen Rücklage beträgt 5 % des um einen Verlustvortrag verringerten Jahresüberschusses.
Für die Henrik AG bedeutet das:

Höhe des Grundkapitals	60 000 000,00
10 % des Grundkapitals	6 000 000,00
gesetzliche Rücklage + Kapitalrücklage	1 000 000,00 3 000 000,00
= Zwischensumme	= 4 000 000,00

Die Summe aus gesetzlicher Rücklage und Kapitalrücklage (= 4 000 000,00 EUR) ist geringer als die gesetzlich vorgeschriebenen 10 % des Grundkapitals (= 6 000 000,00 EUR). Somit ist die Henrik AG dazu verpflichtet, 5 % ihres Jahresüberschusses in die gesetzliche Rücklage einzustellen.

2. **Rückstellungen** sind Verbindlichkeiten für Aufwendungen, die dem Jahr der Bilanzierung zuzurechnen sind. Ihre Höhe und der Zeitpunkt ihrer Fälligkeit sind jedoch noch unbekannt. Die Rückstellungen sind Bestandteil des Fremdkapitals (Verpflichtungsreserven) und müssen gebildet werden bei ungewissen Verbindlichkeiten (z. B. Pension-, Steuer- oder Prozesskostenrückstellungen), bei drohenden Verlusten aus schwebenden Geschäften, bei unterlassenen Aufwendungen für Instandhaltungen oder übernommenen Gewährleistungen.

Rücklagen sind Zuführungen zum Eigenkapital. Sie dienen als Haftungsgrundlage für ein Unternehmen oder als Reserven zum Ausgleich von Verlusten. Man unterscheidet zwischen offenen (in der Bilanz offen ausgewiesene Rücklagen) und stillen Rücklagen (Rücklagen, die z. B. durch eine Unterbewertung von Vermögensteilen aus einer Bilanz nicht ersichtlich sind). Weitere Formen sind die Kapital- und die Gewinnrücklagen.

3.

	3 400 000,00	Jahresüberschuss nach Steuern
–	170 000,00	– gesetzliche Rücklage in Höhe von 5 %
	3 230 000,00	**Zwischensumme**
–	484 500,00	– satzungsmäßige Rücklagen (15 %)
+	75 000,00	+ Gewinnvortrag aus dem Vorjahr
	2 820 500,00	**= Bilanzgewinn**

Aktiva	**Bilanz**	**Passiva**
	A Eigenkapital	
	I. Grundkapital	60 000 000,00
	II. Kapitalrücklage	3 000 000,00
	III. Gewinnrücklage	
	1. gesetzliche Rücklage	1 170 000,00
	2. Rücklage für eigene Anteile	2 000 000,00
	3. satzungsmäßige Rücklagen	3 484 500,00
	4. andere Gewinnrücklagen	5 000 000,00
	IV. Bilanzgewinn	2 820 500,00

4. Schülerindividuelle Lösung

Auswirkungen auf:	
das Unternehmen	Die Henrik Electronics AG ist in der Konsumgüterindustrie tätig und hat mit stark schwankender Nachfrage zu tun. Die Entwicklungskosten für neue Fernseher sind sehr hoch und bis sich ein Produkt durchgesetzt hat, kann es längere Zeit dauern. Die Produktion ist kapitalintensiv. Aufgrund der Schwankungen wären möglichst hohe Rücklagen sinnvoll. Das würde die Haftungsbasis verbreitern, die Bonität bei den Banken verbessern und ein Polster für absatzschwache Zeiten darstellen (Verbesserung der Selbstfinanzierungskraft).
die Anleger	Die Dividende des Vorjahres betrug pro Aktie 1,20 EUR. Bei einer Vollausschüttung könnten pro Aktie 1,41 EUR (Bilanzgewinn/Anzahl der Aktien) ausgeschüttet werden. Das entspräche einer Dividendenerhöhung von 17,5 %. Der nicht ausgeschüttete Restbetrag in Höhe von 500,00 EUR (2 820 500,00 EUR Bilanzgewinn – 2 000 000 Aktien · 1,41 EUR) wird in den Gewinnvortrag für das nächste Jahr gestellt. Für die Kapitalgeber wäre dies die optimale Rendite ihres Aktienengagements.
die Arbeitnehmer	Wenn Arbeitnehmer Aktien ihres Unternehmens besitzen, können sie ebenfalls von der Dividendenerhöhung profitieren. Ansonsten bedeutet die Vollausschüttung des Bilanzgewinns tendenziell eine Schwächung des Unternehmens und somit auch eine potenzielle Gefährdung ihres Arbeitsplatzes.

Alternativ-Vorschlag:

Verringerung der Dividende z. B. auf 1,30 EUR pro Aktie, entspricht einer Steigerung von 8 %, (= 2 600 000,00 EUR), und Einstellung des Restbetrags in die anderen Rücklagen zur Stärkung der Selbstfinanzierungskraft.

Situation IV

1. Der Vorstand der Henrik Electronics AG überlegt, Teile der Produktion ins fernöstliche Ausland zu verlegen, da die Lage auf dem Markt für LCD-Fernseher gekennzeichnet ist durch
   - steigenden Konkurrenzdruck,
   - effizientere Produktionsmethoden,
   - einem in naher Zukunft erwarteten Preisverfall von 20 %,
   - stark steigende Produktionszahlen der Konkurrenz,
   - die zunehmende Anzahl an Konkurrenten, vor allem aus dem asiatischen Raum.

   Die Verlagerung der Produktion nach Fernost hätte vor allem zwei Vorteile:
   - eine kostengünstigere Produktion, da die Arbeitskosten in zahlreichen fernöstlichen Ländern wesentlich geringer sind als in Westdeutschland,
   - ein Standort in der Nähe der Wachstumsmärkte der Zukunft: Indien und China.

   Durch die Verlagerung könnte der erwartete Preisverfall aufgefangen werden und die Investition sollte neben der Verlagerung auch die Inbetriebnahme neuester Produktionstechnik umfassen.
   Allerdings sind mit der Verlagerung auch Probleme verbunden:
   - Am Standort Siegburg könnten Arbeitsplätze gefährdet sein.
   - Am neuen Standort ist mit Anlaufschwierigkeiten zu rechnen.
   - Die Errichtung eines neuen Standorts bedarf umfangreicher Investitionen, was mit einem finanziellen Risiko verbunden ist.

   Handelt es sich um eine Investition zur Kapazitätserweiterung, sind zunächst keine Arbeitsplätze direkt gefährdet. Wenn es jedoch um die Verlagerung bestehender Kapazitäten geht, sind sehr wohl Arbeitsplätze gefährdet.

   Das Unternehmen muss versuchen, einen möglichen Abbau sozialverträglich zu gestalten, z. B. durch Vorruhestandsregelungen oder durch Nichtbesetzung von Stellen, die durch Pensionierung entfallen. Grundsätzlich aber wird das Unternehmen dem erwarteten Preisverfall und der Konkurrenz, die z. B. in Korea und Taiwan produziert, nicht standhalten können, wenn es nicht nach einem kostengünstigeren Standort sucht. Darüber hinaus liegen die Wachstumsmärkte der Zukunft in Indien und China. Auf die Anforderungen dieser Märkte kann die Henrik Electronics AG wesentlich besser reagieren, wenn sie vor Ort vertreten ist.

2. Bei der Beteiligung an bzw. der Übernahme von einem Konkurrenten aus der Gruppe der No-Name-Anbieter handelt es sich um einen horizontalen Konzentrationsprozess, da es zwei Unternehmen sind, die auf demselben Markt agieren.

   Dieser Zusammenschluss bringt zahlreiche Vorteile für Henrik Electronics:
   - Die Zahl der Konkurrenten wird verringert.
   - Die Henrik Electronics AG hätte einen größeren Marktanteil, könnte neue Märkte erschließen und ihre Marktposition stärken.
   - Es könnten Synergieeffekte genutzt werden, da man z. B. das bestehende Vertriebssystem des Konkurrenten nutzen kann.
   - Es könnte das technische Know-how des Konkurrenten genutzt werden.
   - Eine Verlagerung der Produktion wäre u. U. nicht nötig, da Kapazitäten des anderen Unternehmens, das wahrscheinlich im asiatischen Raum beheimatet ist, genutzt werden können.

   Würde sich die Henrik Electronics AG dagegen mit einem Zulieferer, z. B. einem Hersteller von elektronischen Bauteilen, zusammenschließen, ginge es um einen vertikalen Konzentrationsprozess, da sich beide auf unterschiedlichen Produktionsstufen befinden. Dadurch hätte die Henrik Electronics AG vor allem die Vorteile, dass sie Bauteile kostengünstiger beziehen und ihre Abhängigkeit von fremden Zulieferunternehmen verringern könnte.

…ildquellenverzeichnis

Bundszentrale für politische Bildung, Bonn: S. 93

Fotolia GmbH Deutschland, Berlin: S. 37 (Mira), S. 52 (Maria-Thérèse GUHAL), S. 86 (Sven Bähren), S. 90 (Mar Lee), S. 104 (Stefan Körber), S. 105 links (Spectral Design)

Institut der deutschen Wirtschaft, Köln: S. 164

MEV Verlag, Augsburg: S. 36, 105 rechts

Project Photo GmbH & Co KG, Augsburg: S. 48

Zeichnung: Andreas Erb, Köln: S. 8